PIPE
中国实践

定增、可转债、可交债、大宗交易投资

苏文权 / 著

电子工业出版社
Publishing House of Electronics Industry
北京·BEIJING

未经许可，不得以任何方式复制或抄袭本书之部分或全部内容。
版权所有，侵权必究。

图书在版编目（CIP）数据

PIPE 中国实践：定增、可转债、可交债、大宗交易投资 / 苏文权著. —北京：电子工业出版社，2022.10
ISBN 978-7-121-44170-7

Ⅰ．①P… Ⅱ．①苏… Ⅲ．①股权－投资基金－研究－中国 Ⅳ．①F832.51

中国版本图书馆 CIP 数据核字（2022）第 153235 号

责任编辑：刘　伟
印　　刷：北京天宇星印刷厂
装　　订：北京天宇星印刷厂
出版发行：电子工业出版社
　　　　　北京市海淀区万寿路 173 信箱　邮编：100036
开　　本：720×1000　1/16　印张：20.5　字数：393.6 千字
版　　次：2022 年 10 月第 1 版
印　　次：2024 年 8 月第 7 次印刷
定　　价：100.00 元

凡所购买电子工业出版社图书有缺损问题，请向购买书店调换。若书店售缺，请与本社发行部联系，联系及邮购电话：(010) 88254888，88258888。
质量投诉请发邮件至 zlts@phei.com.cn，盗版侵权举报请发邮件至 dbqq@phei.com.cn。
本书咨询联系方式：（010）51260888-819，faq@phei.com.cn。

序1：专注最可贵

改革开放以来，中国经济取得了巨大的成就，成为全球第二大经济体，资本市场也在不断发展壮大。随着时空环境的变化，当前，中国经济发展面临新的挑战，如结构不平衡、绿色转型等，创新作为增长源泉的重要性增加，体现在资本市场上，就是A股近几年的表现出现较大程度的分化。

在中国经济的新发展阶段，直接融资将发挥更加重要的作用，上市公司再融资市场是直接融资的重要组成部分。随着"注册制"[①]的全面推进，上市公司的数量越来越多，原来的资产短缺现象导致的溢价不再，上市公司如何利用好资本市场修炼内功，并合理利用再融资市场做大做强就变得至关重要。市场的健康发展离不开投资者的支持，希望A股市场尤其是再融资市场能够培育出一批长期稳定的投资者，他们不仅是市场稳定的基石，也是上市公司发展壮大的得力助手，而且他们还愿意陪伴公司共同成长，是上市公司做大做强的助推器。

在2014年于武汉召开的一个投资策略会上，我与文权结识。这么多年来，他持续专注于PIPE[②]投资这一介于一级股权投资市场和二级证券投资市场之间的"一级半"市场，这一市场在国内尚属于很新的概念，并不为很多投资者熟知，却又是资本市场不可或缺的一部分。查理·芒格曾说过："那些在商业世界中专注于某个领域的人，往往能够得到他们无法以其他方式获得的良好经济回报。"文权在这一领域由于专注而比同行更有优势，不仅积累了丰富的投资实践经验，同时也保持着不断创新的热情。这次欣喜地得知他将

---

① 注册制是指从2019年开始的中国股票市场注册制改革。——编辑注
② PIPE（Private Investment in Public Equity），私募基金。——编辑注

出版一本从投资者视角写作的 PIPE 投资图书，将这个市场的多样性呈现给更多的读者。

　　成功的投资多种多样，文权的新书围绕基于公开市场的 PE 投资这个话题展开，通过这本书，我们可以发现国内逐步诞生 PIPE 投资者这一群体，他们最早是定增市场的投资者，随后逐步涉足可交债、定向可转债、协议转让、科创板询价转让等越来越丰富的投资品种。他们有些通过折价证券获取收益、有些通过债转股进行着"进可攻，退可守"的投资，还有些通过大比例持有上市公司股份进行价值创造获取收益。资本市场海纳百川，这些投资者在这个独特的舞台上创新发展，在为出资人创造收益的过程中，也推动着资本市场的快速发展，为上市公司融资及大股东减持提供配套服务，进而丰富了多层次的资本市场。

　　很高兴应文权的邀请为本书作序，如果你想了解国内的 PIPE 投资市场全貌，这本书是一个非常不错的选择。这本书不仅为我们的投资打开了一扇窗，提供了新的投资视角，也为希望参与该类型投资的投资者提供了一个可以操作的范本，同时，相信这本书能为上市公司提供参考和借鉴。

彭文生

中金公司首席经济学家

2022 年 5 月于上海

序 2：实干笃行，方可成事

在时代变革的当前，前有互联网电商对行业格局的摧枯拉朽式颠覆，后有能源革命书写能源史的波澜壮阔的篇章，中国企业不断地用创新、竞争开拓出一个又一个新航道，千帆竞发、百舸争流。

与此同时，我国资本市场的顶层设计也在加速完善，多层次资本市场体系的构建，为企业全生命周期的发展提供了更大的空间，注入了更强的活力。在这样的大时代，无论是勇立潮头的弄潮儿，还是身处其间的微小个体，当时代的宏大叙事潮涌而至时，你我都不是旁观者。我想，对于优秀的投资者和投资市场研究人员而言，这一定是"最好的时代"！在这"最好的时代"中，我们应该如何更好地躬身入局，是值得每一个亲历者思考的问题。

以我从事 10 余年的卖方研究经历而言，我认为它是一项特别有成就感的工作，这种成就感来自两个方面：

一方面，市场千变万化，研究观点可以不断被验证、升华，对与错都是对自身的锤炼。

另一方面，在如此广阔的研究版图上，研究者躬身力行挖掘标的，与优秀企业一起成长。在这个行业里，聪明或许只是敲门砖，而源自内在的行动力、专注力才能使人走得更远。

就我而言，我是研究周期性行业出身，一般的行业研究更多地偏向中观视角及微观视角，而周期性行业则还需要研究员同时具备宏观周期逻辑。非常庆幸有这样的选择和经历，这让我在技术变革不断催生企业活力的当下，既能从财务视角构建估值体系，又能打通产业链做好前瞻判断，还能领略"穿越周期"的魅力，努力做好嫁接资本市场与产业发展桥梁的角色。

我与文权兄相识多年，我想正是因为在各自的领域都始终抱有极大的热忧，都有爬坡越坎的实干精神，才让我们成为互相欣赏的好友。文权兄不仅在 PIPE 理论研究上颇有建树，更是积累了非常丰富且宝贵的实践经验。近年来，在文权兄等 PIPE 投资先行者的努力下，该领域的发展日新月异，许多优秀的上市公司在 PIPE 助力下，业务加速发展，为背后的投资人创造了丰厚的投资回报，同时也为多层次资本市场构建了不可或缺的一部分。

与我更聚焦于对周期性行业的研究相比，文权兄所研究和投资的范围要广得多。最让我佩服的是他对新生投资工具的敏锐把握和与时俱进的创新理念，在资本市场风云变幻的背景下，不得不说这是一份难能可贵的品质，他愿意通过本书将最前沿的理论与实践分享给读者，我也非常欣喜。

"天下事，在局外呐喊议论，总是无益，必须躬身入局，挺膺负责，乃有成事之可冀。"

感谢文权兄邀请我为本书作序，希望我们继续秉承实干笃行之志，为资本市场蓬勃发展尽绵薄之力！

任志强

德邦证券总裁助理兼研究所所长

2022 年 5 月于上海

序 3：成为更好的自己

2003 年 4 月我开启了"零资金、零技术、零经验、零客户"的"奥迪式"创业历程，转眼间梦百合已走过近 20 年的风风雨雨。

从 2016 年上市以来，梦百合的营收从不足 20 亿元增至超 80 亿元，中途虽然也有各种坎坷，但得益于资本市场的帮助，我们一次次地渡过难关，并在每次渡过难关后继续发展壮大。目前，我们已经在美国、西班牙、塞尔维亚、泰国布局产能，并成为记忆棉床垫领域全球主要的供应商之一，产品远销 73 个国家和地区。

对梦百合来说，上市是一次飞跃，也是一次与资本市场的亲密接触。同样，在这个市场上，梦百合先后进行过一次可转债融资和一次定增融资。在此过程中，我接触了一些定增投资者，与文权结识就是在 2020 年梦百合定增路演推介时，得知他一直深耕于定增等"一级半"市场，并长期对梦百合保持关注，我也非常感谢他对梦百合的支持和厚爱。他帮我了解到"一级半"市场这个独特的领域，虽然国内定增投资者类型较为丰富，但在方法和理念等方面仍有很多值得探讨的地方。与国外上百年的资本市场相比，我国资本市场起步虽晚，但市场前景巨大，还有很多未知的领域等待着我们去探索和实践。

我很荣幸应邀为本书作序，作者以一个投资者的视角介绍了国内"一级半"市场的发展情况，可以让那些期望通过资本市场做大做强的上市公司更全面地理解"一级半"市场。"唯有独立思考才有真正的生命力"，通过此书你能感受到作者对"一级半"市场的独到见解和深度思考，能通过他投资的多个企业案例来了解这个市场独特的投资方法和魅力，也能激发企业家们的热情去积极拥抱资本，与时代共舞。

任何企业的发展都不会一帆风顺，历经波折而勇往直前更能考验投资者的勇气和人格魅力，上市公司的稳定发展离不开长期稳定资金的支持，不能拥有长远视角的投资者也难以读懂具有长远发展潜力的公司。

希望越来越多的投资机构能陪伴有梦想的公司做大做强，一起推动民族企业和民族品牌走向世界，成为更好的自己。

梦百合家居董事长
2022年5月于南通

自序：敦行致远

近两年，除了股市、基金外，大家会发现身边有朋友开始谈论定增、可转债、可交债或大宗交易等投资话题。但很多人对这些市场的了解有限，对其中蕴藏的投资机遇缺少洞察，于是，基于我的投资心得将相关内容整理出版，对以上问题进行探讨，相信这是一个美好的开始。

我于2013年年底加入常州市新发展实业股份有限公司，恰逢定增市场大爆发，因此得以主导或参与了很多定增投资项目，也有幸操盘过多个杠杆投资项目。随后，定增投资遭遇挑战，我们及时开拓了可交债、大宗交易等品类的投资。2020年以来，我们在定向可转债、科创板询价转让等领域斩获颇丰。亲历了近10年"一级半"市场的跌宕起伏，享受了投资成功的喜悦，也感受到了周期的残酷，这些独特经历让我们变得更强大，这些项目成为书中的案例。尼采有句名言"杀不死我的，只会让我更坚强"，这句话用在投资领域也很贴切。总的来说，我们并没有固守在定增市场，而是在"一级半"市场践行跨品类投资，这让我们的投资出现了更多的可能性，也让我们以更加从容的心态来拥抱投资。

仅仅依靠自身的经验和错误反思不足以让我们成为聪明的投资者，如果有翔实的案例参考，在前辈的实践经验中学习思考，不仅知道可以做什么，什么地方能够改善，还能知道什么事情不能做，我们就可以避免犯很多错误，这远比自己坐在那里空想来得容易和高效。

投资是一辈子的事业，需要不断学习，丰富自己的见识。2019年我创立PIPE领域的自媒体——PIPE投资圈（现名：苏说投资，微信公众号：PIPEtouzi），以自媒体搭桥结识了很多优秀的先辈和同行，定期与他们交流碰撞，学习他们的投资方法及远见卓识，拓展了我的PIPE投资能力边界。

投资也是实践科学，经验最可贵，他们丰富的经验、先进的理念进一步扩展了我的投资视野，让我受益匪浅。那些乐于分享自己宝贵经验的投资人更是令人敬佩，在这里感谢他们崇高的职业精神和无私的助人情怀。

如此美味佳肴岂敢独享，因此写作此书来分享以上知识盛宴。同时，处于快速发展中的 PIPE 投资在国内仍然属于一个很新的概念，需要这方面的实践书籍，希望本书能为行业的发展贡献微薄之力。

对于我来说，图书的写作是异常陌生的，但这与我们探索投资新品类、新方法又有异曲同工之处，虽然艰辛，但过程颇为美妙。列夫·托尔斯泰在其巨著《战争与和平》中推崇"天下勇士中，最为强大者莫过于两个——时间和耐心"，这句话用在投资和写作方面同样充满智慧。"一级半"市场波动较大，在这个市场生存的投资者除了享受辉煌之外，更要能耐得住寂寞，在市场沉寂的时间里需要养精蓄锐，厚积薄发。那些愿意等待的投资者总是能享受到时间的复利。

以上这一探索过程让我更加明白，无论投资还是写作，不仅要志存高远，更要身体力行，将知和行、理论和实践结合起来，才能不断前行，正所谓"敦行致远"。

我对自己的三个要求

写作本书时我对自己有以下三个要求。

1. 尽量把创新的观点和视角带给读者

从事投资工作十多年，有机会近距离接触近千家公司，有初创公司也有上市公司，我意识到无论是创业还是投资，创新是取得良好成绩的一项重要能力，我并非说它意味着取得成功的一切，但在 PIPE 投资市场，这是一项重要的技能。

"一级半"市场也会面临激烈的竞争，如果我们能够以创新的观点和视角来思考这一市场，定会带来新的机会。

2. 展现复合型知识和经验在投资中的重要作用

投资机会并不是按照我们的知识结构划分的，就像现实世界不是通过一门学科就能解释的。可交债以及定向可转债既有债的属性又有股的属性,投资者需要具备复合型知识才能更好地开展投资;PIPE 投资具有典型的周期性,我们不仅要掌握公司及行业知识,也要善于洞察市场博弈之道。

我们的教育体系在各自的学科提供技能和传授知识方面做得还不错,但在不同学科之间的探索很少,那些能够拥有综合知识和经验的投资者更容易胜出,他们不会出现查理·芒格所说的"铁锤人倾向"。

3. 让读者意识到投资不只是买卖股票

只有当我们对各种市场和工具都很熟悉时,我们的策略才足够丰富,当我们看到一个机会后才可以有不同的方式来实现它,而不是仅仅依靠股价上涨赚钱。单纯依靠资产价格上涨赚钱周期性太强,也很脆弱。

目标读者

在写作过程中,有四类读者不时地助推我的跋涉历程,我愿将此书献给你们。

第一类是需要对 PIPE 投资有了解的社会大众,可以是 PIPE 投资领域的外行

尽管你们不从事这个领域的工作,不需要学习这个领域的专业知识,依然可以通过本书的很多案例学习获得有价值的知识。我全力以赴,试图通过通俗易懂的语言和形象的案例来表达自己的观点而又不失专业性。对你们来说,持有的股票正在发行定增、可交债时,了解背后的逻辑是什么、知道大股东发行可交债减持可能带来哪些影响,也是极有价值的。

第二类是银行、证券公司等金融机构从业者,包括理财经理、卖方分析师、投行从业人员等

理财经理熟悉了 PIPE 这类独特的资产类别,在客户有相关问题时,可以更好地提供服务;卖方分析师可以更好地了解定增、可交债这些工具,在你们所覆盖的公司进行相关操作时更能知其所以然;投行人士可以拓宽对上市公司融资及股东减持工具的认识,在上市公司进行资本市场相关操作时,提供更全面的解决方案。

很多投行人士要么对 IPO 很熟悉，要么对可交债很熟悉，但对 PIPE 品类了解的很少，有时候上市公司的需求是多样的，了解这些品类对服务好上市公司至关重要。由于专业化分工，很多投行从业人员把自己做成了大公司的螺丝钉，仅仅盯着自己的领域，缺少对其他品类的关注。

第三类是准备从事 PIPE 投资工作的人

本书尽量囊括 PIPE 主要工具的投资流程及策略，为即将从事这个领域工作的投资人提供一本实践指南。如果你们已经在定增或者可交债领域有所作为，依然可以通过本书拓展思路，寻找新的机会。

第四类是高净值人群

PIPE 是目前阶段很好的资产品类，可以为高净值人群提供多样化的资产配置。这些资产都是权益导向的，相比于债权类资产，可以创造更高的预期回报。同时，这个领域的很多工具是非公开发行的，存在很多被低估的机会，通过这本书你们可以看到这些领域的独特机会，完善自己的资产配置。有了本书的帮助，当机会来临时，你们甚至可以参考本书的方法，直接下场，亲自践行自己的投资理念。

诚然，投资本身就是一门高深莫测的学问，这本书有些探究离真正的答案还很遥远，如果能有一个点给读者带来灵感，为读者创造价值，也是值得的。希望有更多的朋友投身于 PIPE 这一领域，共同为行业的发展壮大添砖加瓦。

苏文权

2022 年 5 月

PIPE 投资恰逢其时

2022 年，A 股的里程碑事件是上市公司总数超过 5000 家，资本市场扩容节奏明显加快，这意味着上市公司不再是稀缺资源，也不会被过度保护，上市公司之间的分化将会越来越明显。

截至 2023 年 4 月 19 日，市值 50 亿元以下的公司数量占比接近 A 股所有公司商量的 50%，而市值 200 亿元以上的公司数量仅占比 16.29%。同时，不同公司之间的交易额也出现了"马太效应"，占比接近 50%的市值 50 亿元以下的公司，成交额仅占全市场的不足 20%，而市值 200 亿元以上的公司成交额占了市场的将近 50%。

随着注册制的全面推进，很多中小市值公司被边缘化的趋势将进一步加剧，其关注度将逐步降低，估值也会趋于合理，而过去由于稀缺性，它们很多是被高估的。一些具有成长潜力的小规模公司，如果能够借助资本市场逐步做大做强，将为投资者创造良好的回报。当然，在它们沉寂的阶段需要长期投资者来帮助，这就是 PIPE 投资的使命。上市前是从 0 到 1，上市后是从 1 到 N，也是 PIPE 投资者帮助实现的阶段。

资本市场大的变革都将孕育新的投资机会，全面注册制必将为 PIPE 投资者创造更多新机遇，打开更多新空间。当然，针对这些被边缘化的小规模公司的投资需要投资者秉持"低胜率、高赔率"的思路，这一思路其实源自一级市场。近几年我们也看到越来越多的 PE 投资机构陆续涉足一级半市场，他们凭借其长期思维方式及产业的深度认知力,可以很好地践行这种投资方式。

未来,公司 IPO 的时间将逐步前移,很多优质公司便可以在更早期阶段登陆资本市场,并在资本市场实现更低成本的融资,也把更多的增值空间留给了 PIPE 投资者。

PIPE(Private Investment in Public Equity)在国内市场的总规模已过万亿元,涉及的品类仍在快速发展,随着国内资本市场体系日趋成熟,PIPE 的发展前景将更加广阔,值得投资者关注并布局。目前,PIPE 对大多数投资者而言是一个新概念,国内不仅没有全面介绍这一领域的图书,就是对 PIPE 投资及管理进行深度探究的文章也屈指可数。而这个新市场又蕴藏着巨大的机遇,理应是投资者探寻发掘的宝藏之地。

本书的主要内容

本书共 14 章,前 10 章主要介绍国内 PIPE 投资的六大品类:定增、可交债、询价转让、定向可转债、大宗交易、协议转让,这些品类风险特性及投资策略各不相同;后 4 章从投资管理的角度介绍 PIPE 投资的组织形式、投资管理、标的选择以及杠杆投资。

第 1 章从概念入手,介绍国内 PIPE 投资的发展历程及特点,并从"他山之石"的视角介绍美国 PIPE 投资市场的发展情况,最后总结 PIPE 投资的主要优势。

第 2~4 章分别从发行、投资策略、主要参与者三个角度对定增进行分析。从发行的角度来看,定增是做大做强的重要工具,上市公司应该合理规划定增融资的节奏,并进行适当的定增推介;从投资策略的角度来看,经过多个周期的培育,投资者类型逐渐丰富,投资策略多样且还在不断优化;从主要投资者的角度来看,各类投资者参与其中,把定增作为资产配置的重要品类,实现各自的投资目标。

第 5 章从分析上市公司股东发行可交债的好处开始,对可交债发行进行研究,并举例说明五种典型类型的股东发行可交债的目的。同时,讲解与其他股东减持及融资方式相比,可交债的优劣势。

第 6 章从可交债的核心条款开始对可交债投资进行研究，分析可交债投资的本质，并引入两种可交债定价的思路。同时，介绍可交债投资的两种主要策略及期权分离投资模式。

第 7 章对科创板询价转让这一新品类的投资进行研究，依次介绍询价转让的背景、投资流程及投资策略。同时，分析询价转让的发展前景。

第 8 章探究定向可转债投资，先后介绍定向可转债的发展历程、投资特点及策略，并分析目前定向可转债投资面临的难题。

第 9 章从大宗交易发展历程开始对有锁定期大宗交易进行研究，分析有锁定期大宗交易诞生的背景，同时从大宗交易投资的收益来源角度分析这一投资的流程及策略。

第 10 章介绍协议转让这一大额股份转让的重要方式。本章不仅分析了协议转让的主要类型，也分析了协议转让独特的投资策略及方法。这一品类是最接近 PE 的投资方式，即大比例长周期持股，很多投资者通过价值创造获取了良好的收益。

第 11 章介绍国内主要的基金类型，以及自然人与普通法人、公募基金、私募基金三种投资主体类型参与 PIPE 投资的不同之处，最后分析不同投资品类对投资者的要求。

第 12 章介绍 PIPE 投资全流程，从投资准备、项目来源到组合构建及管理，直至投资退出。本章提出组合构建的思路和理念，并分析不同投资工具退出环节对股价带来的冲击及影响。

第 13 章从行业与公司、公司估值、交易结构三个方面对 PIPE 投资标的进行分析。行业与公司分析相当于基本面分析，公司估值分析用于评判价格是否合理，交易结构是 PIPE 赋予投资者的独特价值，让投资者有机会在价格条款之外获得额外收益。

第 14 章为能够承受高风险并期望获得高收益的投资者提供一条可借鉴之路，即从直接杠杆和间接杠杆入手的操作模式。

在很多章节中，作者还辅以丰富的表现形式，包括经典案例的分析、知名投资人访谈、大咖说等，这些内容是作者根据相关主题精心挑选的，有助于各位读者深入浅出地阅读本书。

展望未来，PIPE 投资品类将日益丰富，不同品类的优劣势及特点又有所差异，国内能够覆盖各个品类的投资书少之又少，因此能同时洞察各个品类的图书就更具价值。本书对 PIPE 市场进行全局观测，通过对六种常见品类的分析对比，力求为读者构建 PIPE 市场全景。在阅读本书时，你可以按照目录顺序阅读，也可以将本书作为参考书，跳过熟悉的内容，直接阅读个人感兴趣的章节。

编者

2022 年 5 月

本书约定

本书所有数据均来自相关上市公司的公开报表数据及公开研报内容，如果读者需要相关资料，可以通过相关公司官网或中国证券监督管理委员会（下称证监会）指定网站等公开渠道获得。

本书涉及部分专有名词或基金公司名称和实际公司名称不一致的情况，下面挑选有代表性的部分进行简要说明，其他专有名词在书中第一次出现时，一般均有说明。如有未说明之处，欢迎上网查询或向我们咨询。

- 私募/公募：私募基金或私募机构/公募基金或公募机构。
- 宁德时代：指上市公司宁德时代，书中根据需要可能存在宁德时代新能源科技股份有限公司、宁德等写法。
- A 股：A 股市场。

市场有风险，投资需谨慎。文中提及行业、板块及公司信息均基于公开信息整理，仅作为过往案例分析使用，不构成任何投资推介及对未来市场的判断。

风险提示

就本书所有章节所涉及的内容和数据做如下提示。

（1）基金投资风险：书中市场判断不对未来市场表现构成任何保证，将随各因素变化而动态调整，不代表基金真实持仓情况，不构成投资者改变投资决策或选择具体产品的法律依据，历史情况仅供参考；书中基础信息均来源于获取时公开的资料，基金管理人力求可靠，但对这些信息后续是否更新不做任何保证，获得报告的人士据此做出投资决策，应自行承担投资风险。我国基金运作时间较短，不能反映股市、债市发展的所有阶段。基金的过往业绩并不预示其未来表现，基金管理人管理的其他基金的业绩不构成基金业绩表现的保证。基金投资需谨慎，请投资者充分阅读《基金合同》《基金招募说明书》《基金产品资料概要》等法律文件。

（2）定增风险揭示：定向增发的投资情况并非投资组合的投资情况，定向增发的盈利情况并非投资组合的实际盈利情况。定向增发的盈利情况仅为根据历史数据，假设限定条件统计和计算出来的结果，但投资组合的实际投资业绩受证券市场走势、定向增发项目的参与、获配和变现情况，以及其他投资标的损益、运营成本等因素影响，与定向增发的投资情况存在明显差异，亦存在定向增发投资盈利，但投资组合发生亏损的可能性。定增过程存在一系列特有风险，如股价波动风险（锁定期内及锁定期届满后）、锁定期风险、展期风险、投资顾问或财务顾问风险、集中度风险，以及不能灵活调整组合的风险。定增量化+策略需关注策略模式失效风险，使用"风险配平组合"存在不能有效复制指数的风险，且构建"风险配平组合"过程以及与采用股指期货对冲之间存在时间差，需要承担股票市场波动的风险。

（3）PIPE 风险揭示：PIPE 的投资情况并非投资组合的投资情况，PIPE 的盈利情况并非投资组合的实际盈利情况。PIPE 的盈利情况仅为根据历史数据，假设限定条件统计和计算出来的结果，但投资组合的实际投资业绩受证券市场走势，PIPE 项目的参与、获配和变现情况，以及其他投资标的损益、运营成本等因素影响。

目录

第1章 初识 PIPE 投资 1

　1.1 谁在宁德时代定增投资上赚了上百亿元 3

　　　1.1.1 宁德时代借助定增市值一度超越工商银行，
　　　　　　成为 A 股第二大公司 3

　　　1.1.2 定增投资者赚取上百亿元利润 5

　　　1.1.3 高瓴资本已在 A 股定增市场收获颇丰 8

　　　1.1.4 定增是 A 股的一种重要投融资工具 8

　1.2 PIPE 投资在国内的发展 10

　　　1.2.1 PIPE 投资基本概念 10

　　　1.2.2 PIPE 投资的主要品类 12

　　　1.2.3 PIPE 投资的六大特点 13

　1.3 PIPE 投资在美国的发展 15

　1.4 PIPE 投资的主要优势 17

　　　1.4.1 与一级市场对比 17

　　　1.4.2 与二级市场对比 18

第2章 定增发行 20

　2.1 定增概念及发行流程 22

　2.2 定增是上市公司的主要再融资工具 24

　　　2.2.1 上市公司主要再融资工具 24

　　　　2.2.2　案例分析：宠物赛道与定增融资王 26
2.3　定增发展历程 35
2.4　上市公司定增推介的五重境界 38
　　　　2.4.1　顶层：觉醒者 39
　　　　2.4.2　第二层：战略家 41
　　　　2.4.3　第三层：战术家 44
　　　　2.4.4　第四层：行动派 44
　　　　2.4.5　第五层：抱怨者 45
　　　　2.4.6　定增推介简要总结 45
2.5　上市公司定增融资的节奏把握 46
2.6　案例分析：良信股份与捷捷微电 49
　　　　2.6.1　良信股份如何通过定增实现市值飞跃 49
　　　　2.6.2　捷捷微电的融资之路 52

第3章　定增投资 56

3.1　定增折价的本质 58
　　　　3.1.1　折价的三种理论假说 58
　　　　3.1.2　定增投资的本质 59
3.2　定增投资的三个收益来源 61
3.3　定增投资的步骤 65
　　　　3.3.1　投资流程 65
　　　　3.3.2　发行价格的确定机制及可能存在的问题 69
3.4　定增投资的主要策略 76
　　　　3.4.1　定增是资产配置的重要品类 76
　　　　3.4.2　定增投资的主要策略 78
3.5　定增投资的两种赚钱逻辑 80
　　　　3.5.1　赚确定性的钱 81
　　　　3.5.2　赚预期差的钱 82

- 3.6 定增投研的方法及定增调研的避雷原则 84
  - 3.6.1 定增投研的六种方法 85
  - 3.6.2 定增调研的五大避雷原则 87
- 3.7 定增的防守反击投资 89
- 3.8 案例分析：定增中的高折扣投资机会与阶段性机会 91
  - 3.8.1 环境变化带来的高折扣投资机会 92
  - 3.8.2 小市值公司定增的阶段性机会 93

第 4 章 定增市场 97

- 4.1 定增市场的参与者 99
  - 4.1.1 顶级 PE 机构纷纷布局定增市场 99
  - 4.1.2 上市公司为何参与定增投资 103
  - 4.1.3 外资在定增市场的布局 106
  - 4.1.4 定增为地方国资提供了创新招商路径：珠海国资 107
- 4.2 大咖访谈：定增投资方法论 109
  - 4.2.1 知名自然人投资者：中小市值公司投资方法论 109
  - 4.2.2 轻盐创投：如何让定增投资可复制 116
  - 4.2.3 财通基金：起于定增，高于定增 122

第 5 章 可交债发行 125

- 5.1 认识可交债 127
  - 5.1.1 可交债入门 127
  - 5.1.2 可交债发展历程 128
  - 5.1.3 可交债发行流程 132
- 5.2 为何要发行可交债 133
  - 5.2.1 定向引入战略投资者或进行股权激励 133
  - 5.2.2 国企创新减持，盘活资产 135
  - 5.2.3 民营企业的融资新渠道 137

XXI

  5.2.4 并购重组中的一个利益安排工具 138
  5.2.5 与定增结合进行组合操作 139
5.3 可交债与其他减持及融资方式对比 140
5.4 案例分析：埃斯顿与喜临门 141
  5.4.1 埃斯顿通过可交债发行，市值站上 300 亿元 141
  5.4.2 喜临门：可交债被竞争对手购买的危机 145

第 6 章 可交债投资 148

6.1 可交债的常见条款 150
  6.1.1 换股价 151
  6.1.2 票面利率及补偿利率 152
  6.1.3 债券期限及换股期 154
  6.1.4 有条件赎回条款 155
  6.1.5 向下修正条款 155
  6.1.6 回售条款 157
  6.1.7 换股期前的主动赎回以及上修条款 158
  6.1.8 担保要求 158
6.2 可交债的本质及定价 159
  6.2.1 可交债的本质 159
  6.2.2 可交债的定价 161
6.3 可交债的投资流程 164
6.4 可交债的两种投资策略 165
6.5 创新玩法：分离期权 166
6.6 案例分析：歌尔股份与埃斯顿 168
  6.6.1 歌尔股份：下修条款的价值 168
  6.6.2 埃斯顿：买在行业低谷的期权 170

第 7 章　询价转让投资 173

7.1　询价转让投资入门 175
7.1.1　询价转让的背景及意义 175
7.1.2　科创板股东减持方式对比 176
7.1.3　主要出让方 178

7.2　询价转让投资流程与收益来源 179
7.2.1　投资流程 179
7.2.2　询价转让的三个收益来源 182
7.2.3　三类主要投资者 183

7.3　询价转让发展前景 184

7.4　案例分析：绿的谐波与天奈科技 185
7.4.1　绿的谐波：引入询价转让作为减持方式之一 185
7.4.2　天奈科技：两次询价转让减持对比 187

第 8 章　定向可转债投资 190

8.1　定向可转债投资入门 192
8.1.1　背景及意义 192
8.1.2　主要再融资工具对比 193
8.1.3　定向可转债核心条款 194
8.1.4　案例分析：全市场首单定向可转债募集配套融资 197

8.2　定向可转债投资流程和策略 199
8.2.1　投资流程 199
8.2.2　投资策略 201

8.3　案例分析：必创科技与华铭智能 203
8.3.1　必创科技：股债混合投资 203
8.3.2　华铭智能：股价持续下跌的风险 204

第 9 章　大宗交易投资 206

9.1　大宗交易投资入门 208
- 9.1.1　发展历程及交易规则 208
- 9.1.2　股东减持工具对比 212
- 9.1.3　减持流程 214
- 9.1.4　2020 年大宗交易前十公司 214

9.2　大宗交易投资流程与策略 215
- 9.2.1　投资流程 215
- 9.2.2　投资策略 216
- 9.2.3　大宗交易知名投资者的成功技巧 217

9.3　案例分析：天奈科技与紫光股份 220
- 9.3.1　天奈科技：询价转让结合大宗交易 220
- 9.3.2　紫光股份：定增投资者和控股股东同时退出 222

第 10 章　协议转让投资 224

10.1　协议转让投资入门 226
- 10.1.1　协议转让监管框架 227
- 10.1.2　协议转让的常见类型 228
- 10.1.3　转让价格及限售期 230
- 10.1.4　案例分析：隆基股份二股东通过协议转让快速退出 231

10.2　协议转让投资流程与策略 232
- 10.2.1　投资及交易流程 232
- 10.2.2　投资策略 233

10.3　案例分析："复星系"与 3G 资本 235
- 10.3.1　"复星系"收购万盛股份 235
- 10.3.2　3G 资本：赋能式投资 238

第 11 章　PIPE 组织形式 240

11.1　主要基金类型对比 242
11.1.1　股权投资基金和证券投资基金 242
11.1.2　契约型基金和合伙型基金 244

11.2　投资主体类型 245
11.2.1　自然人、普通法人和金融机构直投 246
11.2.2　公募基金 246
11.2.3　私募基金 247

11.3　投资者要求 247

11.4　案例分析：常州新发展与南京盛泉恒元 249
11.4.1　常州新发展：自有资金的先行者 250
11.4.2　南京盛泉恒元：抓住每一个折价的领域 251

第 12 章　PIPE 投资管理 253

12.1　投资准备 255

12.2　项目来源 255
12.2.1　定增 256
12.2.2　可交债 256
12.2.3　询价转让 257
12.2.4　定向可转债 257
12.2.5　大宗交易 257
12.2.6　协议转让 258

12.3　组合构建及管理 258
12.3.1　组合构建 258
12.3.2　组合管理 261

12.4　投资退出 263
12.4.1　解禁冲击 263
12.4.2　组合退出 264

12.5 案例分析：南京盛泉恒元、耶鲁捐赠基金与艺匠 265
    12.5.1 南京盛泉恒元的多品类配置思路 265
    12.5.2 耶鲁捐赠基金的资产配置模式 266
    12.5.3 艺匠中盘成长基金组合构建方式 267

第 13 章 投资标的筛选 270

13.1 行业与公司分析 272
    13.1.1 行业分析 272
    13.1.2 公司分析 274
    13.1.3 管理层分析 275

13.2 公司估值分析 276
    13.2.1 股价的驱动因素 276
    13.2.2 不同类型业务的估值 278
    13.2.3 如何发现并规避市场狂热 281

13.3 交易结构分析 282
13.4 标的的信息处理系统 282
13.5 案例分析：老百姓 284

第 14 章 杠杆投资 287

14.1 杠杆投资入门 289
    14.1.1 杠杆投资的类型 289
    14.1.2 加杠杆的方式 290

14.2 案例分析：亏损、分离期权等杠杆投资中的知识 292
    14.2.1 一次杠杆投资亏损经历 293
    14.2.2 可交债分离期权 295
    14.2.3 LTCM 公司的成败 297

后记 299

特别致谢 301

初识 PIPE 投资

  2021 年，参与宁德时代定增投资的机构在半年时间内获取了超百亿元回报的事情，在资本市场上引起了热议，而据统计可知，这只是 PIPE 投资造富神话中的冰山一角。那么，PIPE 投资是什么？如何参与 PIPE 投资？为何顶级投资人都在参与？相比股权投资和二级市场上的证券投资，PIPE 又有什么优势？

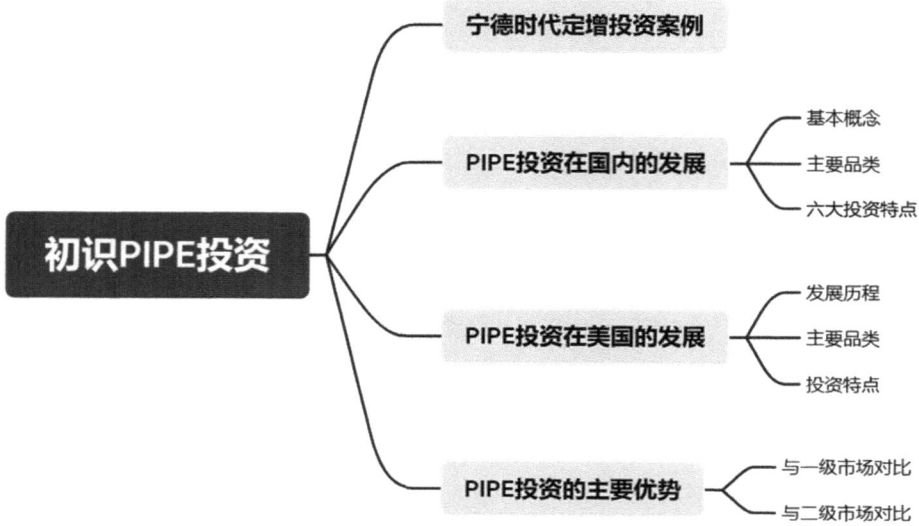

1.1　谁在宁德时代定增投资上赚了上百亿元

2021年，在PIPE投资界纷纷传出某私募机构在当年的大牛股宁德时代（300750.SZ）上赚取了上百亿元。于是，很多人就有疑问，上市公司为什么要进行定向增发（下称定增）融资？是谁通过什么方式参与了该定增融资？普通的投资者也有参与机会吗？

1.1.1　宁德时代借助定增市值一度超越工商银行，成为A股第二大公司

2021年10月27日，动力电池龙头企业——宁德时代公布三季度财报，单季度盈利达32.67亿元。同时，公司股价再创历史新高，市值轻松迈过1.5万亿元关口，遥遥领先于同行业其他上市公司，也一度超越工商银行（601398.SH），成为A股中仅次于贵州茅台（600519.SH）的市值第二大公司。表1.1为A股市值前十位上市公司（统计时间为2021年11月2日）。

表1.1　A股市值前十位上市公司

证券代码	公司名称	股价（元/股）	总市值（亿元）	市盈率（倍）
600519.SH	贵州茅台	1812	22,762.30	48.74
601398.SH	工商银行	4.7	15,761.83	5.30
300750.SZ	宁德时代	652	15,185.13	271.97
600036.SH	招商银行	52.81	13,353.38	13.68
601939.SH	建设银行	5.94	11,105.99	5.48
601288.SH	农业银行	2.94	10,063.13	4.77
601857.SH	中国石油	5.3	9227.21	51.05
601318.SH	中国平安	49.81	8840.25	6.36
601988.SH	中国银行	3.06	8353.96	4.67
002594.SZ	比亚迪	315.43	8305.98	213.14

宁德时代公司的动力电池业务处于高速成长期，储能业务也逐步从导入期进入成长期，业绩成长确定性高，使公司2021年三季度末超越贵州茅台成为公募基金第一大重仓股，被公募基金持有市值高达1171.22亿元的股票。

宁德时代上市之初面临新能源汽车退补，行业景气度下行等不利因素，股价一度在70元/股附近徘徊。从2019年年底开始，随着欧洲新能源汽车规划及大众汽车集团新能源战略出台，以及随后的特斯拉上海工厂的投产，国内造车新势力百花齐放，多重因素刺激使得新能源汽车渗透率快速提升，公司动力电池的市场占有率（下称市占率）也逐年攀升。截至2021年9月底，新能源乘用车国内零售渗透率已经达到21.1%，其中，1至9月渗透率为12.6%，较2020年同期的5.8%提升一倍有余。

2020年7月，宁德时代完成了197亿元的超大规模定增募资，募集资金用于进一步扩充产能。2021年1月至8月，公司在动力电池领域市占率高达30%。从2019年年底到2021年10月底，公司迎来业绩和估值的"戴维斯双击"，股价涨幅近十倍。复盘公司股价走势可以看出（见图1.1），其股价快速上涨基本伴随着归属母公司（下称归母）净利润的大幅增长。

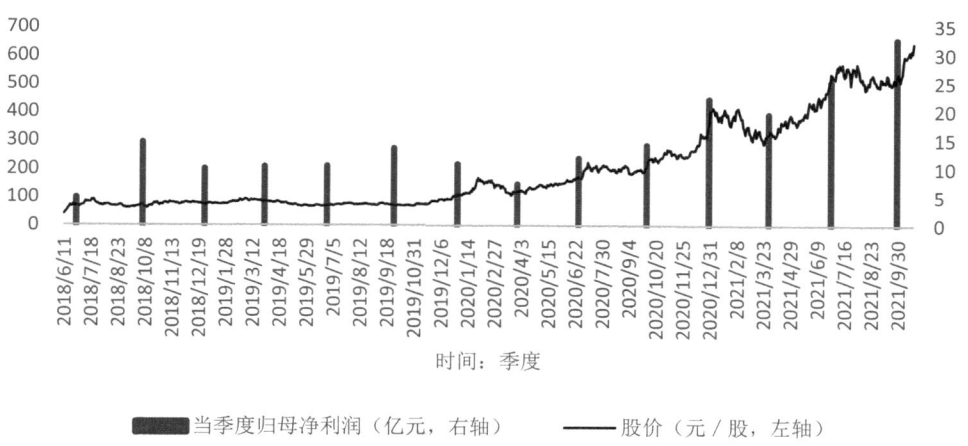

图1.1 宁德时代股价走势复盘

1.1.2 定增投资者赚取上百亿元利润

资本市场上，谁参透了宁德时代的财富密码？这里说一家炙手可热的亚洲顶尖投资机构——高瓴资本管理有限公司（下称高瓴资本）。

2021 年 2 月 1 日，宁德时代发布非公开发行股份上市流通提示性公告（见图 1.2）。公告提示 9 家投资机构合计持有的约 1.22 亿股宁德时代限售股将于 2021 年 2 月 4 日进入流通环节。按照解禁日当天收盘价 388.32 元/股计算，解禁股总市值 475.15 亿元，而其投资成本仅 197 亿元，浮盈高达 278.15 亿元。

证券代码：300750　　证券简称：宁德时代　　公告编号：2021-005

宁德时代新能源科技股份有限公司

非公开发行股份上市流通提示性公告

本公司及董事会全体成员保证信息披露的内容真实、准确、完整，没有虚假记载、误导性陈述或重大遗漏。

重要内容提示：

1、本次解除限售和实际可上市流通的股份数量均为 122,360,248 股，占公司目前股本总数的 5.25%。

2、本次解除限售股份的上市流通日为 2021 年 2 月 4 日（星期四）。

图 1.2　宁德时代 2020 年定增上市流通公告

其中，解禁股中有 6583.85 万股由高瓴资本旗下三只基金持有（见图 1.3），合计账面浮盈 149.64 亿元，相比于其入股时的投入，在半年多时间内收益率高达 141.19%。进入解禁期后，高瓴资本可随时在二级市场出售其所持股份，兑现收益。

可能由于继续看好宁德时代的竞争力和发展前景，高瓴资本在其所持股票解禁后并没有急于大批量抛售，仅在 2021 年二季度和三季度分别减持了部分股份。截至 2021 年三季度末，高瓴资本旗下的一只基金仍然持有 4260.69 万股宁德时代的股票，是宁德时代第七大流通股股东，未减持股份账面浮盈率高达 227.06%，如图 1.4 所示。

单位：股

序号	股东名称	证券账户名称	所持限售股份总数	本次解除限售数量	本次实际可上市流通数量
1	高瓴资本管理有限公司	高瓴资本管理有限公司－中国价值基金（交易所）	52,795,031	52,795,031	52,795,031
		高瓴资本管理有限公司－HCM中国基金	9,316,770	9,316,770	9,316,770
8	珠海高瓴穗成股权投资合伙企业（有限合伙）	珠海高瓴穗成股权投资合伙企业（有限合伙）	3,726,708	3,726,708	3,726,708

图 1.3 高瓴资本旗下基金宁德时代股份解禁数量

排名	股东名称	方向	期末参考市值(亿元)	持股数量(股)	占流通A股比例(%)
1	宁波梅山保税港区瑞庭投资有限公司	不变	3,004.4446	571,480,527	28.0576
2	香港中央结算有限公司(陆股通)	增加	877.2950	166,871,779	8.1928
3	宁波联合创新新能源产业管理合伙企业(有限合伙)	不变	830.1294	157,900,338	7.7523
4	黄世霖	不变	342.9083	65,225,182	3.2023
5	深圳市招银叁号股权投资合伙企业(有限合伙)	减少	243.0549	46,231,887	2.2698
6	湖北长江招银动力投资合伙企业(有限合伙)	减少	225.6175	42,915,098	2.1070
7	高瓴资本管理有限公司-中国价值基金(交易所)	减少	223.9970	42,606,855	2.0918
8	西藏鸿商资本投资有限公司	不变	206.7715	39,330,361	1.9310
9	宁波梅山保税港区博瑞荣合投资合伙企业(有限合伙)	增加	168.5191	32,054,300	1.5737
10	李平	不变	147.1389	27,987,539	1.3741
	合计		6,269.8763	1,192,603,866	58.5524

图 1.4　2021年三季度宁德时代前十大流通股东

这些让高瓴资本获益颇丰的投资是其在半年前通过宁德时代定增投资进入的，这里将时间拨回到7个月前的2020年7月。

在2020年7月6日，宁德时代启动上市后的首次定增投资者报价，作为"锂电茅（投资者对某个行业内最优秀公司的昵称，类似于贵州茅台在白酒行业内的地位）"，其获得海内外的众多知名投资者热捧，尽管单份报价有最低6亿元的门槛，仍然吸引了多达38家机构参与。

经过激烈角逐，高盛集团（下称高盛）、美林国际（下称美林）等国际知名投行落选，高瓴资本由于对其坚定看好，以高价中标。本次获配的认购对象及金额如图1.5所示。

序号	认购对象名称	认购价格(元/股)	配售股份数(股)	配售金额(元)	锁定期(月)
1	高瓴资本管理有限公司	161.00	62,111,801	9,999,999,961.00	6
2	本田技研工业(中国)投资有限公司	161.00	23,000,000	3,703,000,000.00	6
3	太平洋资产管理有限责任公司	161.00	7,453,416	1,199,999,976.00	6
4	UBS AG	161.00	6,795,031	1,093,999,991.00	6
5	北信瑞丰基金管理有限公司	161.00	5,484,473	883,000,153.00	6
6	J.P. Morgan Securities plc	161.00	4,782,608	769,999,888.00	6
7	国泰君安证券股份有限公司	161.00	4,658,385	749,999,985.00	6
8	JPMorgan Chase Bank, National Association	161.00	4,347,826	699,999,986.00	6
9	珠海高瓴穗成股权投资合伙企业(有限合伙)	161.00	3,726,708	599,999,988.00	6
	合计	-	122,360,248	19,699,999,928.00	-

图 1.5　2020 年宁德时代定增获配投资者明细

按照监管规定，本次定增的锁定期为 6 个月，即 2021 年 2 月 4 日以后，投资者才能卖出所持股份，本次定增发行及解禁历程如图 1.6 所示。

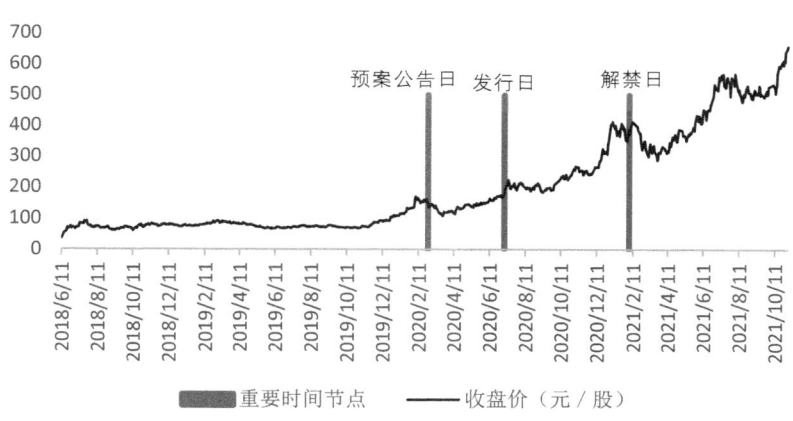

图 1.6　宁德时代 2020 年定增发行及解禁历程

1.1.3　高瓴资本已在A股定增市场收获颇丰

2005年，张磊从恩师大卫·斯文森那里获得了耶鲁大学捐赠基金的2000万美元天使投资，开启了自己的创业之路。其早期重仓港股腾讯控股（00700.HK）让公司一战成名，前五年年化收益率超50%的超强业绩让公司管理资金规模获得了快速增长。

如今高瓴资本已经从一家名不见经传的小公司，发展成为管理规模超过600亿美元的私募股权巨头。

高瓴资本一直注重研究，并深度思考商业本质，被他们当作榜样的是领导伯克希尔·哈撒韦公司的沃伦·巴菲特和查理·芒格。因此，公司从成立时就很注重通过公开市场投资，如从二级市场买入腾讯控股便是经典之作。在A股市场中，通过定增参与上市公司的投资是该公司重要的投资方式之一。

宁德时代的定增不是高瓴资本在定增市场的第一次出手，其曾经多次参与A股市场中上市公司的定增，如爱尔眼科（300015.SZ）、汇川技术（300124.SZ）等，在2018—2021年参与的定增项目如表1.2所示。

表1.2　高瓴资本在2018—2021年参与的A股定增项目

序号	股票简称	公告日期	投资金额（亿元）
1	爱尔眼科	2018年1月5日	10.26
2	广联达	2020年6月17日	15
3	恩捷股份	2020年9月3日	9
4	凯莱英	2020年10月13日	10
5	通威股份	2020年12月10日	5
6	华大基因	2021年2月5日	5.03
7	汇川技术	2021年7月13日	8

1.1.4　定增是A股的一种重要投融资工具

宁德时代通过登陆资本市场实现了资产证券化，还通过定增募集公司发展所需的资金，同时为投资者创造了可观的投资收益。

定增是 A 股上市公司重要的再融资工具,也是 PIPE 投资者重要的投资工具。

2021 年 8 月 12 日晚间,宁德时代再次公告拟定增募资不超过 582 亿元(见图 1.7),定增资金将继续投向锂电池领域和补充流动资金,从而进一步增强产业链地位,这也是 A 股历史上最大的民营企业(下称民企)定增融资计划。公告当晚,兴业证券召开电话会议,被 2000 名热情的投资者挤爆,可见市场关注度之高。

序号	项目名称	项目投资总额	拟使用募集资金金额
1	福鼎时代锂离子电池生产基地项目	1,837,260	1,520,000
2	广东瑞庆时代锂离子电池生产项目一期	1,200,000	1,170,000
3	江苏时代动力及储能锂离子电池研发与生产项目(四期)	1,165,000	650,000
4	宁德蕉城时代锂离子动力电池生产基地项目(车里湾项目)	731,992	540,000
5	宁德时代湖西锂离子电池扩建项目(二期)	361,060	310,000
6	宁德时代新能源先进技术研发与应用项目	700,000	700,000
7	补充流动资金	930,000	930,000
	合计		5,820,000

图 1.7 宁德时代 2021 年定增募投项目(单位:元)

根据其定增预案,这 582 亿元主要用于扩充产能,即新增动力电池 137GWh 和储能电柜 30GWh 产能,进一步增强公司的竞争力。有了充足的资金,公司还做了大量的上下游投资,以提升其产业链竞争力。

这一定增方案后续被修订为募集资金不超过 450 亿元,此次定增又为 PIPE 投资者提供了一个新的项目机会,只是如果按照定增新规不超过 35 名投资者的要求,那么单份认购门槛近 13 亿元。

在 2022 年 6 月 22 日,宁德时代披露该次定增结果,发行价格为 410 元/股,为发行底价的 120.71%。本次发行中,投资者认购的股票限售期为 6 个月。募资总额近 450 亿元,共有 22 家机构成为宁德时代此次定增的战略配售对象,包括摩根士丹利、摩根大通、国泰君安证券、睿远基金、高瓴资本等多家海内外知名机构。

1.2 PIPE 投资在国内的发展

前面讲解了定增案例,那么,到底什么是 PIPE 投资?它在国内的发展现状如何?

1.2.1 PIPE 投资基本概念

PIPE 一词源于海外成熟发达的资本市场,是指专注于上市公司的私募股权投资,即以二级市场集中竞价交易方式以外的、具有一定非公开性质的方式对上市公司进行投资的行为。从上市公司的角度来看,就是上市之后的私募股权融资行为,或者重要股东的减持行为。从投资者的角度来看,就是投资上市公司股权或者类股权。PIPE 与 VC 和 PE 相比所处的阶段如图 1.8 所示。

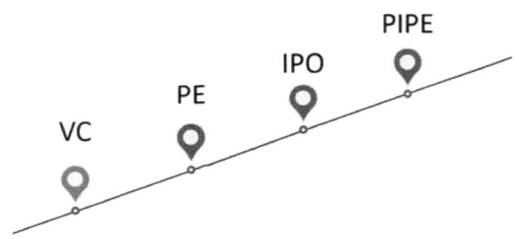

图 1.8 主要投资所处阶段图

PIPE 与国内年轻的资本市场相比,是比较新的概念,一般又被称为"一级半"市场,其包括的内容在国外概念的基础上又有所发展,如上一节分析的以宁德时代项目为代表的定增,还有可交换债券(下称可交债)、定向可转换债券、大宗交易、协议转让等。

PIPE 投资通常都是长周期持股,在持股期间,上市公司除了盈利能力波动,还有可能发生并购重组等行为,因此 PIPE 投资收益主要来源于上市公司盈利增长、产业链整合及并购带来的估值提升等方面。

PIPE 投资工具通常能够为上市公司提供长期稳定的资金或者为股东减持提供服务，有助于为产业赋能和提升上市公司的长期价值。PIPE 在国内的发展大事记如表 1.3 所示。

表 1.3　PIPE国内发展大事记

时　　间	投资品种	具体内容
2002 年、2003 年	大宗交易	2002 年 3 月 19 日深交所第一笔大宗交易成交、2003 年 1 月 20 日上交所第一笔大宗交易成交
2006 年 5 月 6 日	定增	证监会颁布《上市公司证券发行管理办法》，推出定增，日后其成为重要的再融资工具
2006 年 8 月 14 日	协议转让	上海证券交易所、深圳证券交易所、中国证券登记结算有限责任公司联合发布了专门的协议转让规则《上市公司流通股协议转让业务办理暂行规则》
2013 年 10 月 14 日	可交债	福星生物首单可交债"13 福星债"发行
2014 年	定增	在牛市行情下并购重组盛行，定增市场出现井喷现象，募资规模创新高，赚钱效应突出
2014 年 10 月 23 日	定向可转债	《上市公司重大资产重组管理办法》规定了上市公司可以向特定对象发行可转债用于购买资产或者与其他公司合并
2017 年 2 月 17 日	定增	证监会对《上市公司非公开发行股票实施细则》实施修订，收紧定增
2017 年 5 月 26 日	大宗交易	《上市公司股东、董监高减持股份的若干规定》对大宗交易受让方减持有所限制，出现有锁定期大宗交易
2018 年 9 月 28 日	可交债	"16 飞投 01"违约，为全市场首单违约可交债
2018 年 11 月 8 日	定向可转债	赛腾股份用定向可转债支付收购资产对价，为全市场首例定向可转债案例
2020 年 2 月 14 日	定增	2020 年颁布的定增新规，前所未有的定增宽松政策落地
2020 年 7 月 3 日	询价减持	《上海证券交易所科创板上市公司股东以向特定机构投资者询价转让和配售方式减持股份实施细则》发布，科创板询价减持及配售机会出现
2020 年 7 月 28 日	询价减持	中微公司股东推出询价减持，为全市场首例

1.2.2 PIPE 投资的主要品类

国内 PIPE 投资主要品类对比如表 1.4 所示。

表 1.4 PIPE投资主要品类对比

产品要素	定增	定向可转债	科创板询价转让	大宗交易	协议转让	可交债
发行人	上市公司	上市公司	首发前股东	特定股东	特定股东	特定股东
实质性审核	有	有	无	无	无	无
产品属性	融资	融资	减持	减持	减持	减持/融资
受让方要求	与发行人承销商无关联关系	与发行人承销商无关联关系	科创板网下打新机构投资者、协会备案私募基金,且与减持股东、受委托证券公司无关联关系	无	无	仅限合格投资者中的机构投资者
规模限制	不超过总股本的30%	-	单一或多个股东合计不低于总股本的1%	单一股东90日内不超过总股本的2%	单次不低于总股本的5%	-
发行/底价	不低于定价基准日前20个交易日公司股票交易均价的80%	换股价不低于定价基准日前20个交易日公司股票交易均价及前一交易日均价孰高	不低于发送认购邀请书前20个交易日科创公司股票交易均价70%,但股东可设置更高的底价	主板不低于前一交易日收盘价的90%,科创板/创业板不低于前一交易日收盘价80%	下限参考大宗交易底价	换股价不低于定价基准日前20个交易日公司股票交易均价及前一交易日均价孰高
定价流程	询价,根据价格、数量、时间优先原则	询价,根据价格、数量、时间优先原则	询价,根据价格、数量、时间优先原则	出让方与受让方商议	出让方与受让方商议	双方商议或者询价
受让方的其他条件	不可设定	不可设定	可设定	-	-	可设定
锁定期	6个月或18个月	6个月进入换股期,18个月可卖出	6个月	6个月或无锁定	6个月	6个月
信息披露	实施前后需披露	实施前后需披露	实施前中后均需披露	实施后披露或无须披露	签署协议后披露	实施前后需披露

备注:根据截至 2022 年 3 月 16 日最新政策规定整理

国内市场 PIPE 投资主要品类历年市场规模如表 1.5 所示。

表 1.5　国内市场PIPE投资主要品类历年规模统计（单位：亿元）

年度	合计	竞价定增	可交债	大宗交易	协议转让	询价转让
2013	4349.72	1670.92	2.56	2502.70	173.54	
2014	7293.68	2897.37	55.60	3551.95	788.76	
2015	13,077.62	4232.70	134.00	6569.00	2141.92	
2016	15,833.13	6219.22	566.00	6975.20	2072.71	
2017	13,003.73	3512.73	1221.00	5454.75	2815.25	
2018	9266.36	1610.07	1541.00	4049.38	2065.91	
2019	8558.09	1030.49	831.00	4066.88	2629.72	
2020	14,519.78	4395.68	459.00	6986.23	2636.32	42.55
2021	15,663.02	5429.05	431.00	8080.39	1657.92	64.66
2022	13770.86	4080.44	432.94	6295.32	2828.86	133.2

数据来源：万得资讯。大宗交易为全市场规模，包括无锁定期大宗交易

1.2.3　PIPE 投资的六大特点

PIPE 投资具有以下六大特点。

1. 非公开定向交易

PIPE 大多是发行方和投资方之间的非公开交易，竞价定增和询价转让定价采用类似的非公开询价，可交债定价采用非公开询价或者双方协商，大宗交易价格则由双方私下协商确定。由于交易的非标准性，为了减少交易摩擦带来的成本，投资者数量基本是有限的。

总体而言，PIPE 投资是非公开定向交易，具有明显的非公开交易属性。

2. 长期持股性

PIPE 投资品类均带有锁定期，在锁定期内投资者只能被动持有。如定增最少锁定 6 个月、可交债 6 个月后才可以换股、协议转让由于持股比例很高通常拥有更长周期的减持限制等。

由于涉及大额投资，相比于二级市场买卖股票，投资者参与 PIPE 投资的态度相对更为谨慎，前期会投入大量时间和资源进行深度研究及交易谈判，

因此投资者倾向于更长周期的持股。大量的案例显示，在解禁期后很多投资者仍然选择继续持有股票。

3. 大比例持股

PIPE 投资工具一般有很高的投资门槛限制，如定增投资涉及单份认购门槛、可交债的发行人也会设立认购门槛，协议转让更多跟控制权转让结合起来，对认购方的认购比例要求更高，因此 PIPE 投资具有大比例持股特性。

很多投资者还会为标的公司带来资源，通过产业链整合创造价值。为了进行最大化价值创造，投资者通常会选择大比例持股获取更高的投入产出比。

4. 权益相关性

PIPE 投资是基于公开市场的权益投资，投资者愿意承担一定风险，从而获取较高的预期回报率。

定增、大宗交易、协议转让等均是直接获取标的公司的股票，而可交债、定向可转债等虽然是债券，但由于附带转股权益，具有很强的权益属性。并且，投资者投资可交债和定向可转债基本都是为了获得转股收益，而非获取较低的利息收益。

5. 投资工具多元化

随着国内资本市场相关制度的逐步完善，上市公司再融资工具日趋丰富，上市公司股东也拥有了越来越多的融资及减持工具。早期 PIPE 投资以定增为主，随后出现了可交债、定向可转债、科创板询价转让等新工具。

工具的多元化不仅能解决上市公司尤其是中小市值上市公司的融资难题，还能为上市公司股东减持创造良好的条件。

从投资者的角度来看，工具多元化意味着可以有更多的方式介入上市公司的价值增长过程。在定增主导的时代，投资者看好一家上市公司发展只能通过定增参与或者从二级市场买入该公司股票，而现阶段，还可通过可交债参与投资，虽然预期收益率降低，但投资风险也随之降低。

6. 更具价值投资导向

动辄几千万元、几亿元待锁定的投资，倒逼投资机构对要参与的公司进行深度研究，不然犯了错误就会付出高昂的代价。

博弈型投资者也因为边际定价有效性理论难以长期存活，从而退出市场。长期来看，PIPE 投资将以价值投资为导向。

1.3 PIPE 投资在美国的发展

在美国资本市场中，上市公司通过向特定投资者出售其未经注册的限制性普通股票、可转换优先股、可转换债券、认股权证或者其他证券形式以实现增资扩股。

20 世纪 80 年代，美国资本市场中多数中小型上市公司面临融资难题，发行债券成本高昂，发行普通股又不被市场认可。于是，PIPE 投资基金应运而生，其就是为了解决这一困境而出现的。

20 世纪 90 年代后期，PIPE 工具也获得了大型上市公司的认可，使得融资主体更加多元化。其让上市公司获得了较长期的资金支持，还使得小市值公司享受"小额、快速、低门槛"的融资方式，因此吸引了越来越多的专业投资者。美国资本市场为 PIPE 投资基金提供了良好的温床，也使得 PIPE 投资基金规模伴随着企业融资市场不断壮大，让直接融资市场的资源配置作用得以有效发挥。

实际上，PIPE 投资市场中 80%以上的交易是由 10 亿美元以下市值的公司发起的，因此 PIPE 投资更有效地解决了中小市值公司的融资难题，让长期资本帮助小型公司做大做强。

PIPE 投资工具与上市公司及其股东的融资行为密切相关，而上市公司融资的规模和趋势又与市场环境高度相关。2000 年之后，美股 PIPE 投资的发展有以下几个重要的阶段。

1．2001—2002 年，美股网络泡沫破灭阶段

在这个时期，市场和经济下行，尤其是代表当时高科技的互联网企业大量破产，使得 PIPE 投资业务交易笔数大幅减少，金额也大幅降低。

2．2003—2007 年，市场及经济复苏阶段

随着市场及经济的复苏，资本市场也充满了流动性，PIPE 的融资功能被重新激活。

3．2008 年，次贷危机引发的金融危机

股市走低，亏钱效应突出，PIPE 投资规模也大幅缩减。

4. 2009年以后

股市企稳并逐步创出新高，PIPE投资也逐步进入平稳状态。2009—2018年，美国市场的PIPE融资笔数及金额如表1.6所示。

表 1.6　2009—2018年美国市场PIPE历年融资笔数及金额

年度	融资笔数	融资规模（亿美元）	平均规模（万美元）
2018	897	378	4214
2017	1445	448	3100
2016	1179	489	4147
2015	1057	411	3888
2014	1169	345	2951
2013	1098	238	2167
2012	1114	360	3231
2011	1246	295	2367
2010	1529	389	2544
2009	1272	418	3286

数据来源：Privateraise网站，由笔者翻译整理

从美国资本市场上的各种工具来看，以普通股融资为主，可转债次之。以2018年数据为例，融资笔数共计897笔，其中普通股融资633笔，总融资金额221亿美元；排在第二位的可转债融资100笔，融资规模76亿美元，如表1.7所示。

表 1.7　美国市场2018年PIPE各品类规模

PIPE融资工具	融资笔数	融资规模（亿美元）
普通股	633	221
可转换优先股	64	56
优先股	1	0.21
可转债	100	76
普通债	19	7.47
其他	80	17.32
合计	897	378

数据来源：Privateraise网站，由笔者翻译整理

> **大咖说**
>
> 曾就职于 Morgan Stanley、UBS 两家外资投行,对发达国家资本市场发展历程和投资模式相对熟悉,这些经验让我在国内做投资时多了一个全球视角。
>
> 国内投资还需要在国外成熟资本市场模式上有所发展,投资和经营实业一样,创新都是必不可少的。
>
> ——财信金控李博

1.4 PIPE 投资的主要优势

前面讲解了 PIPE 投资各方面的数据与发展,那它具有什么优势呢?下面分别通过与一级市场、二级市场对比进行说明。

1.4.1 与一级市场对比

1. 流动性

PIPE 旨在为上市公司引入长期资本,在这个过程中,上市公司获得了资金,投资者获得了以一定折扣买入股份或其他补偿的优势,同时也需要至少 6 个月的锁定期,这种投资的流动性与二级市场的高流动性相比有一定的限制,但与一级市场相比仍然具有巨大的优势。

以退出相对较快的 PE 投资为例,从投资到 IPO 退出,一般至少需要 3 年时间。定增、可交债等 PIPE 投资进入解禁期即可退出,通常退出时间为 7~12 个月。国内主流的一级市场投资基金,即股权投资基金在基金合同里设定的基金存续期通常以"5+2"模式(即 5 年存续期,到期前可展期 2 年)为主,PIPE 投资基金则设定有 1.5~3 年的存续期。

2. 信息透明度

PIPE 投资是基于公众公司的投资,而上市公司需要满足监管层要求,并完成相应的信息披露，即上市公司上市以来的定期报告等重要信息均可被公众轻松获取。对于一些需要监管部门实质性审核的融资行为，在融资前还需要向监管部门申报最新的申请资料，如定增募资涉及的《向特定对象发行股票预案》、可交债发行需要向特定对象披露的《非公开发行可交换债券募集说明书》等。在投资后，投资者也可以及时获取公司的公开信息。

一级市场的投资标的都是非公众公司，在投资前，投资者可以按照自己的需求进行尽职调查，但可获得的公开信息相对较少；在投资过程中，投资者还需就交易条款进行谈判；在投资后，投资者所获得的信息也相对有限。

3. 研究驱动强于交易驱动

一级市场投资者虽然有很多投资流派，但基本都偏重交易驱动，无论是在靠前阶段的VC（风险投资），还是在靠后阶段的PE（私募股权投资）都需要具有非常高的敏锐度，从而把握机会。但由于份额有限，"跑"出来的明星项目又面临大量的竞争者，抢项目在所难免。

基于公开市场的PIPE投资更偏重研究驱动，这种投资是以洞察商业本质为第一原动力的。就像高瓴资本的张磊所说，用研究来获取洞察，用洞察来引导决策。如在宁德时代定增投资中，由于投资者的确定原则是价高者得，同时上市公司也很难附加其他条件去进行投资者筛选，因此研究驱动的投资者能以更强的洞察力为基础，通过更高的出价来获得交易机会。这种投资的条款都是标准化的，执行交易的驱动力主要来自前瞻性研究。

1.4.2 与二级市场对比

1. 资金流向不同

PIPE投资工具有两个重要属性，上市公司融资或者上市公司的重要股东减持股份，因此投资资金通常流向上市公司或者上市公司的重要股东。如果是上市公司融资，资金将直接流入上市公司，从而改善上市公司的基本面。

上市公司通常会利用募集资金扩产或并购新业务，通过PIPE获得新的增长速度曲线的机会。二级市场买卖是公开的交易行为，资金从买方流向卖方，并且不涉及非公开交易，也难以形成战略合作关系。

2. PIPE 投资可以解决投资机构资源有效性问题

对于很多投资机构来说，难以做到全面覆盖每个行业或细分领域。PIPE 投资研究目的明确，并且涉及上市公司和上市公司股东融资或减持，更容易调动产业链资源为投资者尽职调查（下称尽调）提供服务。从研究时间的投入角度来看，PIPE 投资从启动到成交时间周期较长，特别是需要实质审核的项目，给了投资者深度研究的时间周期。

3. 风险补偿

由于 PIPE 投资工具更多是为了解决上市公司融资和股东减持问题，并且存在明确的至少 6 个月的锁定期，因此需要给予投资者适当的补偿，这个补偿体现在折价上或其他保障条款上，而二级市场交易不存在这种补偿机制。

4. 交易工具更加多元化

PIPE 投资工具都带有权益属性，能够为投资者带来公司股价上涨的收益。但由于各交易工具条款不同，投资者的收益曲线也会有所不同。

投资者通过研究挖掘出一家前景较好的上市公司，直接买入上市公司的股票，若公司股价如预期上涨可以获取更高收益，但也可能承担由于判断错误带来的亏损风险。投资者如有机会投资该公司的可交债，则不用承担股价下行的亏损风险，作为交换只能享受股价上涨带来的部分收益，即超过换股价的收益部分。因此，对于投资者来说，同样是看好一家公司的发展前景，交易工具更加多元化，交易实现方式更加丰富，可以根据拟投资金的属性及风险偏好做出合适的投资安排。

第2章

定增发行

作为最主要的再融资工具之一，定增为A股很多上市公司做大做强提供了关键助力。同时，上市公司应该熟悉定增特性及发展历程，在定增融资时选择合适的节奏及推介方式，让其成为公司发展壮大的"利器"。

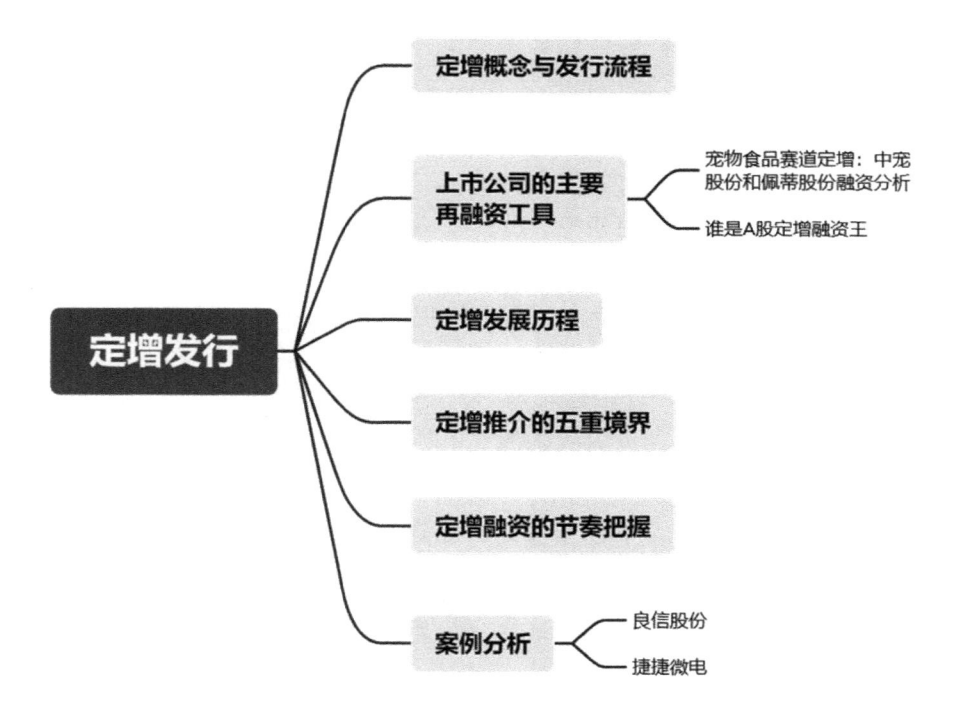

第 2 章 定增发行

- 定增发行
  - 定增概念与发行流程
  - 上市公司的主要再融资工具
    - 宠物食品赛道定增：中宠股份和佩蒂股份融资分析
    - 谁是A股定增融资王
  - 定增发展历程
  - 定增推介的五重境界
  - 定增融资的节奏把握
  - 案例分析
    - 良信股份
    - 捷捷微电

2.1 定增概念及发行流程

定增是上市公司股权再融资的一种方式，指上市公司向特定对象非公开发行股票的行为，因此称为定向增发。定增的规章制度来源于中国证监会2006年颁布的《上市公司证券发行管理办法》（2020年修正）和2007年颁布的《上市公司非公开发行股票实施细则》（2020年修正）。根据要求，定增发行对象不得超过35名，增发价格不得低于定价基准日前20个交易日交易均价的80%。

按照定价方式不同，可将定增分为定价定增及竞价定增两种，定价定增是事先确定发行对象和发行价格，投资者持有股份需要锁定至少18个月，发行对象以大股东和产业资本为主；竞价定增的投资者和价格由非公开询价确定，投资者持有股份只需锁定6个月。2020年3月20日，证监会发布了《发行监管问答——关于上市公司非公开发行股票引入战略投资者有关事项的监管要求》，对上市公司通过定价定增方式引入战略投资者做了相应的严格要求。一般情况下，只有上市公司大股东和大型产业投资者才能够参与，因此适合PIPE投资的工具主要为竞价定增，本书也以此来讨论。

定增流程分为准备、审核、发行、锁定四个阶段，如图2.1所示。

（1）在准备阶段，上市公司与中介机构就融资规划及方案进行论证，然后设计发行方案，方案通过董事会审议后由上市公司予以公告，随后进入股东大会审议阶段。

（2）在审核阶段，股东大会审议通过后，公司将定增申请材料报送证监会或交易所。方案经过证监会或交易所审核，并落实反馈意见后，若满足发行条件则由证监会进行批复。

（3）在发行阶段，投行资本市场部对项目进行非公开推介，根据投资者反馈情况择机启动发行。随着上市公司数量增多，发行阶段逐步市场化，这个阶段是定增的最重要环节。

（4）发行完成并在中国证券登记结算有限公司（下称中登）进行股份登记后，即进入锁定阶段，投资者认购的定增股份需要锁定6个月方可卖出。

从公告定增预案到发行约需要 6 个月时间，因此，意向投资者在定增预案公告后即可跟踪潜在投资标的，在发行前约有半年时间可进行尽职调查。投资者参与投资后，从报价缴款到全部退出一般需要 7 个月左右的时间，这不仅包括锁定的 6 个月，还涉及报价日到股份登记到账的约 1 个月时间。

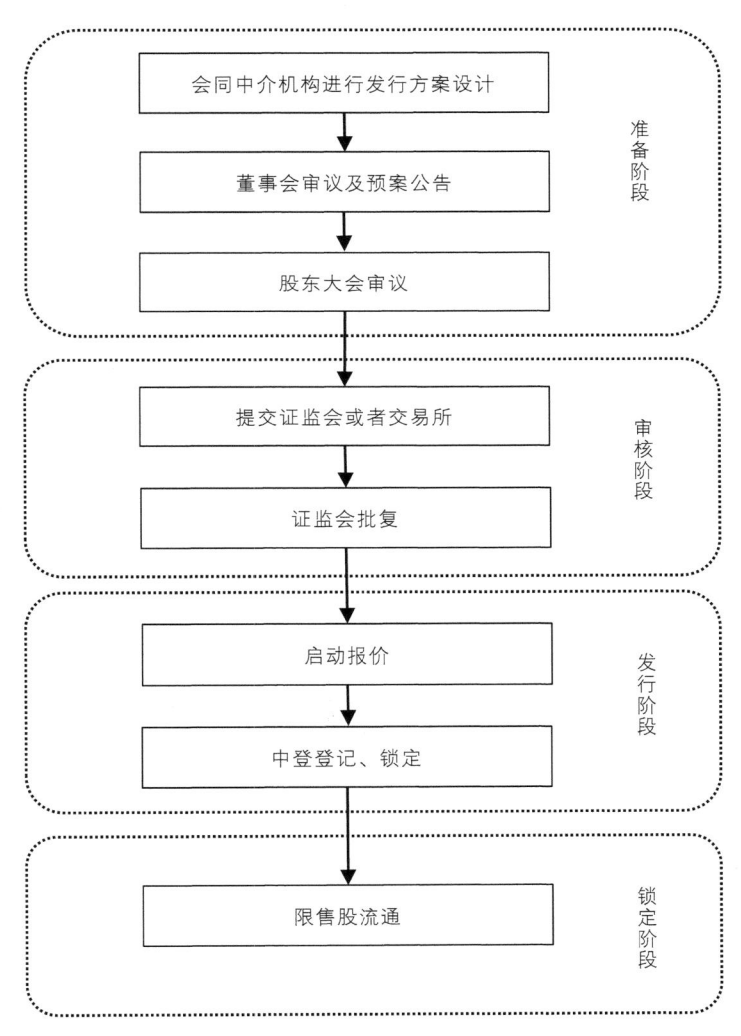

```
准备阶段：
  会同中介机构进行发行方案设计
  → 董事会审议及预案公告
  → 股东大会审议

审核阶段：
  提交证监会或者交易所
  → 证监会批复

发行阶段：
  启动报价
  → 中登登记、锁定

锁定阶段：
  限售股流通
```

图 2.1　定增发行流程图

按照目前的监管环境，定增发行对上市公司的要求比较宽松，只要满足一定的财务标准及募集资金要求即可申报，如表 2.1 所示。从国外经验来看，监管层不应在发行条件上做过多的要求,而应进一步监管发行环节。只要发行环节更加规范化,那么市场化发行便能引导资金流入更有前景的上市公司。实际上,从 2020 年定增新规实施以来,定增发行呈现出巨大的分化现象。质地较差的公司需要给予投资者较大的折扣才能发行成功,同时还出现了很多募集资金不足或发行失败的案例;质地优良的上市公司定增发行则较为容易。

表 2.1 定增发行要素与要求

项 目	定增发行要素与要求
发行对象	发行对象不超过 35 名,符合股东大会决议规定的条件
定价	不低于定价基准日前 20 个交易日均价的 80%
限售期	竞价定增自发行结束之日起,6 个月内不得转让;控股股东、实际控制人及其控制的企业认购的股份,18 个月内不得转让
盈利能力要求	对盈利能力不设置要求
发行比例	不超过总股本 30%

资料来源:中国证监会官网

2.2 定增是上市公司的主要再融资工具

随着中国向新经济转型推动产业结构升级,传统产业最为依赖的债权融资发展模式难以为继。纵观海内外,股权融资对于高科技、高端制造、创新医药等高新技术产业的快速发展都起到了举足轻重的作用。而从近几年的融资工具上来看,定增已经成为上市公司的主要股权融资工具。相信在不远的将来,资本市场将会涌现出更多的股权融资工具,以支持中国未来新经济、新产业的长期高速发展。

2.2.1 上市公司主要再融资工具

从图 2.2、图 2.3 中可以看出,2016—2021 年,在上市公司股权融资工具中,按照金额和家数排名,定增都排在第一位,遥遥领先于其他融资工具。

在再融资工具中，可转债融资金额及家数保持增长态势，但目前仍无法与定增相比。

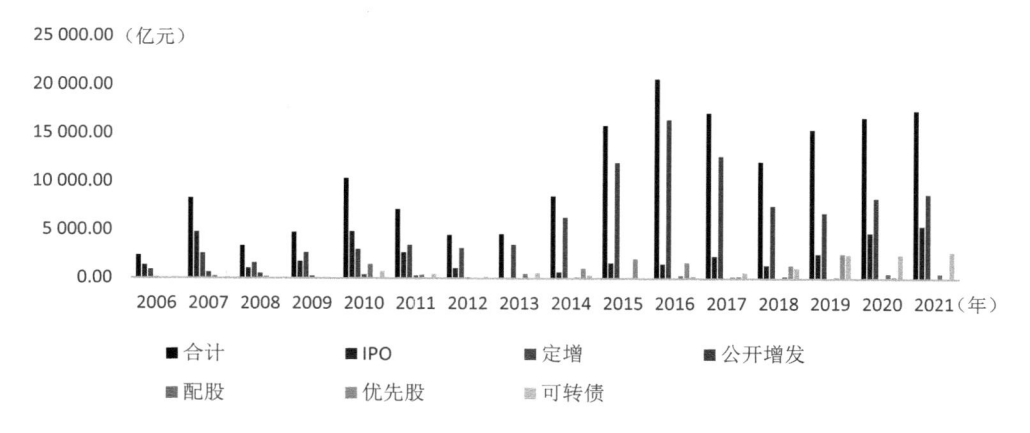

图 2.2　上市公司股权融资金额（2006—2021 年）

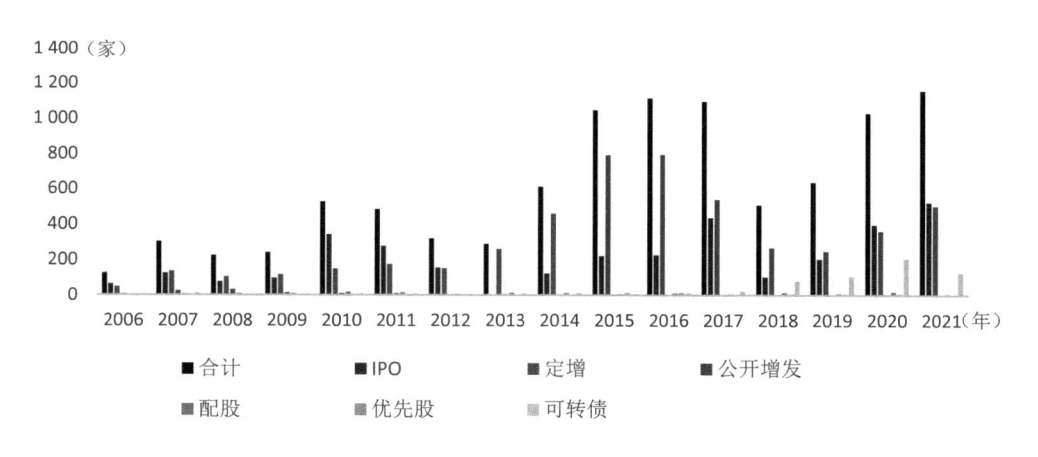

图 2.3　上市公司股权融资家数（2006—2021 年）

很多上市公司在融资安排上交替使用定增和可转债方式，这主要有两个原因：

（1）可转债相对于定增能更少地稀释股比，因为可转债转股价通常接近发行时的市场价，定增发行价则需要相对市场价有一定的折价；

（2）可转债发行难度低，但对上市公司的要求较高。表 2.2 所示为定增和可转债定价及优劣势对比。

表 2.2 定增和可转债定价及优劣势对比

	定　　增	可转债
定价	发行价格不低于定价基准日前 20 个交易日公司股票均价的 80%	转股价格应不低于募集说明书公告日前 20 个交易日该公司股票交易均价和前一个交易日的均价
优势	无还本付息压力	发行难度较低；稀释股份较少
劣势	发行难度相对较大，稀释股份较多	大股东需要参与配售；还本付息压力

资料来源：中国证监会网站

威廉·桑代克在《商界局外人》里通过对美国历史上为股东创造惊天收益的 CEO 特质进行分析，为我们判断优秀 CEO 的视角新开了一扇窗。这些 CEO 包括很多巴菲特欣赏的管理者，像巴菲特的管理学导师汤姆·墨菲、全球唯一漫步月球表面的 CEO 比尔·安德斯、美国报业第一夫人凯瑟琳·格雷厄姆、付费电视大亨约翰·马龙等。他们都是卓越的资本配置者或伟大的投资人，展现了极强的投融资管理能力。如何进行资本配置及时机的把握对企业价值的影响巨大，而优秀的管理层和投资人都能合理利用周期进行资本配置。A 股市场定增是上市公司重要的融资手段，管理层如何利用定增市场服务主业也是考验管理层的重要方式。

2.2.2 案例分析：宠物赛道与定增融资王

案例 1：宠物食品赛道定增融资分析——中宠股份 vs 佩蒂股份

随着国内宠物保有量的增长和科学养宠物观念的建立，宠物产业链投资热度持续高涨。2020 年，我国宠物行业市场规模近 3000 亿元，并且还保持着高速增长态势。

从产业链角度来看，宠物主粮、零食、保健品、玩具、服装，以及宠物医疗、宠物美容、宠物旅游各个环节全面开花，其中中游是宠物行业的核心，包括宠物食品、用品、医疗等。2018 年瑞鹏宠物医院和"高瓴系"宠物诊所整合，成为国内第一家连锁门店超过 1000 家的宠物医院，也引来资本市场的宠物投资热潮，实际上宠物医疗仅占行业规模的 20%。中游行业占比最高的是宠物食品，但由于宠物食品门槛相对较低，导致市场集中度不高，竞争更为激烈。表 2.3 所示为宠物食品细分品类特征以及市场占比情况。

表 2.3　宠物食品细分品类特征

宠物食品细分品类	分　　类	功　　能	市场占比（国内）
宠物主粮	干粮、湿粮	维持日常所需体能	65.6%
宠物零食	肉干、咀嚼类食品、饼干	调节心情和食欲、辅助训练、增强互动	32.6%
宠物保健品	营养物质补充剂、功能性产品	促进生长发育，辅助疾病治疗	1.8%

资料来源：佩蒂股份公告、《宠物行业白皮书》

正是在这竞争激烈的市场中，先后诞生了两家 A 股上市公司：中宠股份（002891.SZ，下称中宠）和佩蒂股份（300673.SZ，下称佩蒂）。这还要从我国宠物食品的发展说起，由于欧美（尤其是美国）是宠物食品的主要消费地区，但宠物零食的生产环节是非标准化的，人力成本占比较高，因此中国企业在宠物零食代工环节占据了重要地位。这两家公司都是通过代工业务起家，通过代工赚取主要利润。近几年中国逐渐由宠物零食的世界代工厂向宠物消费大国转变，这两家公司也成功利用资本市场进行了多次融资，向自主品牌战略转变。两家公司的基本情况如表 2.4 所示。

表 2.4　中宠股份和佩蒂股份基本情况对比

	中宠股份	佩蒂股份
成立日期	1998 年	1992 年
上市日期	2017 年	2017 年
所在地	烟台市	温州市
简介	主业为宠物食品全品类，早期以宠物肉质零食代工为主。目前着力发展自主品牌	咬胶代工行业先驱，逐步切入主粮、零食领域，同时以多品牌矩阵切入细分市场打造自有品牌
累计募资	IPO 3.86 亿元（2017 年）、可转债 1.94 亿元（2019 年）、定增 6.51 亿元（2020 年）	IPO 4.46 亿元（2017 年）、定增 5.3 亿元（2020 年）、可转债 7.2 亿元（2021 年 12 月）
自有品牌	Wanpy、Zeal	好适嘉（HealthGuard）、齿能（ChewNergy）、爵宴（Meatyway）、贝家、SmartBalance、ITI 等

续表

	中宠股份	佩蒂股份
2020年营收主要构成	零食（76.67%）、罐头（13.92%）、干粮（6.36%）	咬胶（65.2%）、肉质零食（21.1%）、主粮（9.2%）
2020年营收（亿元）	22.32	13.39
2020年净利润（亿元）	1.51	1.16
2020年国内收入（亿元）	5.4	2.0
2020年销售费用（亿元）	1.84	0.57
总市值（亿元，2021/11/3）	92	44
PE（TTM）	70.6	39.5

两家公司均于 2017 年登陆资本市场，随后通过资本市场融资不断做大做强。一方面，属于重资产投入的代工业务需要资金不断扩充产能，甚至是在海外进行产能布局；另一方面，重点发力的国内自主品牌新业务，品牌和渠道的投入也需要资金。因此，两家公司都进行了多次融资，并在 2020 年不约而同地进行了定增融资，用于扩大产能和自主品牌建设。

2018 年 1 月以来中宠和佩蒂股价涨幅及估值变化如图 2.4 所示。

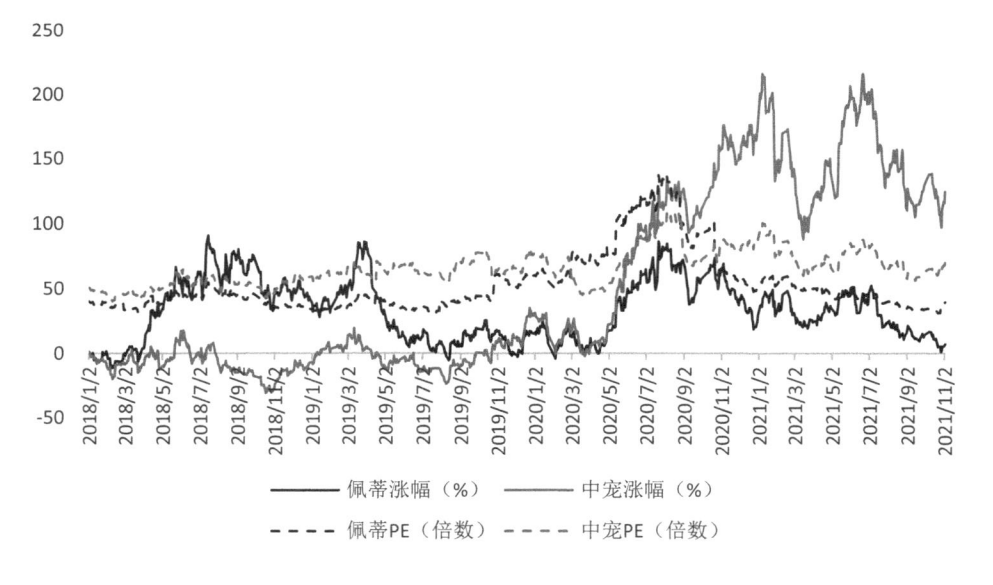

图 2.4　中宠和佩蒂 2018 年 1 月以来股价涨幅对比

2020年中宠和佩蒂定增详细情况如表2.5所示，分别募集6.51亿元和5.3亿元，两家公司的定增发行折扣率接近。

表2.5　中宠和佩蒂2020年定增发行对比

	中　宠	佩　蒂
定增发行时间	2020/9/24	2020/4/14
定增折价率（%，相对定价基准日前20日均价）	84.46	85.13
发行总市值（亿元）	67	32.41
增发股比（%）	9.72	16.37
募资总额（亿元）	6.51	5.3
募投项目	用于年产6万吨宠物干粮项目、年产2万吨宠物湿粮新西兰项目、营销中心建设及营销渠道智能化升级项目、补充流动资金	用于新西兰年产4万吨宠物干粮项目、柬埔寨年产9200吨宠物休闲食品项目、城市宠物综合服务中心项目、补充流动资金

两家公司在业务构成和战略定位上略有差异。中宠在国内市场上自主品牌中发力较早，且较早进入市场规模较大的主粮领域，所以在渠道营收规模的积累较多；佩蒂的主要产品咬胶在全球的出货量稳居第一位，并已在新西兰建设主粮工厂，想通过差异化的产品进入高端主粮市场，但因尚未正式投产，加上受限于咬胶较小的市场规模、国内咬胶消费尚处于引导消费阶段，以及公司进入国内市场较晚，营收并不多。虽然中宠国内业务营收是佩蒂的两倍以上，但由于国内业务尚处于投入阶段，两家公司国内业务盈利能力都有限。可以看出，在收入规模上中宠领先，在毛利率等方面佩蒂处于领先位置，因此两家公司净利润相近。不过资本市场给自主品牌按照PS（Price to Sales，市销率）估值，因此中宠PE（Price Earnings Ratio，市盈率）估值更高一些。

由于宠物食品赛道前景广阔，所以两家公司的定增均获得了资本市场的认可，吸引了众多知名投资者和定增机构的参与，定增投资者详情如图2.5、图2.6所示。

序号	发行对象名称	获配股数（股）	获配金额（元）	限售期（月）
1	芜湖弘唯基石投资基金管理合伙企业（有限合伙）	533,333	19,999,987.50	6个月
2	国信证券股份有限公司（资产管理）	533,332	19,999,950.00	6个月
3	马鞍山中安基石长三角发展新动能基金合伙企业（有限合伙）	1,597,333	59,899,987.50	6个月
4	中国国际金融香港资产管理有限公司	1,333,333	49,999,987.50	6个月
5	宋永	986,666	36,999,975.00	6个月
6	兴证全球基金管理有限公司	2,943,990	110,399,625.00	6个月
7	北京益安资本管理有限公司	666,666	24,999,975.00	6个月
8	葛卫东	1,333,333	49,999,987.50	6个月
9	北京信复创值投资管理有限公司	533,333	19,999,987.50	6个月
10	郭伟松	533,333	19,999,987.50	6个月
11	东方证券股份有限公司	533,333	19,999,987.50	6个月
12	煜德投资佳和精选3号私募证券投资基金	1,066,666	39,999,975.00	6个月
13	乐道成长优选2号基金	533,333	19,999,987.50	6个月
14	乐道成长优选3号私募证券投资基金	533,333	19,999,987.50	6个月
15	乐道成长优选4号基金	533,333	19,999,987.50	6个月
16	太平基金管理有限公司	1,333,333	49,999,987.50	6个月
17	华菱津杉(天津)产业投资基金合伙企业（有限合伙）	1,066,666	39,999,975.00	6个月
18	华夏基金管理有限公司	533,333	19,999,987.50	6个月
19	财通基金管理有限公司	245,330	9,199,875.00	6个月

数据来源：中宠股份公告

图 2.5　中宠股份定增投资者明细

序号	发行对象名称	认购股数（股）	认购金额（元）
1	上海长三角产业升级股权投资合伙企业（有限合伙）	723,654	15,999,989.94
2	温丽娟	3,165,988	69,999,994.68
3	嘉实基金管理有限公司	4,387,155	96,999,997.05
4	建投华文投资有限责任公司	4,522,840	99,999,992.40
5	江苏走泉毅达融京股权并购投资基金（有限合伙）	3,618,272	79,999,993.92
6	杭州城投资产管理集团有限公司	1,402,080	30,999,988.80
7	大连万融产业发展有限公司	768,882	16,999,981.02
8	浙商财富（北京）投资基金管理有限公司	1,311,623	28,999,984.53
9	华夏基金管理有限公司	1,311,623	28,999,984.53
10	兴证证券资产管理有限公司	1,944,821	42,999,992.31
11	湖南轻盐创业投资管理有限公司	843,062	18,640,100.82
合计		24,000,000	530,640,000.00

数据来源：佩蒂股份公告

图 2.6　佩蒂股份定增投资者明细

以上两家公司同处于宠物食品赛道，均借助资本市场融资实现了产能的快速扩张，这是 PIPE 为上市公司带来的好处。一般来讲，在行业发展的早期阶段，资本市场更看重公司的营收规模，以期待公司迅速占领市场，占据先发优势。但随着市场竞争的深入，公司会随之分化，这时候健康的财务报表和稳健的毛利水平更有助于公司在持久的市场竞争中胜出。

目前，中国公司已逐渐抛弃了烧钱式市场竞争。烧钱的目的就是在极短的时间内解决问题，如果定位清晰，产品或服务过硬，那么能快速提升知名度和美誉度，占领市场。一旦资金供给受阻，其资产就极其脆弱，其中蕴含着极大的风险。从历史经验来看，通过烧钱式营销，能够做到长久健康发展的企业微乎其微。

由于战略及融资策略的差异，导致资本市场定位的差异，让定增融资呈现出一定的差异。从长远来说，没有绝对的对错，每家上市公司需结合自身定位找到合适的融资之路。

大咖说

资本市场对行业的积极作用主要表现在以下几个方面：

（1）行业因资本的介入吸引了市场上更多的关注，促进大量的外部资金、资源进入行业中来，也吸引更多的优势资源、先进的技术、良好的经营管理模式促进行业整体发展水平的提升。

（2）资本也会加快资源的内部整合，通过并购重组，强强联合，降低成本、提高效率，培育一批更具竞争力的头部企业。如宠物医疗行业自资本重点关注以来，通过并购，形成了新瑞鹏医疗集团等大型连锁企业，行业发展速度明显提升，且形成了一定的规模效应。

（3）资本进来以后，出于业绩兑现的要求，势必会倒逼企业努力提升自身竞争力，从而整体上促进行业的发展。

（4）中国资本市场相对不够完善，上市企业一般为行业的龙头企业，或者在某个领域具备较强的竞争力或较大的发展空间，同时公众也更愿意信任上市公司的产品与服务，从而间接助推公司的成长。

资本市场对企业的积极作用主要表现在以下两个方面：

（1）上市公司能够在资本市场直接融资，相比于传统的通过银行借款等间接融资，直接融资不仅成本更低，而且周期更长，对企业短期财务压力较小，使得上市公司能够做长期战略规划，更有意愿对研发、品牌和渠道进行投入。

（2）上市公司可以引入战投，为企业获取更优质的资源；企业通过资本市场融资，能更容易实施并购重组，迅速做强做大；上市公司还可以通过股权激励等长期激励形式，与员工形成长期的利益绑定关系，更容易吸引到人才，打造共同富裕的平台。

——佩蒂股份唐照波

案例2：谁是A股"定增融资王"

定增从2006年登上历史舞台后，就成为上市公司重要的融资手段。借助定增融资来扩充产能、布局新业务、讲故事的上市公司都有不少，但谁是其中的王者？

表2.6所示为全市场历史定增次数（包括资产换股和现金增发）超过5次的上市公司列表，共有51家。其中，科达制造（600499.SH）、利欧股份（002131.SZ）、盛屯矿业（600711.SH）、兴发集团（600141.SH）、长电科技（600584.SH）这5家公司定增次数多达8次，处于第一梯队。由于定增的发展历史并不长，而且具有很强的周期性，也就是说，这5家公司的管理层都敏锐地抓住了每一波定增的窗口期。

表2.6 A股市场定增次数最多公司统计表

上市公司	定增次数	定增募资（亿元）	其中货币增发（亿元）	竞价定增收益率	其他募资金额（亿元，IPO、可转债等）	合计募资（亿元）
科达制造	8	36.88	28.7	222%	2.84	39.72
利欧股份	8	57.34	30.49	-52%	24.57	81.91
盛屯矿业	8	84.29	41.48	127%	23.86	108.15
兴发集团	8	80	50	123%	1.88	81.88
长电科技	8	164	134	382%	10.09	167.95
常铝股份	7	27.18	12.15	3%	2.96	30.14
楚江新材	7	38.92	23.49	31%	22.38	61.3
豆神教育	7	45.04	20.29	-59%	4.77	49.81

续表

上市公司	定增次数	定增募资（亿元）	其中货币增发（亿元）	竞价定增收益率	其他募资金额（亿元，IPO、可转债等）	合计募资（亿元）
江特电机	7	53.38	42.62	46%	2	55.38
闻泰科技	7	325.27	140.12	205%	2.06	325.27
兴源环境	7	28.68	7.4	−40%	3.64	32.32
中环股份	7	148.3	137.87	220%	5.81	154.11
*ST 鹏起	6	42.46	11.98	−70%	0.17	42.63
ST 联建	6	42.18	15.92	−88%	3.68	45.86
TCL 科技	6	191	131	516%	51	242
东诚药业	6	25	6.78	75%	7	32
东华软件	6	19.71	3.94	−36%	13.13	32.84
高鸿股份	6	28.44	20	15%	1.63	30.07
海南瑞泽	6	23.53	8.53	16%	4.13	27.66
航发动力	6	342	148	208%	4.52	345
航天发展	6	49.07	14.01	443%	2.72	49.59
亨通光电	6	108	95	426%	21.25	129.25
恒力石化	6	300	94	828%	2.06	302.06
华邦健康	6	66	32	2%	2.11	68.11
华宇软件	6	28.5	16.3	2%	5.69	34.19
佳都科技	6	31	20	34%	14.75	40.85
均胜电子	6	147	124	31%	2.06	147.8
科大讯飞	6	79	75	274%	3.39	82.39
科力远	6	30	20	35%	1.97	31.97
雷科防务	6	30	16	−24%	13.46	43.46
力源信息	6	34	16	−60%	3.34	37.34
利亚德	6	39	30	50%	12	51
领益智造	6	276	45	89%	6.36	282.36
南京新百	6	126	10	−35%	6.64	127.44
人福医药	6	87	63	451%	5.63	88
荣科科技	6	11.32	8.46	51%	1.88	13.2
融捷健康	6	16.28	6.86	−46%	3.28	19.56

第 2 章 定增发行

续表

上市公司	定增次数	定增募资（亿元）	其中货币增发（亿元）	竞价定增收益率	其他募资金额（亿元，IPO、可转债等）	合计募资（亿元）
三安光电	6	176	176	406%	1.51	177.51
三花智控	6	81	27	367%	2.21	83.21
三七互娱	6	88	66	−10%	5.95	93.95
上海临港	6	276	72	−20%	1.12	277.12
深天马A	6	56	56	22%	5.39	56.49
神州信息	6	51	10	−28%	0.6	51.6
世纪华通	6	400	76	−32%	10.35	410.35
通威股份	6	186	115	374%	54.5	240.5
新华医疗	6	13.26	7.9	64%	8.14	15.19
掌趣科技	6	63	26	−45%	6.54	69.54
正邦科技	6	127	127	296%	18.1	145.1
中锐股份	6	28	20	−46%	3.21	31.21
中天科技	6	115	93	144%	9.38	124.38
众合科技	6	24	9.7	−49%	2.46	26.46

数据来源：万得资讯

分析A股的定增历史可以发现，仍然存在不少价值毁灭的上市公司，其最终的总市值比定增的总融资额还少，这些公司的资金使用效率很低。更多上市公司借助定增融资，实现了公司营收及市值规模的从小到大，达到了做大做强的目的，同时也为投资者带来了可观的回报。

还有一些优秀的上市公司通过定增募集的资金快速壮大，几乎每一轮定增融资都为投资者创造了良好的收益，是上市公司与定增投资者互相成就的典范。截至2021年11月13日，如三安光电（600703.SH）从2008年第一次定增时市值不足10亿元到如今的1665亿元；恒力石化（600346.SH）从2011年首次定增时市值仅23亿元到如今的1521亿元；通威股份（600438.SH）从2013年首次定增时市值37亿元到如今的2227亿元。

2.3 定增发展历程

定增自2006年推出以来，经过16年的发展已经逐步由相对小众的投资品种，发展成为资产配置的重要品类，受到公募基金、私募基金、社保基金、外资、大型企业投资者及自然人的热烈追捧。

2013年以来定增发行规模、折扣率、解禁收益率如表2.7所示。可以看出定增具有一定的周期性，我们也据此将定增市场的发展历程分为以下四个阶段。

表2.7　竞价定增历年规模、折扣率及解禁收益率

年度	项目数量（个）	规模（亿元）	折扣率（算术平均）	折扣率（加权平均）	收益率（算术平均）	收益率（加权平均）
2013	160	1670.92	15.16%	14.18%	48.70%	38.84%
2014	209	2897.37	13.76%	15.19%	91.77%	100.72%
2015	249	4232.70	16.01%	20.29%	13.83%	4.09%
2016	329	6219.22	8.72%	9.26%	2.45%	6.65%
2017	214	3512.73	8.03%	11.98%	−18.90%	−11.00%
2018	110	1610.07	6.91%	6.84%	2.64%	5.95%
2019	114	1030.49	13.00%	13.89%	49.90%	47.70%
2020	245	4395.68	16.01%	14.90%	16.48%	21.71%
2021	364	5429.05	17.70%	15.19%	16.88%	7.29%
2022	219	4080.44	12.13%	9.29%	1.29%	-1.58%

数据来源：万得资讯。另外，表中的第一列时间为参与投资的时间。2017年平均收益率为负是因为项目都是在年景很差的2018年解禁；2020年、2021年折扣和收益率数据实际更高，因为都是6个月解禁，周转率相比之前更高；2022年数据截至2022年12月27日收盘未解禁项目按最新收盘价计算收益率

1．2006—2013年，小众市场阶段

在2013年以前，定增市场一直是一个相对小众的市场，2011—2013年每年定增总规模在3000亿元以下。主要原因在于定增门槛相对较高，A股投资者以散户为主，不具备大额参与的能力。大型私募机构数量较少，公募基

金参与定增的热情也不高。因此，定增市场主要参与者以自有资金为主，像江苏瑞华、常州投资集团、常州市新发展等公司。

这个阶段定增收益虽然也跟随市场周期性波动，但由于参与的投资者较少，买方市场特性还是为投资者创造了不少超额收益。

相对二级市场上的买卖，参与定增能有不错的折扣率，彼时小公司的成交量也比较大，使得定增解禁对股价冲击有限，因此收益不菲。

2. 2014—2016年，规模快速增长到过热阶段

从2014年开始，定增通道业务急剧扩张。简单来说，就是通过通道模式把原本高门槛的定增拆成多个小份额，变成了低门槛的投资。另外，银行也作为优先资金为投资者提供杠杆投资机会，进一步降低了投资者的参与门槛。

2014—2015年的A股市场也是并购牛市期，投资者风险偏好较高，题材股炒作明显。很多定增是作为上市公司并购重组的募集配套融资工具出现的，规模伴随着并购的疯狂而增长。在牛市里，"高杠杆+锁定"的特性让定增投资者被动赚钱，创造了很多造富神话。2015年竞价定增市场规模达到4232.70亿元。

2016年，赚钱效应退去，但定增参与者的热情依旧高涨。该年度全市场竞价定增规模高达6219.22亿元，此时牛市盛宴已近尾声，定增发行折扣率却大幅降低。这主要是由于定增锁定期为一年，亏钱效应带来的影响相对二级市场反应更为滞后。

在任何市场上，供求关系都是影响买卖双方利益的重要因素，买自己买不起或者买不到的产品通常可以获得超额收益，但在这个阶段，定增显然失去了获得超额收益的机会。

3. 2017—2019年，调整阶段

从2017年开始，股市低迷，同时定增市场前两年的疯狂状态也出现了退潮现象，很多公司在定增解禁时就面临流动性危机，定增投资者亏钱效应急剧扩大。

同时，2017年证监会出台的定增减持规定（《上市公司股东、董监高减持股份的若干规定》（证监会公告〔2017〕9号）），让投资者减持定增股份受到了一定的影响，使得定增市场规模快速收缩，2017年、2018年分别降到

3512.73 亿元、1610.07 亿元的较低水平。

4. 2020 年以来，定增市场的新常态阶段

表 2.8 所示为 2020 年的定增新规修改的主要内容。新规降低了定增参与者的门槛，并将锁定期缩短为 6 个月，对上市公司定增募资的要求也大大降低。缩短定增锁定期，降低了投资者面临的市场波动风险敞口，放宽底价的限制，给予投资者更大的折扣空间则扩大了投资者的安全边际，这些举措都有利于提升投资者参与的积极性。

由于前几年定增发行被压制，上市公司实际融资需求却很旺盛，在政策红利下纷纷推出定增方案，这一新政策也因此激活了沉寂已久的定增市场。各类投资者纷纷入局，使得定增市场呈现百花齐放的新态势，2020 年、2021 年定增市场快速恢复，市场规模分别为 4395.68 亿元、5424.84 亿元。

表 2.8　2020 年定增新规主要政策调整

	原要求	本次新规	差异
定价机制	不低于定价基准日前 20 个交易日均价的 90%； 定价基准日为发行期首日	不低于定价基准日前 20 个交易日均价的 80%； 询价类定增定价基准日为发行期首日（如董事会阶段锁定部分投资者，依然以发行期首日为定价基准日）； 定价类定增定价基准日可以为董事会决议公告日、股东大会决议公告日或发行期首日	底价由 90% 放宽到 80%； 允许定价类定增选择董事会决议公告日、股东大会决议公告日为定价基准日
锁定期	询价类定增锁定期为 12 个月； 定价类定增锁定期为 36 个月	询价类定增锁定期为 6 个月； 定价类定增锁定期为 18 个月	锁定期由 12/36 个月缩短到 6/18 个月

大咖说

一直记得有位券商投行朋友曾说在资本市场做"一级半"股权市场靠的是情怀，无论他自嘲也好玩笑也罢，我却是深有感触的。或许这种情怀不仅是帮助一家家企业发展所带来的社会效应，也不仅是为社会资本创造财富所带来的机会价值，还有每个参与者们那一张张鲜活的面孔，不同的性情和脾气，聚在同一个舞台实现各自的理想和追求。

有家公司上市已逾十年，在父辈们的细心经营下，成了基础化工细分领

域的龙头，却也早已止步于此。而杰出少壮派们逐步登场为公司发展带来了新的思路和目标，但他们也与大多数传统行业公司一样，如果选择以公司经营利润或银行贷款筹集的资金去挑战创新性的公司发展战略需要冒极大的风险。而且，这样的冒险无论对于为公司呕心沥血付出几十年的父辈们，还是对于上市公司的众多股东们，都会让公司两代管理者们承担极大的压力。所以，公司先是使用自筹资金浅尝新的发展战略，验证可行后立即通过定增融资的方式追加投入，并在之后新发展行业竞争的关键时期，再次通过定增融资追加投入，彻底在行业竞争中占据优势。公司现已成为国内某新兴行业上游材料的重要供应商，且相关业务营收和利润也都已远超公司原有业务。在短短几年时间内通过定增实现战略发展调整的背后不仅是时代的变革，更是公司两代管理者之间的期待与传承。

随着全面注册制的落地，相信会有越来越多、各行各业的优秀企业登陆资本市场，去探索实现那一个个令人振奋的伟大抱负。定增作为目前上市公司的主要股权融资工具，为传统行业实现产业升级提供了一种可选方案，也为高新技术行业轻装上阵加速发展提供了一种资本手段。

华灯初上，舞台虽小，但中国"一级半"市场里仍长期活跃着一批非常优秀的投资者，他们目前还没有机会登上耀眼的榜单，但充满热情专注于此，奔赴在无数项目调研的现场，奋进在无数项目研究的夜晚。他们可能不是资本市场里擅长存量博弈的高手，却是通过资本市场实实在在为新时代发展创造增量的英雄。

——财通基金胡凯源

2.4 上市公司定增推介的五重境界

定增是上市公司再融资的主要途径，经常面临供大于求的局面，导致发行异常困难。

面对定增难发这个困境，不同上市公司有不同的解读及应对方式，下面简单列举几种常见的解读与应对方式。

- 到底是"万恶的"公募基金，只关注大市值公司，还是自己的上市公司所处位置太偏，导致机构不方便来调研呢？
- 合作的券商推介一点都不积极，要不多给它们一点激励？还是再找一家IR（Investor Relations，投资者关系）公司来帮忙，提升一下公司形象呢？或者另辟蹊径，看其他上市公司是怎么做的，派公司董秘去交流学习一下。
- 有的上市公司可能愿意重新审视自我，是不是我的募投项目前景有问题？公司的资本市场地位是不是能够支撑这么大比例的募资？

不同的上市公司，反应也不相同。有的上市公司抱怨资本市场环境差，有的上市公司埋头苦干，有的则在恶补再融资政策并研究投资者心理。

面对同一个问题，为什么每家上市公司的反应会如此不同呢？

定增推介实际上是上市公司管理层对资本市场环境理解程度的外在投射。我们从2008年开始投资定增，研究并调研了近千家上市公司的定增后，将上市公司定增的推介水平分为五个层次（见图2.7）。

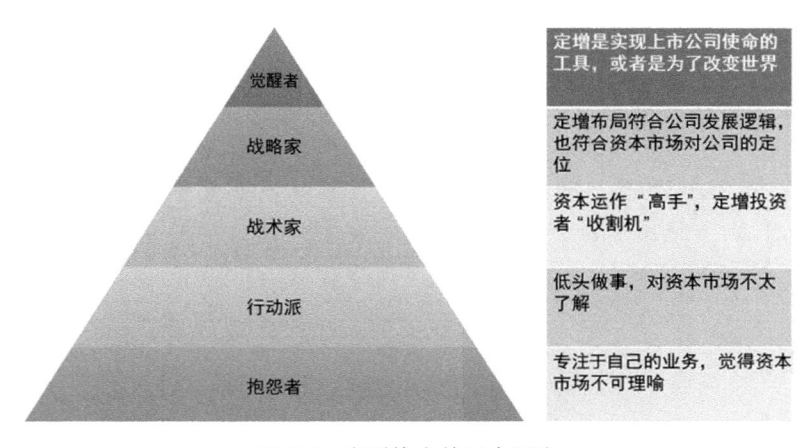

图2.7 定增推介的五个层次

2.4.1 顶层：觉醒者

这类公司境界非常高，其定增推介时营造的氛围已经不是在推介定增，更不是为了赚钱而工作，而是因为个人热爱或者实现人生的伟大使命。

它们大多拥有梦想，同时也很务实，知道资本市场是实现自己梦想的一种工具。为了驾驭这个工具，需要逐步经营公司的资本市场定位，让其为自己的梦想服务，源源不断的融资就是其中最实在的举措。

这样的上市公司有很多，比如养猪行业龙头牧原股份（002417.SZ）、光伏行业龙头隆基股份（601012.SH）等。其中，牧原股份通过保持养猪技术的行业领先，持续从 PIPE 市场获取发展所需的资金；隆基股份则通过押注单晶硅技术路线实现弯道超车，并通过可转债、定增融资在这一轮光伏繁荣周期中成功登顶，下面简要说明如下。

【案例分析】隆基股份的可转债和定增融资

作为光伏行业的绝对龙头，隆基股份市值从 2012 年上市时的不到 60 亿元到 2021 年的 4500 亿元，翻了 74 倍。市值增长的背后离不开公司业绩的高速增长，9 年时间公司营收增长 24 倍，归母净利润年复合增速高达 98%。业绩的增长离不开公司持续不断地从 PIPE 市场获取发展所需的资金。

2020 年，公司总裁李振国在 Wind3C 会议平台在线交流时坦言："隆基公司借助资本市场这双翅膀，把我们的业务做得更快速，我们的盈利能力也更高了。"实际上，公司上市以来，做过两次定增融资、两次可转债融资以及一次配股，累计从资本市场融资近 200 亿元，也为 PIPE 投资者创造了丰厚的回报。

2021 年 5 月 18 日，隆基股份公告发行可转债募集资金 70 亿元，用于进一步扩充产能（见图 2.8）。

证券代码：601012　　证券简称：隆基股份　　公告编号:临 2021-058 号

隆基绿能科技股份有限公司

2021 年度公开发行 A 股可转换公司债券预案

本公司及董事会全体成员保证公告内容不存在任何虚假记载、误导性陈述或者重大遗漏，并对其内容的真实、准确和完整承担个别及连带责任。

重要内容提示：

● **本次公开发行证券名称及方式：**公开发行总额不超过人民币70亿元（含70亿元）A股可转换公司债券。具体发行规模提请股东大会授权董事会在上述额度范围内确定。

图 2.8　隆基股份 2021 年度可转债发行公告

70亿元融资对于隆基股份来说可以进一步巩固公司在光伏制造业的领先地位。它能够持续不断地从资本市场融资得益于公司是典型的"觉醒者"。首先，公司的梦想是为人类提供终极能源解决方案：光伏加储能；其次，围绕这个梦想，公司经营得异常稳健，表2.9所示为隆基股份历次融资详情。

表2.9 隆基股份历次融资

序号	日期	融资方式	募资总额（亿元）	市值（亿元）
1	2012/04/11	首发	15.75	59.09
2	2015/06/26	定向增发	19.60	274.76
3	2016/09/10	定向增发	29.80	289.30
4	2017/10/31	可转债	28.00	655.05
5	2019/04/03	配股	38.75	777.24
6	2020/07/29	可转债	50.00	2054.99
合计			181.90	

数据来源：万得资讯

彭博新闻社在过去几年对全球光伏制造业有一个评价，在财务健康这个指标里面，2017年、2018年隆基股份排名都是全球第二。其中，在2017年，排在第一位的是日本的京瓷（Kyocera）；在2018年，排在第一位的是美国的First Solar。到了2019年和2020年，这个指标隆基股份已经是排名第一了。

2.4.2 第二层：战略家

定增对公司的战略意味着什么，是在定增方案设计阶段就要考虑的问题。

部分上市公司进行定增推介，给投资者的感觉是管理层觉得自己要做点事情而不是公司需要融资，他们要么是把定增当成管理层的个人业绩，要么是为了丰富自己的资本市场经验，还有一些上市公司进行定增纯粹是为了增加市场关注度，这些都是没有把定增和公司战略很好结合的典型案例。

在设计定增方案时，还有很多公司将发行比例用足了30%，只考虑自己的业务规划需要多"圈钱"，却没意识到公司在资本市场上的地位，以及融资能力是否能支撑这样的激进方案。

资本市场需要一个期限更长、前景更好的投资逻辑，不是所有的逻辑都适合定增融资，融资方案也需要与上市公司的资本市场地位相匹配，如有很多代工企业通过定增募投从代工领域转向更有前景的自有品牌领域，也有很多设备商通过定增从设备制造领域转到运营服务领域。虽然不是都能成功，但确实是一次重要的战略思考，从而打开新的成长空间，也比较适合作为定增的"资本故事"。

如宠物食品上市公司中宠股份（002891.SZ）就以代工起家，代工模式作为传统制造业，在产业链中话语权有限，自然只能享受不高的利润率，而且饱受原材料价格波动以及中美贸易争端的困扰。于是，公司通过可转债及定增融资布局自有品牌，目前已经在国内宠物食品行业形成一定的渠道及品牌优势。

听过梦百合（603313.SH）董事长倪张根定增推介的投资人都知道，他首先介绍的是"改变中国人睡硬床的不良习惯"的梦想，其次也很务实地为梦百合选择"代工+自主品牌"双轮驱动的战略。

【案例分析】梦百合的定增融资

成立于2003年的梦百合，现已成为记忆棉床垫领域的全球主要供应商之一。相比成立于1996年的同行上市公司喜临门（603008.SH），梦百合在床垫领域算是后起之秀，借助资本市场的融资能力及记忆棉的独特定位，公司业务发展迅速。除了在国内，公司还在泰国、西班牙、塞尔维亚、美国等地有产能布局，并成为新阶段代工企业的典型代表，即"全球生产，全球供应"。

从推介和吸引投资人的角度来看，梦百合做得非常成功，累计从资本市场募资20亿元左右。上市以后先是通过可转债募资5.1亿元，并很快启动定增又融得6.93亿元（见图2.9），为后续全球产能扩张储备了充足的资金。

梦百合一系列募资行为充分展现了自身对资本市场的深刻理解，2020年的定增推介也展现了创始人优秀"战略家"的特质。

董事长倪张根除了给投资人展现改变消费者睡眠习惯的伟大梦想外，还将盈利能力极强的代工业务做到极致。公司在长远规划上，坚定不移地布局自有品牌业务，通过这块更有想象空间的业务吸引主流资金的参与，毕竟代工业务受原材料价格波动及中美贸易战影响大，抗风险能力差。梦百合把自身的战略和资本市场的环境融合得恰到好处，自然也一直被众多投资人关注，在股价高位成功发行定增，募资6.93亿元，如图2.10所示。

（点）

图 2.9 梦百合历次融资（资料来源：万得资讯）

图 2.10 梦百合成功定增募资

2.4.3 第三层：战术家

定增作为起源于 2006 年的再融资工具，很多上市公司对其驾轻就熟。稍微有一点经验的上市公司，总能根据不同阶段的市场特征以及投资者结构进行融资，毕竟每一轮新政都会让更多新的投资者进入。所以，有些公司管理层会积极学习融资政策，以及定增沟通技巧。还有的上市公司会听取承销商的建议，在发行前"维护"好公司股价，这样便有了足够的折扣空间。

在市场热点出现导致相关板块股价异动时，承销商也会积极启动报价抓住发行窗口期，很多券商的定增都是这样发行成功的。还有的上市公司会与下游客户配合，向投资者释放一些短期业绩向好的信号。

毕竟不需要发明"轮子"，只需要站在巨人的肩膀上，向"优秀"的同行学习即可，因此，很多定增推介都停留在这个层面。

实际上，这些以及后面要讲的都是比较低的境界，停留在为了发定增而发定增的阶段，也被眼前的"少稀释多圈钱"的思维绑架，迷失了初心。很多管理层并没有基于公司的长远发展做好规划，那为什么要融资呢？甚至还有些管理层都没有搞清楚哪些是对公司发展最重要的，这类公司缺少的不是做事的能力，缺的是选择的能力。

某吊顶行业上市公司大股东为了防止自己股份被过分稀释，在定增发行前通过员工持股计划公告等利好消息释放来抬高股价。虽然公司最终也成功进行了定增发行，但解禁后投资者亏损严重，而且公司后续发展也一般。这不但损害了公司的资本市场形象，还为后续的融资埋下了隐患。

2.4.4 第四层：行动派

这类上市公司非常谦虚务实，认为定增发行难的原因是因为自身不够努力、缺少与市场的沟通等。有些大股东为了定增发行成功，还会牺牲个人利益为亏损的投资者兜底，看似很无私，实际是给上市公司"埋雷"。这一行为也说明大股东自身风险管理的能力是不足的。

记得有家上市公司在路演时，表现得很诚恳也很努力，但信心不足。面对这种情况，投资人的信心又来自哪里呢？还有家上市公司，基于客户对未来的预测布局产能，而其所在的是传统汽车零部件行业，其实客户也只是预测，未来是否能兑现取决于很多不确定性因素。上市公司却基于客户的这种乐观预测进行激进的产能布局，短期内（如一两年）业绩可能没问题，但从长远来看，就会面临巨大的风险。

这类上市公司除了要低头做事，更要抬头看天，不然这样的战略规划将很难从资本市场融到资金。

2.4.5　第五层：抱怨者

这类大股东也很典型，不少传统企业的实控人就是这种类型。

他们通常认为自己是对的，公司这么好的业务模式和战略却不被资本市场理解，当前的市值是被低估的。投资者愿意买就买，不愿意就不买，大不了定增不做了。这种公司处于定增推介的低层次，他们除了看到投资者对自己的冷落态度外什么也看不到，完全活在自己的世界里。他们虽然有自己的战略规划，但这些规划大多是与资本市场脱钩的。

2.4.6　定增推介简要总结

以上五层境界只是为了便于读者理解而做的简单区分，在实际调研中，我们还发现有些上市公司涉及了多层境界，只是主要展现了某一层境界。

随着上市公司数量越来越多，只有那些拥有更高层境界的公司才会被资本市场关注，其他的只会逐渐被边缘化。

- 如果不能成为行业第一，那就要做到唯一，或者在将来做到唯一，不然就不应该从市场获得相应的资源配置，包括定增资金。
- 有效的定增规划是自上而下的，自下而上的规划通常是无效的。
- 定增是否能发行成功只是浅层次的问题，处在不同的境界，自然会吸引对应层级的投资者。如果只给投资者讲下个季度的业绩如何，那么吸引来的只能是短线炒作者。
- 很多上市公司觉得定增发行不成功是董秘不会运作、投行资本市场部不会推销等，但本质上是公司没规划好未来，投行也没有在预案前与上市公司进行深度沟通，只把自己定位为做材料的人。这样最后只能由券商 ECM（券商资本市场部，负责定增项目的推介）进行浅层次的推介，整个推介过程如同走马观花，效果也可想而知。
- 定增只是阶段性目标，终极目标是做好战略规划并维持与之相匹配的资本市场形象，阶段性目标自然有良好的结果。

大咖说

由于国内定增市场尚未培育出多样化的投资者群体，部分具有长远价值但不受市场关注的上市公司在资本市场融资仍然困难重重。纵观美股市场，不少公司在上市之后仍然可以像在股权融资市场一样找到长期稳定的投资者群体，国内很多专注于上市前阶段的 VC 和 PE 机构拥有更长期的视角，也有些专注于某些行业，可惜这些投资者尚未熟悉定增投资。

从投行的角度来看，国内很多投行团队依然停留在做材料的阶段，而定增展现出的市场化定价机制将越来越考验投行团队的发行能力，需要从帮助拿到批文，向"发掘企业投资价值，为企业寻找适合的投资者，助力企业长远发展"转型。

——某知名投行人士

2.5 上市公司定增融资的节奏把握

2020 年的定增新规放宽了融资比例限制，发行总规模由不超过总股本的 20% 放宽到 30%，这提升了上市公司融资的灵活度。首批披露的 518 家公司的竞价定增预案中，有多达 376 家增发不超过 30% 股份，即以顶格募资，看来大部分上市公司的融资决策是选择用足政策。

实际上，大比例融资用于项目扩产可能给上市公司业绩稳定及后续融资带来不利影响，主要体现在以下三个方面。

1. 从产能过剩视角来看

很多定增募投项目是中小市值公司的融资扩产项目，所处的行业大多是需求相对稳定或者渐进增长的。若供给大幅度增加，甚至集中释放，呈现出突变特性，则会出现供需失衡。同时，很多定增的公司只关注下游客户的乐观需求，却忽视了同行的产能也在急剧扩张，这不仅是项目融资类定增公司面临的问题，也是很多上市公司普遍面临的风险。

2. 从经营和财务杠杆的角度看

羊群效应和上大项目的冲动，很容易带来产能扩张的恶性竞争，从而使得募投产出效益不达预期。上市公司经营和财务杠杆会放大业绩的波动性，带来股价的大幅波动风险。

- 经营杠杆

盈利等于收入减成本，收入是销售的结果，很多不可控因素会导致收入发生波动，比如产能的无序扩张带来的供大于求。

成本分为固定成本、半固定成本、可变成本。通常定增募资用于扩充产能，导致固定成本快速增加。若收入增长没有与之相匹配，即产能利用率偏低，固定资产折旧后会导致毛利率下降，使得公司盈利能力大幅下滑。

- 财务杠杆

假设一家企业的资本结构为：5000 万元权益资本，5000 万元债务资本（每年利息支出 500 万元）。如果息税前利润从 3000 万元下降到 2000 万元，那么税前净利润由原来的 2500 万元下降到 1500 万元。息税前利润仅下降 1/3，而企业税前净利润则由于财务杠杆下降了 40%，大于营业利润下降幅度，这就是资本结构带来的财务杠杆效应。

有些上市公司主营业务处于成熟市场中，而定增募投项目导致产能增幅过大，一旦市场需求不达预期，过低的产能利用率，加上经营杠杆和财务杠杆的放大效应，会让净利润大幅下降。净利润下降带来的股价波动会让投资者的持股体验变差，这就需要给予潜在投资人更高的风险补偿，从而变相抬高上市公司未来的融资成本。

3. 从上市公司资本市场形象角度看

定增融资时，如果机会主义倾向明显会损害上市公司的形象。很多上市公司董事长是生产经营专家出身的，资本配置能力并不突出，若通过一轮市场洗礼来学习，代价又太过巨大。

资本配置和投资一样，需要耐心和一定程度的坚持不懈（即使认识到可能错配，也愿意坚持很长一段时间），以及逆向思维模式，而非简单地去捕捉政策窗口期。供给大幅增加对一个相对稳定的行业是致命的，新增供给带来的恶果通常是晚于资本开支行为的。这种错误决策带来的影响会如实反映在财务报表上。通常那些多次定增融资，效益却不达预期的管理层会努力说服定增投资人相信:过去公司所遭受的任何巨大损失都在业务的正常范围之外，是反常的，暗示不可能再次发生，但事实可能并非如此。

财务报表是经营的成果展示，也是呈现给市场的答卷，答卷的核心目的是为上市公司获取长期可持续的低成本资金服务的。当市场由题材炒作阶段过渡到基本面导向的阶段，这个答卷的价值更加重要，没有优质答卷的故事就不那么有吸引力了。

上市公司除了意识到定增投资人会把利润表作为预测未来的一个指标，还要知道创造更为有利的未来预期才能提升公司的股票价格，并降低借贷成本，为后续定增融资铺平道路。当一个行业中有很多家公司都在推出定增预案，非上市公司也在无节制地扩充产能的时候，投资者需要对这样的定增保持谨慎，而不是去选择其中竞争力最强的公司，毕竟当行业产能快速增长时，龙头公司也难逃利润率下降的命运。

很多中小市值公司大股东持股比例本身就高，流通盘一般是股比的30%~50%，如在定增时释放30%的股份，意味着解禁后流通筹码增加了60%~100%。在6个月限售期内，上市公司的业绩很难有质的飞跃，解禁必然导致股价的大幅波动。对于投资者来说，这样的定增解禁后在股价被砸出坑时，反而是更好的介入时机，而不是在定增时参与。

长期来看，管理层的资本配置能力是非常重要的，为投资者创造的资本回报取决于管理层关于资本开支、并购活动以及为业务发展融资的决策。定增决策是很重要的决策，切不可儿戏，结合资本市场环境、自身业务发展需要，控制好融资节奏至关重要。

定增融资的过程，管理层如同汽车驾驶员，在行驶过程中的合适位置让认可自己的投资者不断给上市公司这辆车子加油可能是更好的选择，而非一口气将油箱加满，然后后续无地方可以加油。

大咖说

上市前，公司只要做好自身业务经营即可。上市后，股东实现了资产增值，上市公司获得了资本市场的支持。为了合理利用资本市场，上市公司的资本市场定位和业务经营需要相互匹配和促进，毕竟上市公司数量越来越多，那些两方面都很突出的企业更可能获得投资者的持续关注和支持，在做大做强的道路上获得更多的资源。

上市公司的主要再融资工具是定增，公司应把握好节奏并与业务形成良性互动。各个行业都有周期，同样资本市场也有其周期，在两个周期交汇点进行定增融资，能起到事半功倍的作用，我们看到很多企业通过数轮定增，实现企业脱困、转型、腾飞。

——宜安科技刘珊

2.6 案例分析：良信股份与捷捷微电

2.6.1 良信股份如何通过定增实现市值飞跃

定位于低压电器领域中高端市场的良信股份（002706.SZ），在上市1年后（2016年）的定增帮助公司市值实现了重大飞跃。实控人及核心高管都参与的这次定增对公司意义重大，他们还做了哪些事情，让其市值飞跃，市盈率远超竞争对手呢？

先看看良信股份的定增预案情况，如图2.11所示。

图2.11 良信股份上市后首次定增预案

1. 良信股份的定增背景

良信股份（下称良信）由甘肃天水213厂原常务副总带领6名核心骨干于1998年在上海创办，成立以来专注于低压电器中高端市场。

2001—2012年国内低压电器市场迎来黄金时期，年复合增速高达15%，行业参与者均取得了快速的发展，良信自然也抓住了这一机遇，在此期间快速成长。

在2014年良信上市时，行业已进入相对成熟稳定的阶段，市场格局基本形成。彼时低压电器国内市场总规模约为700亿元，其中市场规模约为200亿元的高端市场主要被外资品牌掌控，外资品牌包括施耐德、ABB、西门子；同期，国内品牌主要有良信电器、上海人民、常熟开关厂等。良信电器自成立以来，便坚定地走中高端路线，无论品牌定位、研发投入、产线智能化、销售模式，都紧紧围绕中高端市场，与华为、艾默生，房地产行业头部品牌万科、碧桂园率先建立合作关系。由于彼时外资品牌具有较强的竞争优势，公司的收入规模仍然较小，无法通过自由现金流进行产能持续扩充。于是，上市1年多便启动了这次关键的定增。

2015年10月公司公告了本次定增预案，募资用于建造智能型及新能源电器和装置研发制造基地项目，项目投资总额6.63亿元。而公司2014年的净利润仅在1亿元左右，自由现金流无法支撑这么大的项目投资，于是启动了本次定增募投项目，为未来的高增长提供充足的产能（见图2.12）。

本次非公开发行股票募集资金总额不超过51,660万元人民币（含本数），募集资金扣除发行费用后将全部用于"**智能型及新能源电器和装置研发制造基地项目**"，具体如下：

项目名称	投资总额（万元）	拟投入募集资金（万元）
智能型及新能源电器和装置研发制造基地项目	56,360	51,660

图2.12 良信股份2015年定增募投项目

2. 大股东参与定增，选择低位发行

由于董事长和财务总监按照市场询价结果参与本次定增合计约1.2亿元，占总募资比例的24%，因此管理层有动力以低价发行。

2016年年初，A股刚经历熔断行情，市场情绪低迷，公司股价也处于相对低位。公司于2016年3月1日取得定增批文，在3月15日便启动了报价程序。根据公司披露的发行过程文件，仅有3.9亿元申购金额，申购对象全部获配，定增价为35.97元/股，相当于报价日前一日收盘价的85.45%。

3. 良信做了哪些值得其他企业学习的事情

在2016年前后，低压电器领域高端市场份额主要由外资品牌ABB和施耐德占据，进口替代空间很大。良信凭借优质的服务、良好的品质，以及为客户提供了充足的产能储备，所以连续多年保持高于行业平均增速的高增长，特别是在2018年，产品在主要下游房地产行业需求萎缩的情况下仍然取得了正增长。

经过几年的发展，良信股份逐步由一家定增前市值不到50亿元的小公司发展到2021年最高市值超过250亿元的大中型公司。随后公司的自由现金流足以支撑业务的发展，短期不再进行大规模增发，反而多次回购股票用于员工股权激励。公司市值增长除了受益于业绩的增长外，也享受了估值的提升。公司在2021年7月公告，进行定增募资不超过15.80亿元，这时公司市值已经上了一个台阶，可以承载更大体量的融资，实现更高的目标。

公司以2016年的定增为起点，逐步向更大、更高的目标迈进，以下几点值得学习。

- 精准定位，专注主业

公司进入低压电器领域的时间比正泰电器、上海人民、常熟开关等老牌企业要晚，但其选择了中高端市场的精准定位，逐步实现进口替代。这个定位也让其享受着比同行更高的估值水平。

- 坚持研发投入，拒绝平庸

公司刚创办时通过攻克特定领域的技术难题赚了第一桶金，这种坚持研发的理念一直伴随着公司的成长。与国外竞品相比，其产品定价更低，服务更好及响应速度更快。为了让产品更有竞争力，研发费用占营收比一直超过5%，2020年更是接近10%，研发团队规模也突破700人，在同行里实属罕见。

- 激励充分，管理团队梯度丰富

早期跟着董事长到上海创业的6名高管上市后身家均过亿元，带来了良好的外部效应。上市之后更是利用多种资本市场手段，如回购、定向增发、限制性股票等激励新鲜血液，目前高管团队以"80后"为主，呈现年轻化态势。

企业是一种有效的资源组织方式，良信股份通过专注主业，为员工财富增值提供了清晰的路径，并为客户提供长期可持续的优质产品。公司上市一年多便进行这次关键的定增融资，帮助公司扩充了产能。公司市值也从50亿元增长到250亿元，在这一过程中，资产证券化带来的多样化激励手段和多元化融资渠道更为企业发展提供了良好的助力。图2.13为公司上市之后股价走势及定增时间点。

图 2.13 良信股份上市以来股价走势

2.6.2 捷捷微电的融资之路

跟生态系统的情况一样，有狭窄专长的人能够在某些狭窄领域中做得特别好。动物在合适生长的地方能够繁衍，同样地，那些在商业世界中专注于某个领域——并且由于专注而变得非常优秀——的人，往往能够得到他们无法以其他方式获得的良好经济回报。

——查理·芒格

硬件公司所处的环境使得建立护城河极为困难，因为技术进步和价格竞争总是强迫你把利益让渡给消费者或者下游客户，而不是创造产品的公司。

在商业世界中，那些最有竞争力的公司往往能够在最大化或最小化一个或几个变量上走到近乎荒谬的极端——比如 Costco（开市客）的仓储超市、中通快递的低成本、京东的配送体验、拼多多的全网低价。

本案例要讨论的捷捷微电（300623.SZ）便是通过在细分领域最小化成本，在一定程度上建立了独特的竞争优势。

捷捷微电通过深耕晶闸管和防护器件 20 年，将成本及良率控制、财务管理做到了极致。公司管理层在竞争激烈的分立器件领域建立了一套可靠的管理体系、聚焦的经济模型，使其极具竞争优势，创造了一家盈利能力极强的隐形冠军公司，它的秘诀是生产和财务管理的完美结合。

半导体分立器件在国外出现于 20 世纪 50 年代（见表 2.10），半导体各细分产品均有多年历史，在国内的替代直到 21 世纪的前 20 年才发生。在半导体领域，我国目前距离最前沿的技术还有一定的差距。

表 2.10　半导体各细分产品诞生的时间点

时间	细分产品
20 世纪 50 年代	功率二极管
	功率三极管
20 世纪 60 年代	晶闸管
20 世纪 80 年代	沟槽型功率 MOSFET（Metal-Oxide-Semiconductor Field-Effect Transistor，金氧半场效晶体管）
	IGBT（Insulated Gate Bipolar Transistor，绝缘栅双极型晶体管）

1995 年 3 月，来自启东市国营晶体管的一个团队，在黄善兵（捷捷微电董事长）的带领下成立了捷捷微电，开启了晶闸管国产替代之路。经过 20 多年的发展，公司在晶闸管和防护器件领域均取得了骄人的业绩。2020 年晶闸管销售收入约 4.25 亿元，国内市占率超过 10%。目前，晶闸管国内市场规模约为 30 亿元，国产化率仅 36%，公司晶闸管的近期营收目标为 6 亿元，即达到国内 20% 的市占率。

公司保持长期稳定增长主要依靠核心产品晶闸管，以及防护类产品品类拓展和进口替代。晶闸管作为公司早期的核心业务，2020年营收占比仍然高达42.11%。另外，公司在包括瞬态抑制二极管（TVS）、静电防护元件（ESD）等防护器件领域的营收也逐步提升。从2017年开始，公司重点布局新业务——MOSFET及IGBT，其中MOSFET业务的2020年营收占比已经接近公司全年总营收的20%。

半导体分立器件相比IC领域，技术迭代速度慢，客户更注重稳定性，且认证周期长，成本敏感度低，IDM（设计、晶圆制造、封测一体化）模式是保持长期竞争优势的关键。

而IDM模式需要自建晶圆制造工厂，属于重资产投入，以8英寸的晶圆厂为例，投资回收期通常需要7年。因此，捷捷微电开启了再融资节奏，图2.14为其融资及解禁的相关时间节点。其中，2020年定增融资7.55亿元，2021年可转债融资11.95亿元。

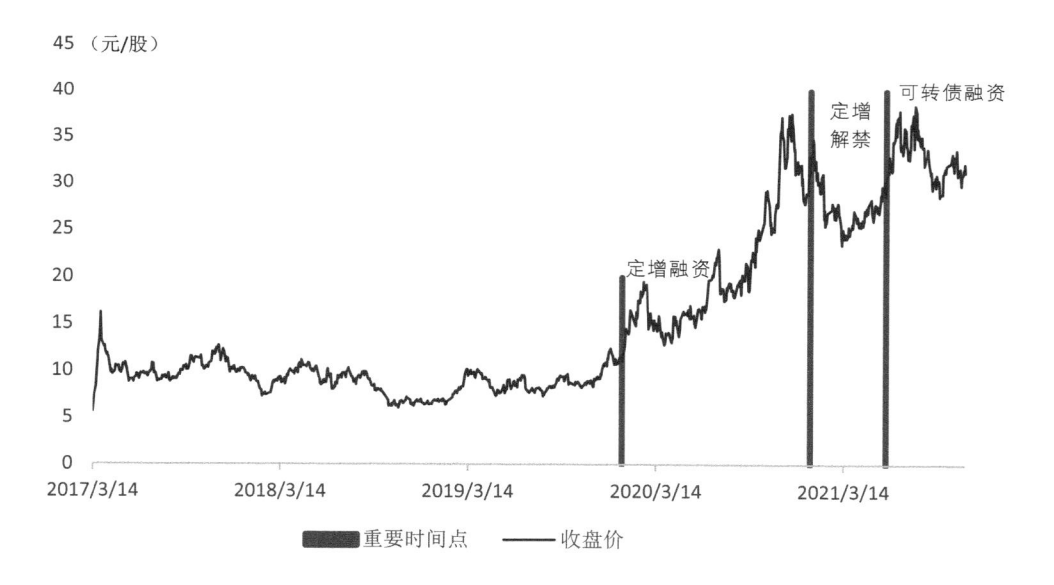

图2.14 捷捷微电上市以来股价走势及再融资节奏安排

公司能够顺利从资本市场融资主要有以下几个方面原因。

1. 经营管理能力突出，财务报表优秀

截至 2020 年年底，捷捷微电的资产负债率为 15.21%，处于很低的水平，说明公司一直保持着低负债运营的稳健状态。其对上下游的议价能力也很强，表现在现金流量净额大于净利润金额，公司在运营及盈利能力方面相对竞争对手保持着领先。

2. 传统业务是稳定现金牛，新业务表现亮眼

从长期来看，由于分立器件设备国产化率达到 50%及材料基本进口替代完成，外资正逐步从低端分立器件领域退出，国内公司在晶闸管及二极管领域已经具备一定的竞争优势，国内公司市占率会进一步提升。因此，公司传统业务是稳定的现金牛，能够持续为公司带来回报。

作为公司业务长期看点的 MOSFE 业务增速较快，在 2020 年其营收已经占据总营收接近 20%的比例。MOSFET 全球市场规模为 54.2 亿美元，高于二极管规模，公司有机会分一杯羹。其短期有现金牛业务，长期布局了想象空间更大的业务，是投资者比较喜欢的业务模型。

3. 公司融资节奏控制较好

公司的资本开支遵循"从客户到产能"的逻辑，从而能很好地平衡资本开支和产能利用率的问题。这样不会出现产能利用率不足，给公司带来盈利水平波动过大的风险，避免了给后续融资埋下安全隐患。

另外，公司在融资节奏和工具的选择上，采用了适合自身的先定增融资，后可转债融资的方式，且可转债融资规模大大超过定增融资规模。

第3章 定增投资

定增已经成为资产配置的重要品类，市场参与者众多。定增投资的本质是什么？如何开展定增投资尽调呢，都有哪些主流的投资策略备受推崇，又有哪些策略比较适合入门级投资者呢？

第 3 章 定增投资

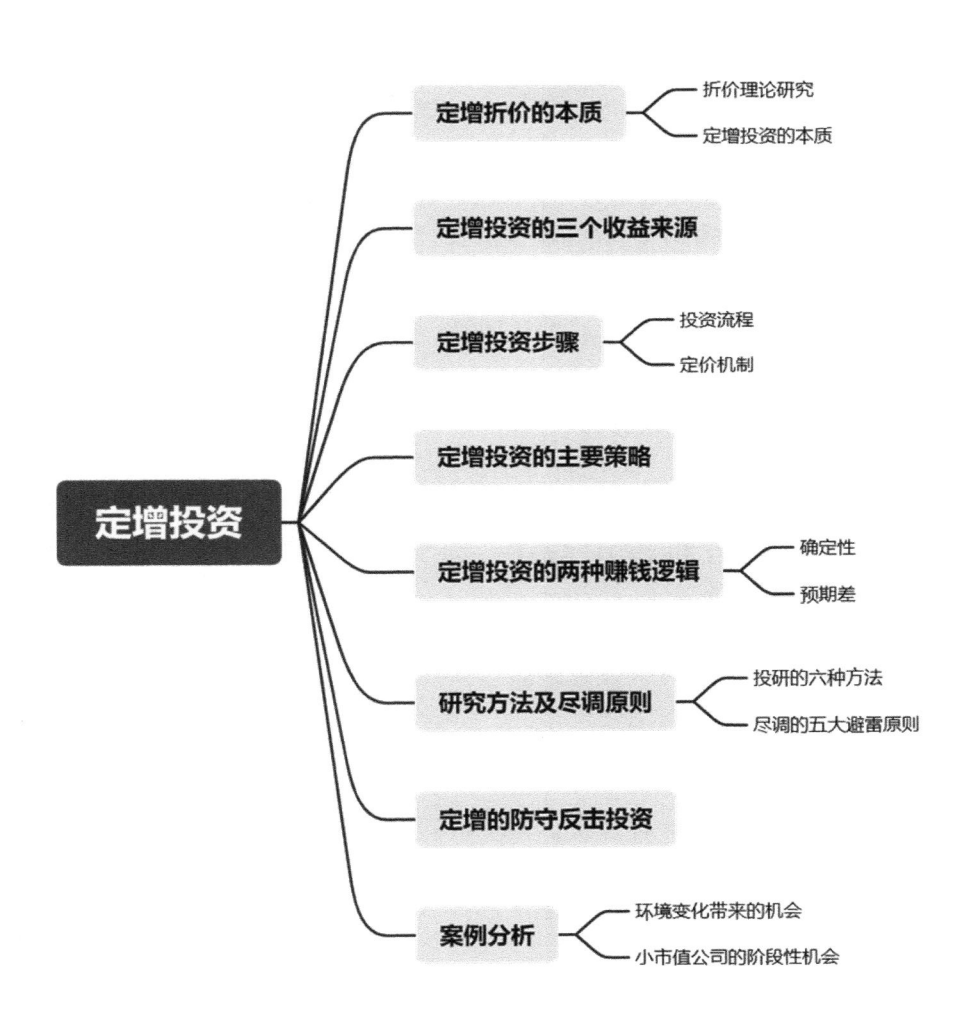

- **定增投资**
  - 定增折价的本质
    - 折价理论研究
    - 定增投资的本质
  - 定增投资的三个收益来源
  - 定增投资步骤
    - 投资流程
    - 定价机制
  - 定增投资的主要策略
  - 定增投资的两种赚钱逻辑
    - 确定性
    - 预期差
  - 研究方法及尽调原则
    - 投研的六种方法
    - 尽调的五大避雷原则
  - 定增的防守反击投资
  - 案例分析
    - 环境变化带来的机会
    - 小市值公司的阶段性机会

3.1 定增折价的本质

定增是上市公司再融资的一种行为，也是投资者买入标的公司股权的一种方式，与二级市场直接买入公司股票相比，定增投资者可享受一定的折扣。这为投资者创造了定增投资的折扣收益，即上市公司现有股东对定增投资者牺牲流动性进行补偿带来的价值转移。在分析全体定增样本后发现，定增投资收益的主要来源也是折扣收益。相关公式如下：

折价率=发行价/发行日收盘价×100%

折扣率=100%–折价率

折扣收益率=（发行日收盘价/发行价–1）×100%

3.1.1 折价的三种理论假说

由于定增在国外起源较早，国外学者对定增研究的较为充分和全面。关于定增折价的来源，国外的学者提出了三种理论假说。

1. 流动性补偿理论假说

折价相当于买入即获得一定收益，即折扣收益，这一种收益是对参与者所获股份存在锁定期的一种补偿。Sliber(1991)和Barly(2007)等认为定增的股票都需要锁定，在锁定期内，投资者需要承担各种风险，因此要求发行人给予一定的折价补偿。在成熟的资本市场，定增的定价是否合理对发行能否成功有较大的影响。

2. 信息不对称理论假说

Smisth(1993)认为定增募资规模和公司的市值规模大小会直接影响折价率。投资者需要对投资标的进行估值，由于公司价值难以估算，就需要一定的折扣作为搜集估值信息的补偿。因此，波动性越大、研究覆盖度越低的公司，所对应的补偿也就越高。

3. 效益补偿假说

Krishnamurthy(2005)分析了美国市场样本，并将认购者进行分类，研究认购者类别对折扣率的影响。经研究发现，机构组样本对应折扣率高于个人组，前人通常认为这是由于机构监督成本较高导致，而该作者进一步分析了发行后三年样本组的收益情况，发现机构组长期收益仍然高于非机构组。因此，作者认为折扣率取决于不同参与者对长期收益的补偿要求。机构投资者的投资决策通常更加理性，因此报价策略也偏向于稳健，从而带来更高的效益补偿。

针对 A 股上市公司的定增，折价的主要原因除了以上三个外，还有国内独有的一些原因。国内上市公司治理结构相比海外更加独特，即很多公司的管理层也是大股东。这里涉及一个有可能对投资者不利的博弈局面：大股东和投资者利益不一致。虽然长期来说，大股东希望为定增投资者创造价值，从而获取源源不断的资金支持，但在发行实践中，大股东实际控制公司的现象普遍存在，即大股东可能向自己高折扣增发。而当大股东自己不参与定增时，为了少稀释自己的股权也会通过发行时机的选择、操控股价等一系列措施影响定增发行，从而低折扣向外部投资者增发股票。

3.1.2 定增投资的本质

有投资者认为定增赚的是市场 β 的钱，即定增锁定期间指数上涨的收益；也有投资者相信自己的选股能力，期望获取个股 α 收益，赚的是企业成长及估值提升的钱，即锁定期间相对指数涨幅的超额收益。而根据历史统计数据，从总体上来说，定增的大部分收益来自折扣收益。

定增投资赚取的折扣收益本质上是赚的上市公司现有股东的钱，即现有股东为了获取发展所需的资金给予定增投资者的折扣补偿。如果募集资金能够改善上市公司业绩，这个利益的转移是值得的。在竞价相对有效的市场，总体折扣率也会相对平稳，从而在现有股东和定增投资者之间的博弈维持合理的平衡。

在实践中，大股东也能够在政策允许的情况下影响很多因素，从而影响定增折扣率。因此，定增折扣率除了受市场环境的影响外，大股东和定增投资者以及定增投资者之间的博弈也极其重要，而大股东与投资者的博弈又会影响投资者之间的博弈，这直接决定了报价过程。

图 3.1 为 2013 年以来定增折扣率的情况。在上一轮定增投资的疯狂阶段，由于投资者热情高涨，非理性竞价导致折扣率明显偏低。最典型的如 2016 年、2017 年折扣率并没有随着市场低迷而提升，体现出一定程度的过热。按照当时的规则，定增投资锁定期需要两年时间（按照减持规则，第一年解禁 50%，剩余的 50%第二年才能解禁），对应这个流动性补偿，当时的折扣率是非常低的。2020 年定增新规出台后，折扣率空间被打开，2020 年、2021 年连续两年折扣率超过 15%。值得一提的是这还是对应 6 个月解禁期的折扣率，对投资者来说有非常高的价值。

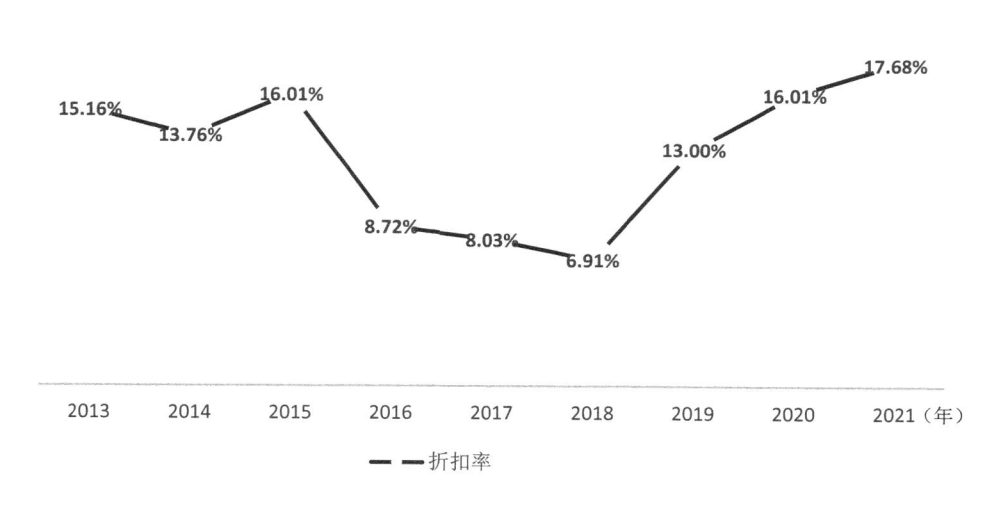

折扣率（算术平均）

年份	折扣率
2013	15.16%
2014	13.76%
2015	16.01%
2016	8.72%
2017	8.03%
2018	6.91%
2019	13.00%
2020	16.01%
2021	17.68%

数据来源：万得资讯

图 3.1 2013 年以来竞价类定增折扣率统计

3.2 定增投资的三个收益来源

对于定增项目总体样本,从定增投资收益来源的角度来看,折扣收益占主导地位,由于发行时点分布在不同市场阶段,指数的影响相对较小,同时发行样本足够多,个股α收益会一定程度上相互抵消。对单个定增项目来说,影响定增投资收益的主要因素有三个:折扣收益、同期市场收益、个股超额收益。

1. 折扣收益

在上一节谈到,定增折扣是定增投资者获得的补偿,这种补偿有其存在的原因,尽管会有波动,却是定增投资的核心。

定增折扣率是发行价相对市价的差异率,一般定增报价都是报价日的9:00到12:00,为了便于分析,本书采用发行日收盘价作为市价进行计算。

2. 同期市场收益

限售期内市场平均收益,选取报价日至解禁日合适的基准指数涨跌幅作为同期市场收益。这里我们选取中证500指数作为基准收益指数。

同期市场收益率=限售期中证500指数涨跌幅

3. 个股超额收益

个股超额收益即前面提到的个股α收益,即限售期内个股股价涨跌幅超出基准指数收益的部分。个股超额收益可能有以下两方面的原因:公司基本面的变化及定增效应。定增效应是指公司因为定增发行,不断与市场沟通交流,提升了资本市场关注度,从而带来的估值变化。

个股超额收益率=限售期个股涨跌幅-同期市场收益率

因此定增收益率与三者的关系如下:

定增收益率=(1+折扣收益率)×(1+市场收益率+超额收益率)×100%-100%

中金公司古翔、刘钧伟在其研究文章《定增项目收益来源于何处?》中也将定增收益拆分为发行折扣收益、限售期内市场收益以及限售期内的个股超额收益三部分。

他们统计了自 2011 年以来，不同阶段定增项目收益率的拆分情况，如图 3.2 所示。

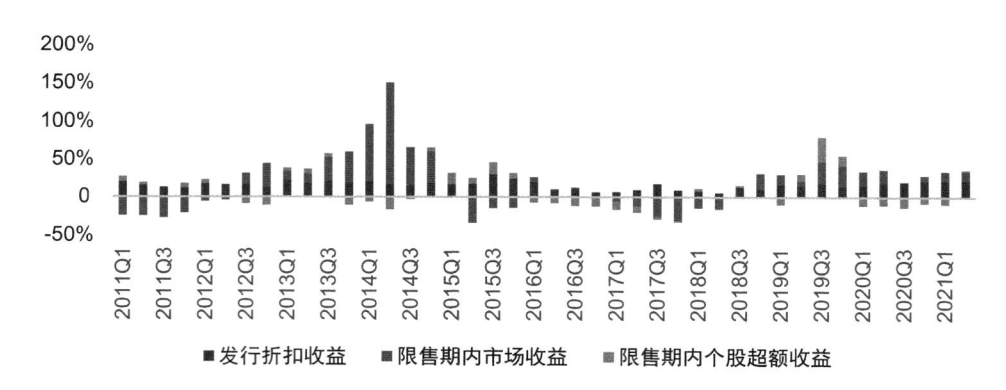

资料来源：万得资讯，中金公司研究部（数据截至 2021/9/17，退出价格按照解禁日收盘价计算，仅包括已解禁项目；项目收益统计按照等权平均计算）

图 3.2　2011 年以来竞价类定增项目收益率拆分统计

分析自 2011 年以来的数据，从总体样本来看，折扣收益贡献占比超过 70%，是影响定增收益的主要因素。折扣收益相对平稳，限售期市场收益是决定定增收益的重要因素。而个股超额收益由两部分构成，业绩改善及定增效应。对于那些单个项目盈利和亏损幅度较大的项目均是个股超额收益出现了极端情况。

因此，为了提升定增项目的收益率，投资者可以从以上三个角度着手。从折扣收益的角度来看，投资者需要严格控制报价，争取实现更好的折扣收益。在市场过热时，可以适当控制投资规模或者放弃报价。从限售期市场收益的角度来看，投资者需要结合对市场的判断做出定增决策，在市场低位时可以适当积极一些。从个股超额收益的角度来看，投资者若想获得高收益，选股是重中之重，这里的选股并不是指选择优质公司，而是选择预期差更大的公司或者价值被低估的公司。

【案例分析】新规以来竞价定增收益率拆解

2020 年 2 月 14 日证监会颁布定增新规，截至 2021 年 11 月 8 日，共有

319 个竞价定增项目发行并进入解禁期。这些项目的等权平均收益率为 18.99%，其中折扣收益率为 20.18%，同期中证 500 平均收益率为 8.53%，个股超额收益率为-9.25%。总体来说，这个阶段折扣收益率贡献了定增投资的全部收益，同期指数虽然上涨了 8.53%，但个股总超额收益率为-9.25%。可见这个阶段折扣收益率仍然占据着重要地位。

319 个项目发行时间分布相对平均，月度分布如图 3.3 所示。

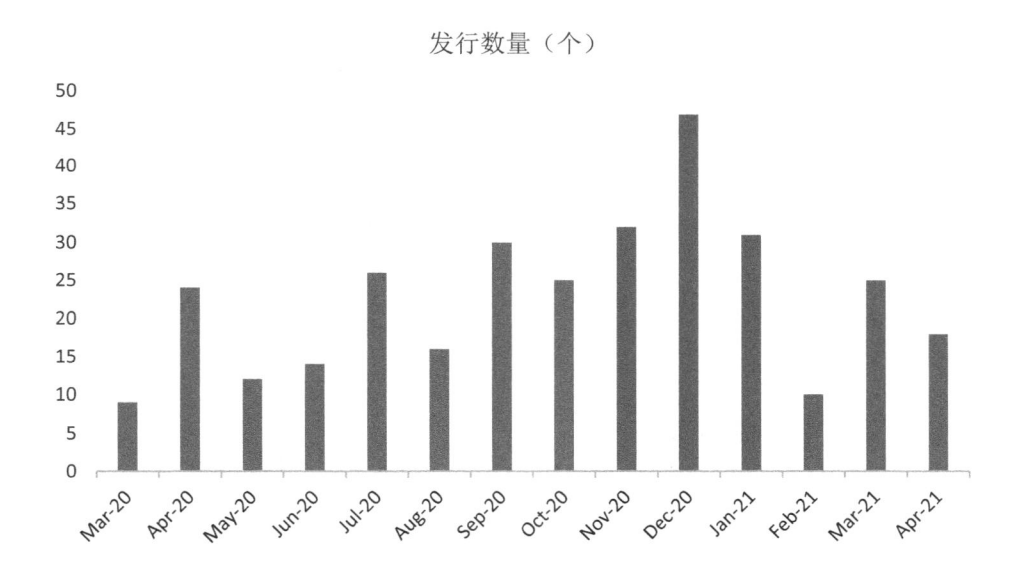

发行数量（个）

数据来源：万得资讯

图 3.3 新规以来竞价定增月度发行数量

这些项目的平均月度收益率如图 3.4 所示。从图中可以看到，在这 14 个月中仅有一个月（即 2020 年 8 月）月度收益率为负。如图 3.5 所示，对各月度收益率进行拆解后便知，该月是仅有的同期指数收益率为负的月份。指数负收益率叠加个股负超额收益，绝对值超过折扣收益率便产生了当月的收益率负值。

总体来说，折扣收益贡献了主要收益，同期指数收益是决定能否盈利的重要因素，个股超额收益呈现负偏的特性。这背后也有同期市场风格异常的原因，即大盘股相对小盘股更受投资者青睐。

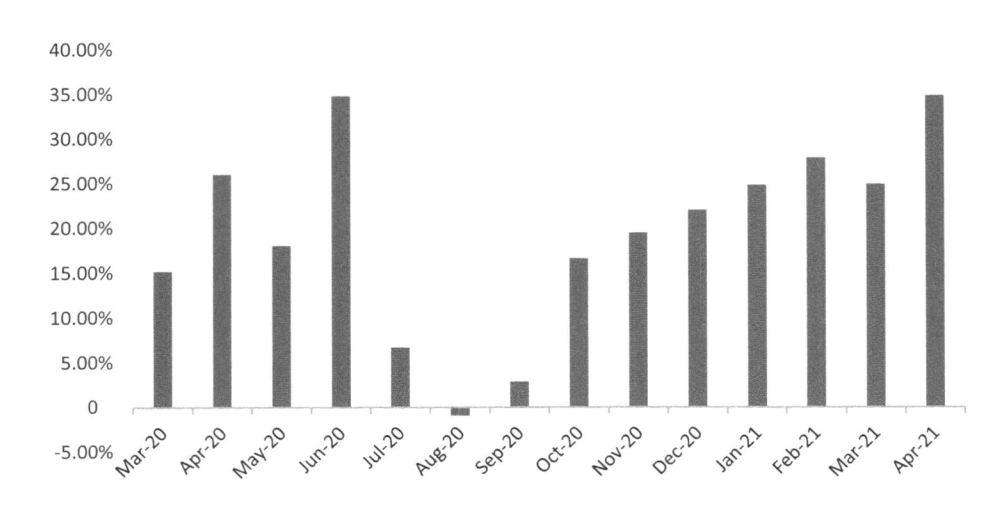

图 3.4 新规以来竞价定增月度平均收益率

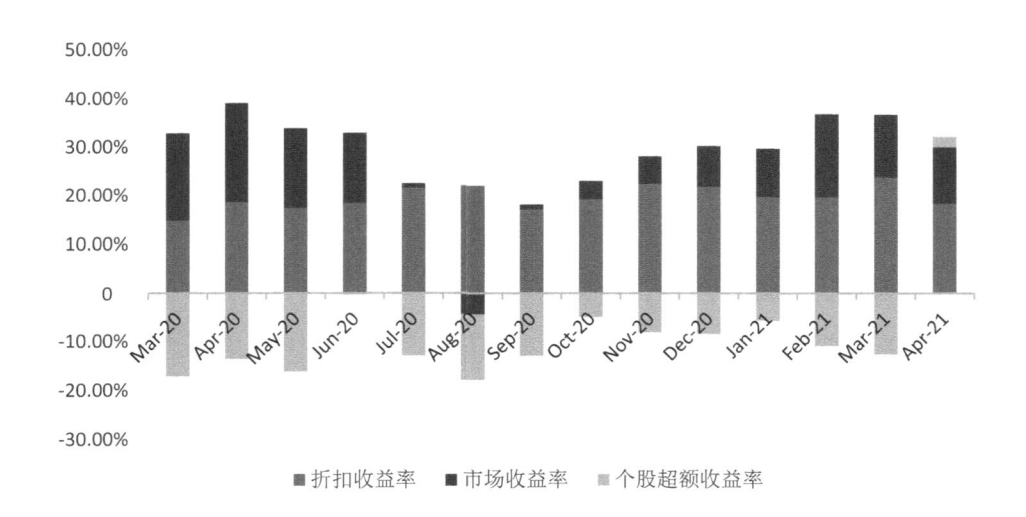

数据来源：万得资讯

图 3.5 新规以来竞价定增月度收益率拆解

图例：■折扣收益率　■市场收益率　■个股超额收益率

数据来源：万得资讯

大咖说

尽管定增投资具有很强的周期性，依然不妨碍它是一个很好的投资品类。

从投资的角度来看，在定增预案阶段开始跟踪，也有助于建立富有成效的投研体系。区别于大型公募及私募，定增专门机构可以找到适合自身的投研体系及策略。

——湖南轻盐创投任颜

3.3 定增投资的步骤

3.3.1 投资流程

定增投资的常见步骤如下。

1. 尽职调查

尽职调查是投资者投资前对项目的评估环节。

上市公司发行定增需要证监会进行实质性审核，因此信息披露极为严格。在申报环节上市公司需要披露定增预案，在反馈阶段公司还需要披露针对反馈问题的答复。总体来说，定增尽调可以获取的公开信息相对较多。

投行定增承销部门一般由资本市场部组织意向投资者调研上市公司，通常采用线上电话会议或者进行现场尽调。在尽调时，上市公司管理层悉数到场，介绍公司业务及本次定增情况，还会对投资者关心的问题进行解答。对于重要的投资者，上市公司还会安排一对一交流。

2. 投资者的内部决策

这个阶段是投资者的内部流程，由于定增是典型的项目制，很多机构内部会有项目的立项和投委会表决，通过后方可向前推进。

3. 发送认购意向函

投资者向上市公司表达参与本次定增的意向，即投资者需要向投行资本市场部或者上市公司证券部发送认购意向函（盖章文件（机构）或签字函（个人））扫描件，认购意向函模板如图3.6所示。投资者可在投行向意向投资者发送报价邀请函邮件之前发送以上认购意向函。

********股份有限公司**

非公开发行股票及定向可转债认购意向函

致：****股份有限公司**

本机构已经获悉贵公司非公开发行股票已取得证监会批文并有意参与认购本次贵公司非公开发行的股票，请贵公司启动发行时通知，谢谢！

本机构承诺符合贵公司本次发行认购对象的要求，并愿意向贵公司提供本次发行需要的相关材料。

联系方式如下：

联系人：

手机：

邮箱：

投资者名称及盖章：

年　月　日

图 3.6　定增认购意向函模板示例

4．接收认购邀请书

在定增项目报价日的前三天，投资者会收到承销商发送的认购邀请书邮件，该认购邀请书主要包括本次报价的规则、报价日、对投资者的要求等重要信息，除常规要求外，部分上市公司还会抬高单份定增报价门槛金额或者限制单份报价最高金额等。

定增区别于公开增发，需要采用非公开方式发行，仅向特定对象推介。除上市公司前 20 名股东、承销商选定的公募基金、证券公司、保险机构外，仅有发送意向函的投资者才会收到报价邀请函。

若投资者未发送意向函，从而未收到报价邀请函，其报价会被认定为无效。良信股份在 2016 年定增报价中便将一家机构的报价认定为无效，如图 3.7 所示。

> **（二）投资者申购报价情况**
>
> 2016年3月15日9:00-12:00，在国浩律师（上海）事务所的见证下，发行人和主承销商共收到8家投资者回复的《申购报价单》和《产品申购信息表》等相关附件，且按约定足额缴纳了认购保证金（基金公司除外）。经发行人、主承销商
>
> 3
>
> 与律师的共同核查确认，德盈润泰实业有限公司（以下简称"德盈润泰"）非本次发行认购邀请书发送名单范围内的投资者，故其提交的报价认定为无效报价。剔除德盈润泰后，其余7家提交报价的投资者均在认购邀请书发送名单范围内，均按要求发送了完整的申购文件，故其余7家投资者的报价都为有效报价。

图 3.7　良信股份认定一家机构报价无效

5．准备资料

按照认购邀请书的要求提前准备相关资料并扫描，主要是投资者适当性材料、投资者基本信息表等。

6．缴纳保证金及申购报价

报价日当天，投资者需要把承销商要求的材料扫描件发送至指定邮箱，按要求缴纳保证金（公募基金和保险除外），并用传真机传送或现场递交申购报价单，申购报价单示例如图 3.8 所示。

一般报价日报价时间为 9:00~12:00，由于 11:30 股市才收盘，很多投资者选择在 11:30~12:00 最后半小时进行报价。虽然承销商通常会提供两个接收传真，但经常会出现报价拥堵现象，建议未进行过操作的投资者尽早完成报价。

我方收到并已详细阅读了贵方于 2020 年 10 月 23 日发出的《非公开发行股票认购邀请书》和发行人董事会决议、股东大会决议相关公告。经研究，我方同意按贵方确定的条件参加此次认购，并在此确认和承诺：

一、同意《非公开发行股票认购邀请书》所确定的认购条件与规则。

二、同意按照下表所列示的价格和金额认购：

序号	认购价格（元/股）	认购金额（万元）大写	认购金额（万元）小写
1		万元	万元
2		万元	万元
3		万元	万元

注：1、认购价格不低于每股 23.74 元，且以增加 0.01 元/股的整数倍的形式确定其申报价格，认购对象可以申报不超过三档价格；
2、每档价格对应的认购金额不得低于 2,000 万元，不得超过 30,000 万元；
3、申购保证金为 200 万元。

三、同意《申购报价单》一经传真至贵方，即视为我方发出的不可撤销的正式申购要约，具有法律效力，不可撤回。

四、同意按贵方最终确认的获配金额和时间足额缴纳认购款。

五、我方承诺：（1）本次认购对象中不包括发行人的控股股东、实际控制人或其控制的关联人、董事、监事、高级管理人员、主承销商、及与上述机构及人员存在关联关系的关联方，也不存在上述机构及人员直接认购或通过结构化等形式间接参与本次发行认购的情形；（2）发行人及其控股股东、实际控制人、主要股东不对发行对象作出任何保底保收益或变相保底保收益承诺，且不直接或通过利益相关方向发行对象提供财务资助或者补偿；（3）获配后在锁定期内，委托人或合伙人不转让其持有的产品份额或退出合伙；（4）用于认购非公开发行股份的资金来源合法，不存在直接或间接来源于上市公司及其关联方的情形，不存在洗钱行为，并保证遵守国家反洗钱的相关规定。

六、认购对象全称：_____

我方联系人：_____ 座机：_____

手机：_____ Email：_____

公司（公章）：

法定代表人（或其授权代表）或本人签章：

年　月　日

图 3.8　申购报价单示例

7. 中标后签订认购协议并缴纳认购款

对于报价入围的投资者会收到承销商发送的《认购结果及缴款通知》，投资者根据该通知签署认购协议，并在规定的时间（一般为报价日之后 3 天）内缴纳剩余认购款。

8. 上市公告

缴纳款项后，上市公司会为投资者办理股份登记并同时进行锁定，通常在报价日之后一个月，上市公司会进行新增股份的上市公告。

9. 解禁公告

定增股份进入解禁之前需要上市公司向中登申请解锁,并由上市公司在解禁日前几天进行公告。

通常发行日到定增股份上市日需要一个月左右的时间(统计自 2020 年定增新规颁布至 2021 年 11 月 8 日,已发行的 504 个竞价定增平均需要 27.76 天),即股份登记时间需要将近一个月,加上锁定期六个月,即使解禁后立即卖出,整个投资退出周期实际需要七个月左右的时间。

3.3.2 发行价格的确定机制及可能存在的问题

"我能计算出天体运行的轨迹,却难以预料人性的疯狂。"

——牛顿

定增发行价采用竞价方式确定,由全部申报对象的有效报价共同决定。简单来说就是价高者得的封闭式报价模式,并且所有认购对象按照同一价格成交。

封闭式报价作为价格确定机制会让投资者陷入被动的环境中。在一个封闭的系统,所有的事物都倾向于从有序变成无序,定增报价也不例外。

1. 报价流程

取得证监会核准批文后,发行人可以随时启动发行。假设 T 日为发行报价日。

(1) T-3 日发送邀请函

发行人向前期发送过认购意向函的全部投资者发送《认购邀请函》,未收到邀请函的投资者无法报价,邀请函包括投资者需准备的材料及报价规则等内容。通常情况下单个投资者申购下限为募集金额的 1/35,部分设置门槛的公司还会将投资者门槛调高,也有部分公司设置单个投资者认购金额上限,一般常见于大股东股比较低的公司,担心单个投资者定增持股比例过高对其产生威胁。

(2) T 日发行人接受报价

一般在 9:00 到 12:00,投资者可以选择现场报价或者传真报价。目前,发行过程已经较为规范，报价安排在投行资本市场部，全程录像，并有律师现场鉴证，所以，早期有些发行人通过堵塞传真机阻挡投资者报价的行为基本不存在了。

（3）获配对象缴款

报价结束确定获配对象后，承销商会向投资者发送邮件，通知缴款时间，一般是T日或T+1日邮件通知，T+2日到T+4日缴款。投资者按照要求签署相关协议并缴款即可。

2. 价格确定机制

在报价时间截止后，承销商按照"价格优先、金额优先、时间优先"原则进行配售。配售机制就是对有效报价按照从高到低排序，累计金额达到本次定增金额对应的报价即为本次定增价。

- 若有效申购金额总额少于募资金额，则以由高到低最后一名的申购价格作为本次的发行价格。
- 若有效申购金额总额超过募资金额，则按照有效报价从高到低排序，有效申购金额总额达到或首次超过募资金额时，其所对应的价格即为本次发行价格。

这种定价规则很容易让投资者犯下大错，因为这实际上是一种封闭式拍卖，博弈的过程对竞拍者是不利的。这种竞拍与公开竞拍不同，这种竞拍赢得拍卖的投资者往往是那些犯了技术错误的人，而在公开竞拍的拍卖会上，你付的价钱通常不会比你击败的对手的出价高很多，但封闭式拍卖是有这种可能的。

从很多案例中可以看出，报价者认为定增价是同一个价格，即使自己报高价也不会影响最终的发行价，因此为了确保中标刻意报高价，如果大家都采用这种策略，便会变相抬高发行价。

3. 报价行为的动态演绎

以下将通过报价分布图（见图 3.9）解释在不同热度情况下，发行价格的博弈过程。不同曲线代表不同市场热度下，定增参与者的报价分布情况。横轴表示报价，纵轴表示该价格上报价金额，虽然实际情况下报价不连续，但为了分析方便，这里假设连续。价格竖线右侧和报价分布曲线、横轴三者围成的面积为该价格下累计报价金额。假设图中竖实线对应价格 P0 为该定增的合理价格。

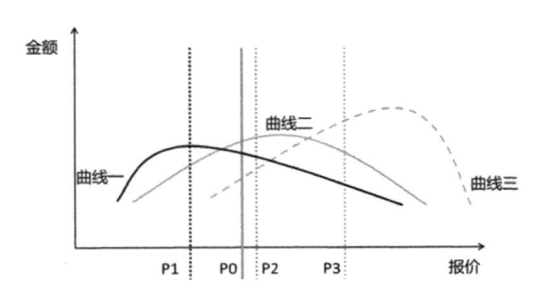

图 3.9 不同市场环境下报价分布曲线图

在定增冷清的阶段，由于市场参与者较少，参与者相对谨慎，报价基本集中在低价位上，报价分布如图 3.9 中的曲线一（黑色实曲线）所示。若要募集所需资金，确定的价格也就相对更低，图中确定发行价为 P1，这个价格要远远小于合理价格 P0。

随着市场关注度提升，越来越多的资金参与进来报价，而此时大家还是理性的，因此仅仅表现在价格略微提高，同时参与者变多，报价分布如图 3.9 中曲线二（灰色曲线）所示。由于每个项目的募资金额是有限的，因此此时发行价会提高至 P2。

随着市场关注度进一步提升，就像 2016 年的定增市场，大家发现报低价根本无法中标，因此所有参与者都非理性地提高了自己的预期，成为更高价格的一分子。很多投资者因为管理的基金产品刚成立，募集的很多资金有必须投资的压力，这就导致报价分布图右移。与此同时，部分上市公司抓住了市场中存在的投机心态，通过与投资者深度沟通及一系列资本运作手段，进一步提升了部分投资者的风险偏好，变相抬高二级市场价格，导致个别项目出现报价泡沫化的情况，即报价分布曲线右偏，如图 3.9 中曲线三（灰色虚线）所示。最终发行价可能进一步提升至 P3，该价格已经远远高于合理价格 P0。

在这种封闭式拍卖中，为了避免被排除在游戏之外，所有参与投标的人都有可能成为制造泡沫的一分子。

4．四种主要报价类型

定增报价市场主要有四种类型参与者，下面详细说明。

（1）冲动报价型

这部分投资者研究能力一般，也没经历过风险教育，纯粹为了中标而报价，报高价变成其策略，甚至会报出高于市价的价格。

当市场赚钱效应强时，这类报价者会变多并主导定价权，甚至出现账面浮盈归因谬误。

（2）志在必得型

此部分投资者对公司研究较为深入，看好公司长期发展，定增只是其认知变现的一种工具。他们对折扣关注不多，更看重公司未来股价的涨跌，像高瓴资本、部分外资在A股抢核心资产就是这种策略。

（3）换仓或者套利型

对于一些大型机构二级市场持仓较多的定增项目，例如大型公募或者私募基金重仓股票，定增发行的时候，这些持仓较多的机构会在二级市场卖出股票，并参与定增。对于一些他们长期看好的公司，只要有少部分差价便能接受，因此报价也会更积极。

对于套利投资者，报价策略取决于其空头成本及对套利收益率的要求。

（4）定增折价型

这部分投资者看中定增折价，他们的策略是尽量多参与报价，严格控制报价，也就是看重折扣收益率，甚至还经常参与追加认购或者报底价从而获取捡漏的机会。定增市场的长期参与者一般采用这种策略。

【报价案例】四个典型的报价案例

案例一：大股东参与带来的报价低估

由于公司实际控制人及高管参与定增，批文取得后公司不接受调研就立即启动发行。加上刚经历2016年年初的指数大幅下挫，市场氛围比较低迷，投资者参与定增报价并不积极。

仅有8家机构（1家不在邀请书范围内，被剔除）参与报价，最终全部获配并以发行底价35.97元/股成交，对应折扣率是15%，远远高于当年8.72%的折扣率平均值，如图3.10所示。

序号	询价对象	申报价格（元/股）	申购金额（万元）
1	九泰基金管理有限公司	38.05	6,000.00
		37.10	6,500.00
		36.11	6,900.00
2	深圳天凤天成资产管理有限公司	38.28	5,000.00
3	叶本瑜	39.80	5,000.00
4	常州市新发展实业公司	37.80	5,000.00
5	江苏虎甲投资有限公司	36.30	5,100.00
		36.20	5,100.00
		36.10	5,100.00
6	财通基金管理有限公司	36.00	7,000.00
		35.97	7,000.00
7	徐海英	39.00	5,000.00

资料来源：上市公司公告

图 3.10 大股东参与定增的报价案例

是不是选择实控人也参与的定增就是好的策略呢？也未必。跟一级市场每轮融资创始人象征性地跟投一点给该轮投资人信心一个道理，与创始人参与定价合不合理没有直接关系。

本例中，详细分析企业的发展历程可以看出来此次定增是值得参与的。二十年前西部某国企负责人带着一帮兄弟来上海打拼，上市之后跟过来的兄弟们各个身家上亿元，创始人自己占股却不高。另外，本次定增财务总监也拿出很多资金参与，懂得分享的老板加财务总监参与，压低发行价是符合他们需求的，分析他们在发行前后的行为，也正好符合这一特点。

案例二：大股东巧妙利用定增泡沫围剿投资者

某上市公司定增批文取得后仅 3 天，便推出了带杠杆结构的员工持股计划。一个月后，公司在股价完成了一波快速的拉升后才启动定增发行。当时共有 17 家机构参与报价，虽然相对市价折扣率也有 12.12%，但由于股价短期涨幅巨大，这种折扣率的含金量很低。

最终只有 3 名投资者获配，第一名投资者获配 70%，也是某著名定增通道。从其所报的价格来看，有些非理性因素的存在。

企业就像一台大型机器，它把吸进去的钱变成产品或者服务，从而创造出更多的资本。当然也有机器吐出来的资本没有送进去的多，这就是价值毁灭。对于那些多次定增、劣迹斑斑、价值毁灭的上市公司的定增，投资者还是小心为妙。

案例三：不必要的报高价策略让投资者浮亏更多

作为 2020 年亏损最多的项目之一，某国企在定增中报出了高价，折扣率为-5.5%，也就是溢价定增。该项目也成为 2020 年定增新规颁布以来，除了银行、央企由于不能低于净资产发行之外的折扣率最低的项目（见图 3.11）。

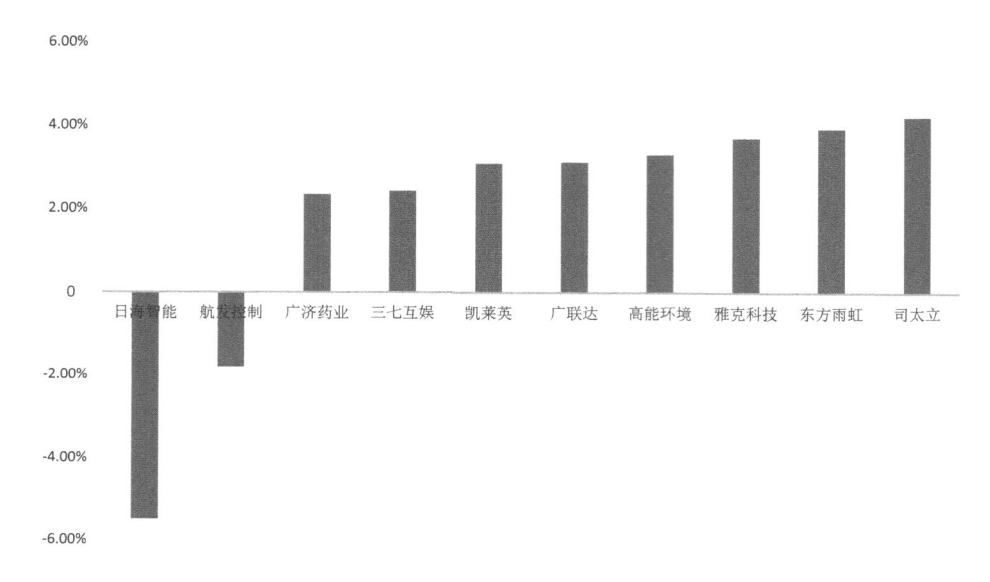

数据来源：万得资讯

图 3.11　2020 年新规以来民营企业折扣率最低前十名

报价前一日公司股价为 17.56 元/股，在报价日当天股价未大幅波动的情况下，该投资者却报出来比市价还要高的价格。

参考同期发行的项目，热度高的公司也只要九折左右即可参与。该项目其他投资者也基本报在 15 元/股左右，就算志在必得也没必要抬高这么多成本。对应 11.6 亿元的认购金额，成本差异高达一个多亿，如图 3.12 所示。

案例四：被产业资本裹挟的报价项目

航发控制（000738.SZ）2021 年 9 月 27 日启动定增报价，计划定增募资 42.97 亿元，由于军工行业未来的发展被市场看好，该项目吸引了总共 82.06 亿元的总申购额，认购倍数达 1.90 倍。虽然和一些热度极高的定增相比，认购倍数并不是很高，但由于投资者的报价相对激进，使得最终发行价定为

25.35 元/股，相对当日收盘价 24.9 元/股溢价发行，也就是投资者买入定增即亏损，并没有享受相应的折扣收益。

序号	发行对象	发行对象类别	关联	锁定期（月）	申购价格（元/股）	申购额（万元）	申购股数（万股）	有效申购（万股）	获配数量（股）
1	珠海九洲控股集团有限公司	其他	无	6	18.60	116,064.00	6,240.00	6,240.00	62,400,000
2	Shenwan Hongyuan Asset Management (Asia) Limited	其他	无	6	18.50	19,784.00	1,069.41	1,069.41	
3	西藏福茂投资管理有限公司	其他	无	6	16.10	4,000.00	249.84	249.84	
4	湖南轻盐创业投资管理有限公司	其他	无	6	15.41	4,000.00	259.57	259.57	
5	西藏福茂投资管理有限公司	其他	无	6	15.20	4,000.00	263.16	263.16	

资料来源：上市公司公告

图 3.12 某高价定增项目报价明细

分析其最终中标投资者可知（见图 3.13），大部分为产业基金及国资。这些机构大部分主体应该没有在二级市场买卖股票的权限，因此在市场氛围较火热时，为了确保中标，只能选择溢价参与定增，实际上也是他们自己把定增价抬高了。

序号	发行对象名称	获配股数（股）	获配金额（元）	锁定期（月）
1	中国航空发动机集团有限公司（以下简称"中国航发"）	36,609,700	928,055,900.00	18
2	中国航发资产管理有限公司（以下简称"航发资产"）	35,502,958	900,000,000.00	18
3	国家军民融合产业投资基金有限责任公司	27,613,412	699,999,994.20	6
4	国新投资有限公司	23,668,639	599,999,998.65	6
5	北京中航一期航空工业产业投资基金（有限合伙）	15,779,092	399,999,982.20	6
6	中国国有企业结构调整基金股份有限公司	11,834,319	299,999,986.65	6
7	国华军民融合产业发展基金（有限合伙）	5,910,259	149,825,065.65	6
8	中航证券有限公司-兴航 38 号单一资产管理计划	4,733,727	119,999,979.45	6
9	陕西省国际信托股份有限公司	3,944,773	99,999,995.55	6
10	国华人寿保险股份有限公司-分红四号	3,944,773	99,999,995.55	6
	合计	169,541,652	4,297,880,897.90	-

资料来源：航发控制公告

图 3.13 航发控制定增投资者获配明细

折价是上市公司给予定增投资者流动性损失的补偿，虽然无法准确判断每个定增项目的合理折扣率，但当市场极度疯狂，折扣率明显缩小时，参与定增也就失去了意义。从疯狂到亏钱总是有时间差，保持理性才是可持续之道。

3.4 定增投资的主要策略

3.4.1 定增是资产配置的重要品类

做投资组合构建时，组合经理应将资产分散到对市场因素反应有所不同的资产类别中去，定增投资由于其独特属性，应该成为资产配置的重要品类。

耶鲁大学首席投资官大卫·斯文森在其著作中多次强调，定价效率低的市场更容易获得超额收益。定增市场由于供求关系的变化，时常会处于定价效率低的状态，从而为投资者创造超额收益。

定价效率低的市场，往往更容易出现资产价格被低估的机会，因此主动管理投资者更容易施展拳脚，从流动性强的公开交易市场转到流动性差的定增市场，积极投资管理创造超额收益的机会一定在增多。

从历史数据来看（见图3.14），这一观点也得到了有效印证。2013—2021年发行的竞价定增项目总体年度收益均为正值（2017年除外），既使在2017年度亏损幅度也有限，这得益于折扣率的安全垫作用。

1. 折扣收益：另类的指数增强策略

定增锁定期为六个月，折扣收益率为半年收益率，对应年化收益率会更高，若所选标的能够实现相对指数不跑输便可实现指数增强收益，增强的部分为折扣收益。

2. 上市公司可能会从定增募资中受益明显

通常愿意折价募资获取资金的上市公司都是由一群积极性高的管理层掌控，愿意合理利用资本市场。这些公司定增后可能会迎来业绩和估值的双提升。对于项目融资的定增，募集资金将带来产能的大幅增加，若节奏把控好，很容易出现业绩和估值的"戴维斯双击"。

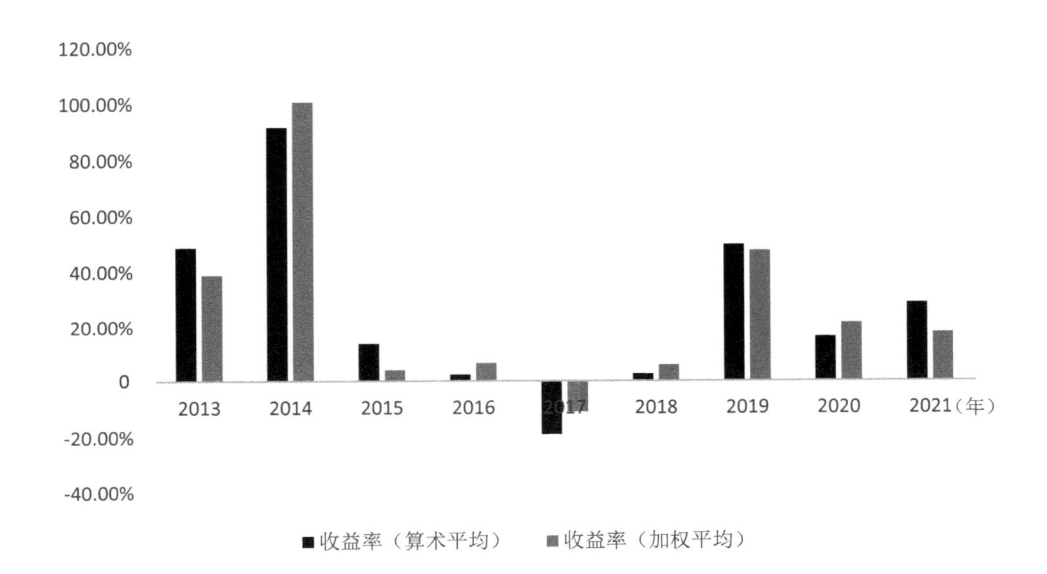

数据来源：万得资讯。时间为参与投资时间，2021年实际定增数量362个，收益率为截至2022年2月18日已解禁的223个项目的收益率

图 3.14　历年定增数据统计

3. 定增投资可以作为基金策略的一部分

定增投资可以作为基金的一个子策略，如果资金规模足够大，也有相应的研究团队配备，便可在定增市场没有过热的阶段，构建部分定增投资组合仓位。

大咖说

2020年定增新规的出台，对于发行人和投资者来说都是具有划时代意义的事件，政策的松绑带来更多元化的投资者和投资策略，上市公司的融资渠道也更加顺畅。注重长期价值投资的公募基金是定增市场最重要的参与者之一，我们寻找愿与投资者共成长的优秀企业，为它们的健康稳定发展献计献策。

对于公募基金来说，以定增策略为主的公募基金产品目前还是极度稀缺的，不少机构投资者观察到如某基金磐系列等定增产品"进可攻，退可守"的投资特性，苦于这些产品大部分时间处于封闭期及相关产品过少，只能跟公募基金合作成立专户产品投资定增市场。未来随着越来越多的专业投资者关注定增市场，公募基金的参与度也会越来越高。

——某知名公募基金定增业务负责人

3.4.2 定增投资的主要策略

定增投资主要有以下几种策略。

1. 大型机构的换仓投资

公募和大型私募基金参与定增的方式多是这种投资策略。个别有定增专门产品的公募可能会有专人负责定增，其他公募仅会对持仓股的定增机会进行跟踪。它们对一些计划长期持有的股票，在该公司定增时进行换仓操作，即卖出二级市场持仓，然后参与定增，实现高卖低买赚取差价。对于这些机构来说，定增只是其实现投资思路的工具，定增投资标的以持仓股为主。

2. 定增专门机构的高周转策略

定增市场经历多轮周期，留下来一批以定增为主业的投资者，这些投资者以自有资金为主。他们的研究团队虽无法与大型私募、公募机构等相比，但也形成了自己独特的投资风格。他们更注重中小市值公司的预期差以及折扣率，通过深度研究大机构关注度低的中小市值公司，构建有预期差的投资组合，并在报价环节严格控制折扣率。他们的策略通常也都是高周转模式，即解禁后卖出，继续参与新项目。

【案例分析】自然人投资者

某专业做定增的知名自然人投资者的投资策略便展现了这类投资者的独特性。她在报价环节采用分散报价，并严格控制折扣的方式。

2020年定增新规后首批公告的54个竞价定增项目中，12个项目的报价有她的身影，最终4个项目被其报中。她的12个报价中仅有爱尔眼科和普利制药超过9折，报价非常理性，如表3.1所示。

表 3.1 某知名自然人投资者首批定增报价

	发行日期	定增价（元/股）	发行底价（元/股）	报价（元/股）	报价折扣率	是否中标
华宏科技	2020/3/31	8.22	8.18	8.50	21.80%	是
建设机械	2020/4/7	10.82	9.62	9.90	16.60%	否
普利制药	2020/4/8	59.97	51.78	65.01	1.86%	是
康泰生物	2020/4/14	110.00	88.44	110.00	11.25%	是
湘潭电化	2020/4/14	6.90	5.88	6.40	17.74%	否
中盐化工	2020/4/15	6.58	6.50	6.51	22.68%	否
汇纳科技	2020/4/22	30.61	30.31	30.32	19.70%	否
神宇股份	2020/5/12	24.01	22.41	22.41	22.51%	否
晶瑞股份	2020/5/12	27.83	26.67	32.85	11.46%	是
华正新材	2020/5/13	51.20	41.46	50.50	11.76%	否
三利谱	2020/5/19	42.03	37.12	37.51	27.21%	否
爱尔眼科	2020/6/18	42.33	31.46	40.01	8.32%	否

数据来源：万得资讯

3．小市值公司的赋能策略

这种投资更像 PE 投资，很符合 PIPE 投资的特点，即通过给上市公司提供融资和导入资源改善上市公司经营情况，在长周期内获取"戴维斯双击"的结果。

定增投资者的钱通过再融资进入上市公司，帮助上市公司扩充产能或开拓新业务。对于上市公司管理层来说如能合理配置这部分资金便可以通过实现"戴维斯双击"为投资者创造个股 α 收益。

在注册制背景下，上市公司数量日趋增多。中小企业估值也逐步进入合理区间，为这种以股权投资理念陪伴中小企业成长的方式提供了良好的土壤。

4．深度跟踪的一二级市场联动策略

随着国内资产管理行业的发展壮大，大型机构的研究资源及覆盖能力逐步增强。一些小型投资机构如何打造差异化的投研能力一直是一个重要的误题，定增项目深度跟踪模式便是这类机构切入研究和投资的破局方式之一。

一般公募基金、保险公司等大平台具备项目筛选和跟踪的全覆盖能力，而中小型机构受限于人员配置，在项目跟踪上只能采用精选模式。这类机构的定增项目研究从预案阶段即开始跟踪，有效评估企业的昨天、今天和明天（定增方案）。以时间换空间、以深度换专业，进行长期跟踪，研究人员也被迫持续精进。

一个研究员若能深度主刀几个项目，所获得的经验和能力不比大平台以行业研究员方式切入的效果差。投资机构也可以不断地创新，通过一个个的项目全流程来训练研究员，把定增作为辅助工具，发展出符合本机构特点及资金属性的投研策略。

对于深度研究及跟踪的项目，投资者可采用这种一二级联动的投资策略。即从定增预案开始跟踪，然后在合适的时点提前通过二级市场介入，后续通过定增换仓进一步降低成本，这一策略使得投资者不仅掌握了介入时机的主动权还享受了定增折扣。

5. 利用股指期货的对冲策略

投资者构建定增投资组合，并通过做空股指期货进行对冲，这种玩法对团队的量化能力和资金规模要求比较高。定增项目的折扣率和不受控制的标的来源都直接影响着收益和对冲效果。

由于定增标的的局限性，这种策略的难点在于如何构建与股指期货拟合度高的组合。财通基金发行过一款产品，通过在二级市场买入部分股票与定增组合起来提高拟合度。另外，南京的盛泉恒元投资则通过多个投资策略构建组合，定增只是其中一个子策略，这样便可构建与股指期货拟合度更高的投资组合。

3.5 定增投资的两种赚钱逻辑

投资是赚认知的钱，具体有两种投资逻辑：赚确定性的钱和赚预期差的钱。持有这两种投资逻辑的人在定增世界里相互交融，在不同的项目报价上践行各自的投资理念。

3.5.1　赚确定性的钱

赚确定性的钱实际就是赚公司业绩成长的钱，而确定性强的公司通常都是"白马股（投资者对长期绩优、回报率高并具有较高投资价值的股票昵称）"。这类公司，被研究员充分覆盖，机构持仓重，股价也不太容易被低估。在它们定增时，报价的竞争就异常激烈。

如果买入的标的业绩确定性高，即使买入的时候估值高，经过几年确定性增长后仍然能通过业绩成长为投资者创造相对稳定的收益。只是很难创造折扣率的钱，因为这类项目折扣率通常不高。

赚确定性的钱，投资者需要对产业竞争及公司商业模式有深刻的理解，需要推演公司过去的高盈利能否持续，需要的更多是商业智慧。很多产业资本喜欢高价拿定增项目也是这个逻辑，他们对公司的确定性热情高涨，也有很多产业资源帮助其对定增项目业绩确定性进行验证，从而不太关心折扣率的高低。

这是一种增量思维，非博弈思维。这类投资胜率高，对应预期收益率便不会太高，这也符合商业世界的逻辑，毕竟确定性的成长很难突然爆发。自定增新规颁布以来，竞价激烈的项目虽然折扣率很低，但也能通过公司的股价上涨来赚钱。

这类投资需要时间的复利效应，但这也会带来一个致命问题，在时间面前很多公司的确定性可能是脆弱的。一旦确定性被证伪，投资者将面临大幅亏损的风险。2021年9月发行的某电子半导体材料企业的定增便是典型案例，竞价时吸引了很多外资及公募基金的参与，发行后股价却一路走低。

【案例分析】低折扣率案例

除了部分有特别限制的定增项目，比如国有银行要求发行价格不得低于每股净资产，那些发行折扣率低的项目都是投资者眼中确定性高的项目。据统计数据显示，从2020年定增新规颁布以来，截至2021年11月12日，折扣率低于10%的项目共计319个已解禁，其中55个项目发行折扣率低于10%。平均折扣率为4.87%，平均到期收益率为15.02%，高于同期的市场收益率的8.6%，主要得益于个股平均8.63%的涨幅，虽然超额收益有限，但明显好于同期总体样本超额收益为负的数据。

这些被投资者认可的确定性标的，折扣率很低，但定增发行完成公告之后股价通常有超额收益，也表明竞价定增在这个阶段的定价效率比较高，确定性被市场合理定价。

在剔除非常规数据后，折扣率最低的前十位项目收益率如表 3.2 所示。整体来说，正收益率项目占比较高，但也很难有"黑马"收益率项目出现。

表 3.2　折扣率最低的前十位项目收益率

	折扣率	募资总额(亿元)	同期市场收益率	个股涨跌幅	定增收益率
三七互娱	2.42%	29.33	20.21%	−26.96%	−25.15%
凯莱英	3.07%	23.11	−0.43%	22.27%	26.15%
广联达	3.11%	27.00	16.40%	38.39%	42.83%
高能环境	3.29%	1.70	−6.00%	2.73%	6.22%
东方雨虹	3.91%	80.00	10.77%	−3.83%	0.08%
司太立	4.19%	6.72	−1.27%	−25.92%	−22.68%
爱尔眼科	4.27%	7.10	14.10%	64.00%	71.32%
荣盛石化	4.81%	80.00	−3.90%	43.99%	51.26%
深信服	4.92%	8.88	5.09%	36.12%	43.17%
亿纬锂能	4.95%	25.00	0.45%	63.26%	71.77%

数据来源：万得资讯

3.5.2　赚预期差的钱

赚预期差的钱就是投资者认为市场是错的，因此现有股价只反映了错的预期，一旦到达一个临界点，市场会重塑预期。这种投资需要投资者相比市场有先见之明。

这类公司很多都是"黑马"，在市场预期没有修复之前，参与者通常是线性思维，甚至是过度反应的，把公司的劣势放大，因此股价也会受到非常明显的压制。定增报价自然也不受待见，通常会有不小的折扣收益。

因此在有预期差的项目上，投资者有机会获取更高的收益，即预期修复带来的股价反转收益和定增报价偏见带来的高折扣收益，二者叠加可以创造极高的收益率。

这种赚钱逻辑通常胜率不高，也有些公司股价在定增锁定的六个月内没有反转，解禁之后预期才有所修复，定增投资者反而成了六个月的"代持者"。

这类定增赚钱逻辑更多地出现在"黑马"公司中，其演绎路径是这样的：定增发行的时候，市场热点或者公司业绩还没有被市场关注。公司股价处于低位，市值也不高，自然也没有被卖方研究员覆盖，这为预期差实现创造了良好的土壤。部分定增投资机构通过深入研究或者与上市公司的深度沟通率先看到了预期差。定增发行成功后，市场环境或者公司业绩到了一个临界点，逐步被市场挖掘，股价成功实现"戴维斯双击"。

这类赚钱逻辑需要警惕预期提前反转的公司。由于定增批文有效期长达一年，很多公司为了少稀释股权会等待市场预期反转股价处于高位时才正式启动发行，这个时候预期差将不复存在。

【案例分析】盛新锂能

2020年10月9日盛新锂能（002240.SZ）定增限售股解禁上市，受市场低迷及解禁预期影响，上市前两周公司股价经历一轮快速下跌，下跌幅度超过20%，但该定增项目投资者仍然在半年左右的时间内实现了54.80%的收益率，如图3.15所示。

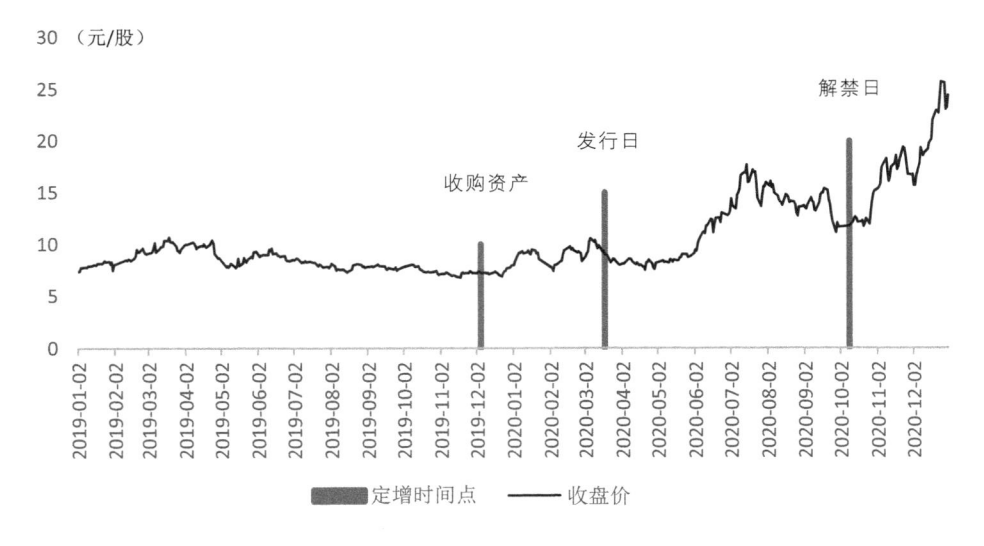

资料来源：万得资讯

图3.15 盛新锂能定增后股价走势

公司早期以高密度纤维板为主业，2016年开始布局锂盐和稀土等新能源材料领域，但到定增发行时，锂价仍然处于低位，高密度纤维板业务盈利能力差，过去几年的财务报表都很难看。

公司2019年12月以9.2亿元收购盛屯锂业100%的股权，增加了1万吨碳酸锂产能，但市场仍然未有反应，也鲜有卖方研究员关注，大型机构持仓几乎没有。

2020年3月18日，公司启动定增发行，参与者如图3.16所示，以定增专门机构和自然人为主，表明公司尚未获得大型机构认可，因此发行折扣率高达15.54%。

序号	获配发行对象	获配股数（股）	获配金额（元）
1	财通基金管理有限公司	12,339,027	93,899,995.47
2	沈臻宇	13,140,604	99,999,996.44
3	广州市玄元投资管理有限公司	10,249,671	77,999,996.31
4	五矿证券有限公司	10,118,265	76,999,996.65
5	魏敏钗	7,884,362	59,999,994.82
6	陈天虹	7,884,362	59,999,994.82
7	中央企业贫困地区产业投资基金股份有限公司	25,111,698	191,100,021.78
合计		86,727,989	659,999,996.29

资料来源：盛新锂能公告

图3.16 盛新锂能定增投资者获配明细

报价完成后，公司股价还经历了一轮下跌。随着预期开始反转，市场关注度逐步提升，也开始有卖方研究员推荐，股价迎来上涨，吸引了更多的资金关注。公司股价在限售期内涨幅30.74%，为投资者创造了良好的预期反转收益。

3.6 定增投研的方法及定增调研的避雷原则

我们总结了定增投资研究（下称投研）的六种常见方法，以及定增调研的五大避雷原则，说明如下。

3.6.1 定增投研的六种方法

作为定增投资机构如何快速有效地开展投研，找到适合自己的项目呢？本节介绍市场上六种常见的投研方法。

第一种：全市场覆盖式投研

这种策略要求投资者覆盖全市场定增项目，对所有项目做初步的研究和调研，并进行横向对比，再决定是否立项。这种策略需要投资者投入较多的资金和一支规模不小的投研团队。其强大的项目筛选体系以及与市场各方的良好合作关系，有利于这类机构赚取不错的折扣收益，并叠加一定的精选标的超额收益。

湖南轻盐创投就是这类机构的佼佼者，经过多年的积累，构建了自己的独特优势。

第二种：行业或题材驱动型投研

这种策略源于投资者对特定行业或某一类题材的深度研究，行业和题材是A股市场很好的切入视角。针对一个行业或者题材的长期深度跟踪，从研究积累的角度也能形成复利效应，使得研究者有优于同行的产业洞察力和资源整合能力。

这种策略适合资金相对灵活的投资者，前期深度研究创造的价值可以通过多种工具变现，定增只是其中一种工具。有些自有资金以及横跨一二级市场的投资机构就采用这种策略，比如一些产业资本、横跨一二级市场的高瓴资本等。

第三种：二级市场的辅助投研

这类投资机构主要业务是二级市场投资，定增只是获取增量折扣收益的手段。原来定增股份需锁定一年，很多机构特别是公募基金不愿意牺牲流动性；在锁定期缩短为六个月后，这些机构也开始积极布局定增。

当然，它们还是以二级市场投研为重心，定增投资只是其辅助投资工具，它们针对持仓股中的正在进行定增的公司，会进行换仓操作。

第四种：关系驱动型投研

这种投资策略不是定增市场的主流，毕竟靠熟人推荐作为项目来源对企业来说不可持续。投资者通常都是董事长的朋友或者上市公司当地的资金（国资、股权投资基金等）提供方，研究能力参差不齐。这种机会也相对零散，效率很低，而且容易一叶障目。

在市场上"市值管理"盛行的阶段，采用这种策略的优势明显，目前有效性一般。同时可复制性不高，难以获得持续稳定的投资收益。

第五种：从预案阶段的长期跟踪式投研

定增由于从预案到发行短则半年，长则一年，给了投资机构足够的决策时间。

若投资者精选项目，从预案开始跟踪，再从企业到行业进行深度研究，半年下来能够比大多数投资者专业。这种策略适合自有资金投资者，并且需要一二级市场联动，不然发行时上市公司股价处于高位，投资者前期就白忙了。

第六种：简单获取高折扣率的粗暴投研

有些投资者主要依据折扣率的高低进行项目筛选，他们只需要区分折扣率的含金量，这种投研方式对投研能力要求相对较低一些，成功率未必高，不能算是一个完善的投研体系。秉持这种投资策略的投资者通常不敢重仓一个项目，他们很多利用专户进行组合投资来降低风险。

上市公司倾向在股价缓慢上行阶段启动定增发行，这时市价远高于底价，给发行留足折扣空间。不过这种行为总有上市公司做过了头，他们通过利好释放刺激股价快速拉升，这样折扣率就显得很高。看过卡尼曼《思考，快与慢》的投资者都知道，有些制造高折扣的上市公司正是利用了投资者快思考的缺陷，即贪图打折的心理弱点。在高折扣追加的投资机会面前，很多投资者想到买入就能浮盈50%甚至更高，因此做了快思考，仅用1~2天就完成了投资决策。高折扣作为一种辅助投资策略有一定的价值，但如果机构把这种投机行为作为主要投资策略去贯彻执行，带来的危害也是巨大的。

3.6.2　定增调研的五大避雷原则

上市公司通过定增募集资金，为了发行成功，通常会积极地向潜在投资者进行推介，也会组织很多深入的现场交流和尽调。由于上市公司管理层和投资者利益有不一致的地方，所以存在双方博弈的情况。管理层相对投资者更加了解公司及产业，投资者既要通过对公司的尽调获取项目决策信息，又要防止被管理层忽悠，因此会出现明显的信息不对称现象。

为了防止被上市公司误导，有以下五大避雷原则。

1. 看年报和调研纪要里的诚信记录如何

定增项目有个好处是信息披露异常完善，投资者可仔细查阅公司历年年报里关于业务规划的记录，复盘每次调研时，董事长给投资者画的"饼"是否能实现。

在这一点上做得非常好的是成都的一家密封件上市公司中密控股（300470.SZ）。公司每年年报经营回顾都做得极其详尽，事后也基本都能兑现，做到了言行一致。即便是被很多上市公司当成例行公事的投资者纪要（看过的人都知道，很多公司的调研纪要都是证券部复制粘贴的成果，千篇一律），公司也都做得很有水平。调阅完这些诚信记录，投资者可对公司有一个初步的诚信判断。

投资者要提防那些透露小道消息的行为。首先，这些关于短期业绩的线索，对定增投资帮助并不大；其次，大多数时候，对这些信息的竞争是非常激烈的；最后，大家都能获得的信息，边际价值就很低了。

随着持股时间变长，管理层的诚实可靠以及公司内在的经济模式对投资结果影响更大。通常那些提供给定增投资者所谓短期消息的公司，也会吸引游资的关注，股价会大幅波动，这不利于定增投资者，特别是在定增发行和解禁的两个关键时间点发布消息的。

2. 听其言更要观其行

投资者在定增调研时，不能只听董事长怎么说，更要观察他的行为，尤其是发行前的不必要动作。

几年前，一家房屋吊顶上市公司的定增发行案例便值得研究。公司刚做定增路演时，股价只有四十元每股，等到发行当日股价被拉高到七十几元每股。公司刻意在报价前几天公告了一个员工持股计划，恶意拉高股价，这个行为不仅坑了定增投资者，还坑了员工。还有一家做箱包代工的公司启动发行前也是不断释放利好，可能对自己资本运作能力非常有信心，但有心的投资者仔细观察其启动发行前的各种利好公告，就知道这可能是一个坑。

3. 历史定增参与者是否被善待

对那些拥有多次定增记录的上市公司，投资者可以分析其过往定增历史，为决策提供更多的视角。

某矿业上市公司，累计进行了7次定增融资，抓住了每一次定增窗口期，但每次融资启动时都是公司市值的短期高点。还有上市公司大股东抢在定增项目解禁前公告减持计划，这也是不靠谱的表现之一。

4. 在利益面前，人性是靠不住的

IPO审核的时候监管层特别忌讳关联交易和同业竞争，这其实是保护投资者的一种方式。若一家定增公司存在这些问题，投资者还是要倾向于把它当作"坏人"。

有一家定增公司，募资主体是下游的加工环节，上游核心供应商是大股东和一级市场投资人控制的另一家公司，这涉及采购定价公允性的问题。未来关联公司还会通过换股被装入上市公司，换股的对价将直接影响本轮定增投资者的利益。对于本轮定增投资者来说，面临很大的不确定性，毕竟大股东外部的利益更大，在自身利益面前他们可能损害定增投资者的利益。

5. 在一个更大的背景下去理解董事长的人格特质

就像读一本名人传记，不仅要看他的事迹，更要想明白他的思维方式及所处的时代背景。

投资者可以详细研究招股书记录的公司发展路径以及工商变更记录，搜索网上关于董事长创业故事的专访，有助于理解董事长的人格特质。

除了以上各种防骗技巧，正所谓"打铁还需自身硬"，扎实的行业研究功底，丰富的同行资源、上下游研究资源，也都是必要的，这样才不会轻易被上市公司发布的各种信息误导。

3.7 定增的防守反击投资

> 不确定性越高，越应该简化；不确定性越低，越应该复杂化。
>
> ——《风险认知：如何精准决策》

亚里士多德的《政治学》中有一则关于哲学家泰勒斯的趣闻轶事，故事虽短，却给定增投资带来很多启示。

一年冬天，泰勒斯支付了很小比例的定金，获取了周边所有橄榄油压榨机的季节性使用权。第二年，当地橄榄大丰收，对压榨机的需求大增，泰勒斯因为提前锁定周边压榨机使用权大赚一笔。他也因此有能力继续进行不创造经济收益的哲学思考。

当时亚里士多德对此做了分析，他认为泰勒斯知识丰富、富有洞见，可以在冬天根据天文学知识预测来年橄榄会大丰收，从而获取收益。

这则故事有很多解释视角，而我更喜欢塔勒布在《反脆弱》中所做的分析。他认为泰勒斯成功的关键是以低价签订了一份合约，让他获得压榨机租用的权利而非义务。泰勒斯合理利用了合约的非对称性，这样并不需要了解很多的天文学知识，哪怕预测错误，损失也是可控的。

在定增领域，由于折扣率的存在，收益也存在这种非对称性。投资者付出的是六个月限售期的等待，获得的是折扣收益。投资者若能耐心等待防守反击的时刻，便可将复杂的投资决策简单化。

1. 折扣率带来的非对称性意味着什么

折扣率带给投资者的好处是当其判断正确时，即公司股价上涨时可以获得更多的收益，错误时损失则可以少一些。这样即使正确率比二级市场投资者低，也可以表现得更好。

再进一步，折扣率提供了很好的非对称性，带来了更好的错误冗余，对投资者来说只需要很少的信息和知识即可决策。同时上市公司向定增投资者开放了更多的调研权利，这进一步加强了定增投资者的优势。定增的这种不对称性使得投资者不用确切知道将来会发生什么。就像塔勒布所说：当我们有一定优势时，我们不需要完全了解某事物。

更重要的是它改变了投资者的盈利模式，原有的盈利模式是这样的：预测股价会上涨→二级市场买入→等待兑现；定增的防守反击盈利模式是这样的：预测股价跌幅超过折扣率的可能性较低→参与定增→等待兑现。

从股价上涨到投资盈利是第一层思维，这种基于预测的思维难度最大，不确定性很高。防守反击盈利模式是否定式思维，评估导致股价大幅下跌的可能因素，尽量避免导致跌幅超过折扣率因素较多的标的即可，这是一种防守型策略，相对来说更容易。

更进一步，对于定增投资者来说，在投资那一刻，面对未来的随机性，有利因素总体是大于不利因素的，或者说有利因素产生的效用是大于二级市场交易的。这一定程度上也符合塔勒布关于反脆弱性的定义。

可能很多投资者对这种方式不屑，实际上在复杂而充满随机性的世界中，凡事应该尽可能简化，当然也不能过于简单。对很多投资者来说，很可能不愿意接受简单的策略，毕竟简单很难给人戴上桂冠，怎么有理由去收取管理费呢？

2. 不断寻找过渡补偿的机会

一个好的投资方式是可重复并具有足够的资金承载量，这样才能创造复利效应。定增作为在2006年才出现的品种，虽然中间经历了很多波折，但总体适应性很强，能够持续自我进化适应投资者的新需求。相信在未来仍是一个长期存在的品种，也希望监管层能够给予更多的自主权。

金融市场上也有三类参与者：一类参与者承担风险获取收益；还有一类参与者将风险转移给其他参与者；第三类参与者主动接受第二类参与者转出的风险并获取风险补偿。

对于相对有效的市场，在大部分阶段，主动承接风险获得的补偿是相对合理的，比如期权市场。也有些市场，比如定增市场，投资者牺牲了流动性，但有时获得的补偿是过度的，这就是利润来源。更确切地说，对有些投资者来说缺乏流动性并不是成本。

允许投资者懂得少一点，也让投资者在同等的研究能力下获得更多的收益。投资者只需要少犯一些错误，在波动周期中耐心等待过度补偿的机会。

任何事物都不可能沿直线发展，多数事物都是具有周期性的。由于人的参与，定增市场也一样。经济周期会影响个股盈利周期，银行等金融机构对定增的态度会影响资金供求，政策变动会引发供求格局的大幅改变，近期的赚钱效应或亏钱效应也会影响参与者的情绪钟摆。

通过简单的线性外部推理，看到赚钱效应而盲目进入，对投资者来说无疑是致命的。可供投资的钟摆位置或者周期区间并不总是存在，识别定增投资环境并做出相应的决策也是投资成功必不可少的条件之一。

2017 年，定增可谓达到了疯狂的状态，存续产品规模和定增发行量都处于历史高位，反映投资者情绪最重要的指标折扣率在 2017 年仅有 8.03%。回顾当时的情形，身边充斥着定增投资极大的赚钱效应、银行宽松的优先资金供给、源源不断的新产品发行。

2019 年上半年，定增规模开始快速缩水。因为 2017 年进入的资金亏钱效应巨大，一时间大家又对定增产生了厌恶之情，还导致了很多上市公司定增项目无法顺利发行。部分上市公司大股东为了发行成功承诺保底，银行也终结了优先资金的供应。然而由于政策对发行价格进行限制，市场自身无法通过折扣率调整以寻找新的均衡，不然对投资者来说倒是一个以高折扣率参与定增的好时机。

投资者应该承认自己预测能力的不足、获取信息的能力有限，从而严格控制报价冲动，在适合的周期区间持续布局，这才是一种典型的更简单而且有效的防守反击策略。

3.8 案例分析：定增中的高折扣投资机会与阶段性机会

下面通过环境变化带来的投资机会，以及在小市值公司定增中出现的阶段性机会来讲解相应的知识。

3.8.1　环境变化带来的高折扣投资机会

市场环境的变化一直是定增发行人和投资者面临的挑战。2017年4月的定增解禁新规让原有的定增发行难度陡增，2019年11月的定增新规征求意见稿也让拿着老批文的上市公司遭受打击，让这些领域一下子从门庭若市变得门可罗雀，而对投资者来说也许正是机会所在。

那些"看起来"有更高风险的投资，必须显得足够有吸引力，让聪明的投资者觉得赔率更好，才能吸引他们来投资，否则就没人愿意来做这种投资了。自然选择让人类进化出恐惧、贪婪、回避损失的天性，这些天性让我们在遇到问题时能够有效地生存，但也带来了阻碍投资者理性思考的巨大鸿沟。

当新规出台时，按照老规则发行的项目就很容易被市场抛弃，在大型基金风控人员的眼中，有了新规何必要做老规则下的项目呢，很多靠募集资金参与定增的投资机构也很难说服出资人去接受老规则下的项目。在老规则下，发行的项目周期更长、折扣率又低，似乎谁都能看出来风险更大。人都是厌恶风险的，如果要让投资者承受风险，必须有相应的好处来"引诱"他们，无论是保持股价在低位，还是给出更高的折扣率，这些都是对投资者承担的风险的补偿，甚至还要有剩余收益。除非让仅剩的投资者感受到会有很大的好处，否则没人愿意做"看起来"高风险的投资。

1. 2017年定增解禁新规带来的高折扣机会

2017年定增解禁新规带来的最大问题是用发行期首日定价，同时1年之后只能解禁一半。然而市场还是留下了部分按照预案公告日确定了发行底价的项目，这些项目依然享受着潜在高折扣的机会。

2017年9月受市场情绪的影响，满足上述条件的部分公司按照底价发行，折扣率高达30%以上，套利空间可想而知。

2. 捷捷微电的案例

受2019年定增新规征求意见稿影响，捷捷微电定增发行需要按照老规则，即投资者股份需锁定1年，而按照新规发行的项目仅需锁定6个月，导致公司定增发行难度提高，因此出现了高折扣的机会。

公司2019年11月29日拿到定增核准批文，2019年12月10日启动报价，发行底价为前20日交易均价的9折，即21.14元/股。公司计划募集资金 7.7 亿元，按照老规则创业板上市公司的不超过 5 名认购对象，每份理论最低金额是 1.54 亿元，然而公司却定了只有 1 亿元的最低认购金额，估计也是担心门槛太高会阻碍成功发行。21.14 元/股的价格对应 17.52%的折扣率，在第二轮追加日（12 月 18 日）这一折扣率进一步上升到 28.8%。

为了提升申购意愿，第二轮追加上市公司又将门槛进一步降低至 5000 万元，可见其为吸引投资者展现出的诚意。

尽管不同投资者对这个折扣率的含金量理解不同，不过在新规出台之后这样的折扣率肯定不复存在了。

3.8.2 小市值公司定增的阶段性机会

2020 年二级市场大小盘风格分化的极致演绎，让小市值公司的定增也备受冷落，很多投资机构甚至连 200 亿元以下市值的定增项目都不看了。这样以市值大小来区分定增项目机会的情况，也给定增投资带来了阶段性的机会。

投资从来不是以市值大小作为评价依据的，好公司、好价格才是。有些经济环境下大公司受益，有些经济环境下小公司受益。

1. 从美股长期数据看大小盘历史业绩

李录的《文明、现代化、价值投资与中国》和耶鲁大学首席投资官大卫·史文森的《机构投资的创新之路》都大量引用了杰里米 J.西格尔教授关于美国股市长期历史数据的统计，正所谓历史是判断未来的唯一方法。

西格尔教授在其著作《股市长线法宝》中对大盘股和小盘股的长期历史表现有着精彩的分析。他引用了美股 4000 多只股票长达 86 年（1926—2012 年）的收益率统计数据来说明自己的观点。

从表 3.3 中可以看出，市值最小分位的公司历史平均收益率高达 17.03%，远高于市值最大分位的 9.28%。小盘股的收益率整体优于大盘股，但这种优异表现又处于起伏不定的状态。最典型的是小盘股在 1975—1983 年的优异表现，这个阶段小盘股年复合收益率高达 35.3%，是大盘股年复合收益率 15.7%的两倍多，在此期间小盘股的累计收益率高达 14 倍。

表 3.3　美国股票的收益率按市值进行 10 分位分组的结果（1926—2012 年）

按市值进行的 10 分位分组（从最小到最大）	收益率的几何平均值（%）	平均贝塔值	收益率的算术平均值（%）	相对于 CAPM 预测值的超额收益率（%）
1	17.03	1.38	25.56	9.58
2	12.77	1.35	19.17	3.56
3	11.29	1.26	16.5	1.86
4	11.31	1.24	15.92	1.58
5	10.97	1.22	14.89	0.7
6	10.97	1.21	14.82	0.74
7	11.16	1.18	14.39	0.76
8	10.24	1.12	12.94	-0.09
9	11.04	1.09	13.41	0.8
10	9.28	0.95	11.01	-0.02
全部	9.67	1.00	11.59	0.00

资料来源：《股市长线法宝》（第 179～181 页），杰里米 J. 西格尔（Jeremy J. Siegel）著

是什么原因让小盘股的表现如此亮眼呢？西格尔认为"20 世纪 70 年代末与 80 年代初，当成长型大盘股崩盘后，养老金与机构投资管理者开始转而青睐小盘股，这些被称为'漂亮 50'的股票在此前牛市中极受欢迎"。

2. 小市值公司定增的阶段性机会

虽然小盘股很难一直战胜大盘股，但在战胜大盘股的阶段，其收益率可能是惊人的，因此投资者应该关注这类公司。

任何经济环境在长时间里都会发生变化，那些有利于大盘股的环境也会发生变化，适当关注那些优质而估值又合理的小盘股也是明智的选择。

由于小盘股流动性差，定增投资解决了买的问题，筹码获得比较容易，但如果公司没有好的主业、连续高速增长的态势，则后期很难实现筹码的派发。

若以股权投资的眼光来看定增投资，而不是 6 个月就套现，持有优质的小盘股在长期中也能带来超额回报，并能解决流动性不足的问题。

大机构由于管理资金规模较大，必须配置流动性好的大盘股，而被忽视的小盘股虽然资金承载量不高，但更适合专门做定增的中小定增投资机构关注。

芒格也多次提到小型公司领域仍然存在大量被错误定价的机会，只是由于伯克希尔-哈撒韦公司当前的资金量太大了，这些好点子已经不适合他们。

3．配置小市值公司定增的几个原因

（1）项目报价竞争小

这里没有大型私募基金，更没有"财大气粗"的公募基金，仅偶尔会出现一些专门的定增投资机构。大公司更容易产生一致预期，容易出现主流资金扎堆参与报价的情况。小公司由于极不稳定，分歧更容易出现，定增参与者也呈现极其分散的格局。

每一家公司都有一个独立的故事，每家公司的参与者也是一个独立的圈子，所以参与者五花八门，如表 3.4 所示。

表 3.4　小市值公司定增典型参与者

知名定增参与者	定增项目
谢恺	朗姿股份、神宇股份、伊戈尔、庄园牧场、金桥信息、天成自控、美芝股份、天马科技
常州投资集团	苏常柴A、华脉科技
常州市新发展	必创科技、康斯特
湖南轻盐创投	必创科技、天成自控、沃特股份
深圳大岩	新劲刚、沃特股份、必创科技
上海通怡	必创科技、朗姿股份、德艺文创
华菱津杉	集泰股份、康斯特

（2）小市值公司更容易出现价值洼地

由于卖方的主要客户是大型投资机构，这些机构的资金量大，很少会买入小盘股，因此，卖方也更愿意覆盖大市值公司。在 2020 年，小盘股令人绝望的行情让很多研究员失去了信心，所以，基本没有研究员覆盖这些小市值公司，即使公司发生了一些变化，股价也难有表现。然而拉长时间周期来看，一旦判断正确，这类项目的超额收益惊人。

（3）项目服务很好

这些公司市值小，由于研究员覆盖率低，调研也较少，连定增推介都很少有人感兴趣。因此，投资者在这些项目的尽调过程中，获得的服务都很好。反观那些明星项目，给投资者的调研机会较少，调研深度更是如同走马观花

一样。

在小盘股定增项目供大于求的背景下，投资者享受了买方市场的待遇，券商 ECM、上市公司对定增决策环节的支持力度都很大。一旦这些公司业绩发生大的改善，进入主流机构的视野，大型机构便会成为助推股价上涨的主要力量。

第4章

定增市场

定增作为一种独特的资产类别,逐步成为各类市场参与者配置的重要选项。这些参与者不仅包括大型公募基金、私募基金,还包括各级国资、上市公司、PE机构、外资机构等,它们从不同角度选择定增项目,满足了各自的资产配置需求。

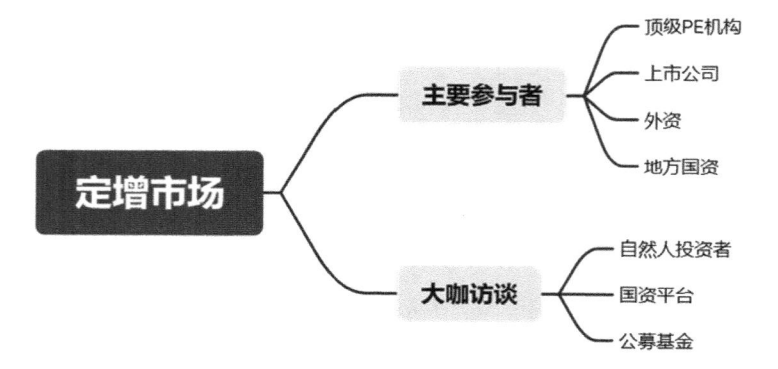

```
定增市场 ─┬─ 主要参与者 ─┬─ 顶级PE机构
         │              ├─ 上市公司
         │              ├─ 外资
         │              └─ 地方国资
         │
         └─ 大咖访谈 ─┬─ 自然人投资者
                     ├─ 国资平台
                     └─ 公募基金
```

4.1 定增市场的参与者

由多样性投资者组成的市场比那些参与者相对单一的市场稳定性更强，而非像大多数人认为的由大型机构主导的市场稳定性更强。在定增市场上，参与者多元化的好处是毋庸置疑的，这让再融资市场更强大，而非更虚弱。

前面介绍了定增的发行和投资策略，那这个市场中的参与者都有哪些人呢，这里简单介绍一下。

4.1.1 顶级 PE 机构纷纷布局定增市场

Pre-IPO 投资（特指上市前投资）套利机会消失，PE 机构面临投资阶段向前还是向后过渡的艰难抉择。2020 年定增新规给选择投资阶段向后的 PE 机构提供了发展新机遇，把定增作为投资新领域。

从参与流程和方式上看，定增的两种类型中，定价定增更适合 PE 基金参与，但目前政策不支持。竞价定增要求决策效率高，投资方式更偏向二级市场投资，不适合大多数没有二级市场经验的 PE 机构。毕竟整体来说，PE 机构的决策流程较慢、投资方向限制也比较多，但还是有部分 PE 机构实现了突破创新，逐步在定增市场上活跃起来。

1. PE 机构为何要进入定增市场

2009 年创业板开板后，造就了很多 PE 投资百倍回报的经典案例，这种 PE 赚钱效应也带动了人民币 PE 机构的大量崛起。随后的几年间，大量资金带着百倍回报的预期冲进 PE 市场，然而理想是丰满的，现实却是骨感的，后期有超过 70% 的项目退不出来，即使部分退出了也没有达到理想的回报。

一些在 2010—2013 年成立的 PE 基金，到 2017—2020 年经历了 7 年的完整运行周期，却交出了尴尬的成绩单：30% 的项目成功进行了 IPO，实现 3～5 倍的回报；20% 的项目被并购，实现约 1.9 倍的回报；20% 的项目顺利回购，经历各种官司后终于收回本金和部分利息；剩余 30% 的项目，基本上处于半死不活的状态。从基金整体的回报来看，超过 7 年换来本金勉强翻倍的残酷事实，再扣除管理费、业绩报酬和所得税，其内部收益率和现金回收率两项指标都惨不忍睹。

定增投资从 2006 年以来经历了多轮周期，因为拥有更好的流动性，以及更加公开透明的业绩，加上平均收益率也不差，相比 PE 投资拥有独特优势。同时，即使不达预期的定增项目，解禁后投资者认赔出场，亏损幅度也是有限的。而 PE 项目一旦不达预期，想退都很难退出来，可能就会面临本金全部损失的风险。

虽然多了题材、概念及估值的波动，定增投资也有了二级市场的不确定性，但这一市场基本面的驱动效应也越来越明显，这让具有的专业投研能力的 PE 可以在定增市场上大显身手。现在但凡好一点的 PE 项目估值都不便宜，投资者还要承担可能上不了市的风险。相比之下，部分已经上市正在进行定增的公司估值并不高，定增还能为投资者提供折扣收益。

对于一个成功的 PE 项目，投资者能够享受业绩增长、上市、牛市三个好机会，而在定增市场取而代之的是业绩增长、折扣收益和牛市。

2．在定增市场活跃的 PE 机构

（1）深创投

深圳市创新投资集团有限公司（下称深创投）是 1999 年由深圳市政府与其引导的社会资本共同出资设立，早期以创业投资为主业，是知名的人民币 PE 机构，其管理各类资金总规模约 4262 亿元，包括 150 只私募股权基金，13 只股权投资母基金，19 只专项基金（不动产基金、定增基金等）（数据来源：2022 年 3 月 20 日公司官网）。

集团下设国内首家创投系公募基金管理公司——红土创新基金管理有限公司，并以此作为主要的定增参与主体。

深创投参与投资的部分定增项目如表 4.1 所示，由于深创投团队参与定增市场较早，对定增的理解相对比较深刻，项目选择上也更加市场化。

表 4.1 深创投参与的定增投资项目列表

项　　目	参与主体	投资额（万元）	解禁日
拓邦股份	红土创新基金管理有限公司	3300.00	2021/12/06
多氟多		10,000.00	2021/12/13

续表

项　　目	参与主体	投资额（万元）	解禁日
科达利		4600.00	2021/06/01
三利谱		2178.41	2020/12/21
长盈精密		7500.00	2021/05/26
捷佳伟创		7999.99	2021/10/27
云天化		2332.91	2021/07/15
长盈精密	深圳前海红土并购基金合伙企业（有限合伙）	14,500.00	2021/05/26
捷佳伟创		15,999.99	2021/10/27
宝钛股份	深圳市创新投资集团有限公司	6000.00	2021/08/23

（2）毅达资本

毅达资本由老牌知名创投机构——江苏高科技投资集团内部混合所有制改革组建。据其网站披露数据，截至2022年2月，毅达资本管理团队累计管理资本规模1218亿元，累计投资支持了1135家创业企业，助推其中221家企业登陆境内外资本市场。

毅达资本以VC/PE为主业，先后在不动产基金业务、并购基金业务和母基金业务等新领域进行布局，其大资产管理业务平台构建也逐步完善。

2018年，毅达资本成立专门的平台——江苏毅达融京资本服务有限公司（下称毅达融京），用于管理定增基金。毅达融京由毅达资本控股，定增投资团队参股。

毅达资本投资的部分定增项目如表4.2所示，投资主体为其旗下的股权投资基金，以长期持股为主。

表4.2　毅达资本参与的定增投资项目列表

项　　目	参与主体	投资额（万元）	解禁日
汇川技术	江苏韦泉毅达融京股权并购投资基金（有限合伙）	13,500.00	2022/01/17
洲明科技		6000.00	2021/10/26
三环集团		29,000.00	2021/05/13
创业慧康		9000.00	2021/02/22
佩蒂股份		8000.00	2020/11/13
济川药业		20,000.00	2021/04/26
梦百合		12,000.00	2021/06/01

续表

项目	参与主体	投资额（万元）	解禁日
三环集团	江阴毅达高新股权投资合伙企业（有限合伙）	16,000.00	2021/05/13
中科创达		4999.99	2021/02/18
神宇股份		4000.00	2020/12/03
济川药业		5000.00	2021/04/26
长电科技		15,500.00	2021/10/27
江化微		3000.00	2021/05/26

（3）基石资本

基石资本成立于2001年，拥有超过20年的投资管理经验，是中国最早的创业投资机构之一。

公司管理的资产类型涵盖天使、VC、PE、M&A、PIPE、二级私募证券等，投资阶段覆盖企业整个生命周期。

根据其公开资料，截至2021年年底，管理资产规模逾600亿元人民币。定增投资是其PIPE基金的重要投资方向，参与主体与投资的部分定增项目如表4.3所示。

表4.3 基石资本参与的定增投资项目列表

项目	参与主体	投资额（万元）	解禁日
中宠股份	弘唯基石华德1号私募证券投资基金	2000.00	2021/04/30
贝达药业		3118.00	2021/06/17
中石科技		3000.00	2021/01/11
格尔软件		2000.00	2021/03/01
数据港		2400.00	2021/03/25
通富微电	马鞍山中安基石长三角发展新动能基金合伙企业（有限合伙）	15,000.00	2021/05/24
中宠股份		5990.00	2021/04/30
亿纬锂能		13,989.99	2021/05/06
贝达药业		9999.99	2021/06/17
安图生物		13,019.99	2021/05/12

3. PE机构在定增市场需要注意什么

以上三家知名PE机构是2020年定增新规出台后第一批"吃螃蟹"的，

随着 IPO 套利空间的消失，这些机构若能发挥研究优势也可以在定增市场创造不俗的业绩。PE 机构参与竞价定增有着诸多困难，需要注意以下几点。

（1）在熟悉的领域战斗

PE 的优势在于项目的深度尽调能力、对产业的深刻认知及资源整合能力。因此 PE 机构应发挥自己的优势，恪守能力圈，做深做细，在定增市场寻找具有成长能力的标的赚取业绩成长的钱，而非一味学习定增专门机构的高周转模式。

很多上市公司市值依然较小，可以通过定增融资做大规模，从而获得二级市场主流基金的青睐，实现"戴维斯双击"。PE 机构通常拥有更长远的眼光，也拥有陪伴企业成长的能力，在定增市场践行这种长期理念与其原有投资模式接近。

（2）理解定增是横跨一、二级市场的"一级半"属性

既有一级市场的基本面驱动属性，又有二级市场的博弈属性，使定增投资有其独特性。由于竞价项目仅有 6 个月锁定期，定增呈现出较强的二级市场属性，因此 PE 机构应该理解并接受这一市场特性，从中选择适合自身资金属性的投资标的。

（3）培养专门团队

比如某知名 PE 机构挖来券商团队成立专门的平台做定增投资就值得借鉴。直接让 PE 团队转型进行定增投资通常很难，主要是因为定增市场具有很强的周期性，团队没有经历一轮完整的周期很难对定增市场有深刻的认知。

4.1.2 上市公司为何参与定增投资

有的上市公司在定增市场看到了"圈钱"机会，有的上市公司看到了投资机会。

A 股很多上市公司主业所在的市场已经饱和，上市公司围绕原有主业继续投入的意义不大。同时，跨界并购有商誉风险，股权投资业务也面临退出困难的问题，所以，上市公司把主业产生的现金流投入其他上市公司定增是个不错的选择。这么做的难度较小，试错成本也更低，南京钢铁和成都富森

美就是这其中的佼佼者。

1. 上市公司为何要进入定增市场

（1）资本配置能力是管理层的重要能力

优秀的上市公司管理者首先能够开展高效的主业经营活动，其次需要配置从主业产生的现金流，既可以分红，也可以再投资扩大生产规模。而很多上市公司所处的行业相对比较传统，市场已经饱和，为了增长而追加投入已经不太可能带来有吸引力的收益。

对外投资进入新产业的难度又很大，定增投资由于流动性较好，是上市公司尝试进入一个新行业的敲门砖。自己做，比如募投或孵化项目，尤其是跨界项目，不如参股已经成熟的公司，选择相关领域的好公司参与其定增，并以长线思维、实业思维做定增投资。宁德时代对外投资的三个定增项目就显示出这方面的智慧。

（2）上市公司投资也要考虑退出

上市公司投资的成败会直接影响股价，因此上市公司管理层处理资本要像做外科手术一般的精准。始终把可以获得的资本引向最有效率、收益最高的项目，从而使得股东价值得以提高。上市公司通过定增投资可以快速进出一个行业，而对于自己募投或者深度参与的项目，想退出是不容易的。

（3）上市公司还是非常好的低成本融资平台

上市公司除了主业可以创造现金流，基于主业还可以从资本市场和银行等金融机构进行低成本融资。这些低成本资金使得投资赢在了起跑线，也降低了投资目标。

2. 在定增市场活跃的上市公司

（1）南钢股份

南钢股份对外进行定增投资的最经典案例是通过"协议转让+定增"成为万盛股份（603010.SH）控股股东。南钢股份受让万盛投资7000万股流通股股份，另认购定增10,780万股，发行完成后，南钢股份持股比例达到29.98%，为公司控股股东，实控人由高献国家族成员变更为郭广昌。截至2022年2月16日，该方案仍在审批中。南钢股份参与的定增投资项目如表4.4所示。

表 4.4 南钢股份参与的定增投资项目列表

名称	投资金额（万元）	锁定期（月）	公告日期
拓邦股份	4200	6	2021/06/01
安洁科技	4500	6	2021/01/15
濮阳惠成	800	6	2021/06/10
安靠智电	5000	6	2021/07/13
华测导航	3000	6	2021/07/07
诺德股份	5000	6	2020/12/05
万盛股份	—	36	2021/01/28

（2）富森美

上市公司富森美（002818.SZ）主业为建材家居卖场建设及运营管理，该主业可以提供稳定的可投资现金流，因此陆续参与了多家上市公司定增投资，如表 4.5 所示。

表 4.5 富森美参与的定增投资项目列表

名称	投资金额（万元）	锁定期（月）	公告日期
拓普集团	6000	6	2021/02/25
开润股份	6000	6	2020/11/17
通威股份	20,000	6	2020/12/10
新易盛	5000	6	2020/12/23
雅化集团	4500	6	2021/01/27

（3）鲁信创投

鲁信创投（600783.SH）是 A 股一家以创投为主业的上市公司，主营业务为股权投资，进行定增投资也是一种积极尝试，其参与的部分定增项目如表 4.6 所示。

表 4.6 鲁信创投参与的定增投资项目列表

名称	投资金额（万元）	锁定期（月）	公告日期
富煌钢构	3000	6	2020/12/16
贝达药业	5000	6	2020/12/15
航天宏图	5000	6	2021/07/24

（4）宁德时代

2020 年，知名锂电巨头宁德时代（300750.SZ）定增募资 197 亿元，同时对外进行了多个定增投资，如表 4.7 所示，所投项目均为上下游产业链公司。25 亿元投资先导智能（300450.SZ）定价定增是其最典型的投资案例，也是 A 股少数上市公司参与其他上市公司定价定增的案例之一。

表 4.7　宁德时代参与的定增投资项目列表

名　称	投资金额(万元)	锁定期（月）	公告日期
天华超净	12,000	6	2021/04/15
先导智能	250,000	36	2021/07/02
北汽蓝谷	30,000	6	2021/05/22

3．上市公司参与定增投资的启示

很多上市公司在其主业所在的领域做到了极致：善于管理、营销、产品开发，但实控人缺少在不同行业寻找机会的能力和动力，也很难以跨界的视角看问题，从而形成全新的方法体系，对其他行业上市公司进行跨界定增可以作为低成本试错的方式。

南京钢铁背后是拥有强大投资能力的复星集团，因此得以走在上市公司对外定增投资的前列；拥有稳定现金流的富森美也在积极探索的路上。希望有越来越多的上市公司通过定增投资熟悉其他公司、行业，获取赚钱密码，在此过程中形成全新的视角。这些视角和投资经验可能反过来帮助其主业更好地发展，让公司市值也能有所突破。

4.1.3　外资在定增市场的布局

2020 年以来，外资机构也成为定增市场一股重要的参与力量，2020 年它们参与的案例更多集中在"白马股"中，更像是通过定增参与核心资产的建仓。而 2021 年外资机构参与热情更高，参与的标的类型也更加多元化。

2020 年，外资机构出手 59 次，仅参与 41 个定增项目；而在 2021 年，则出手了 274 次，参与了多达 186 个定增项目。

截至 2022 年 2 月 12 日，瑞士联合银行集团、JPMorgan Chase Bank，

National Association、巴克莱、香港上海汇丰银行有限公司、安联环球等是外资机构中的活跃者，其中瑞士联合银行集团、JPMorgan Chase Bank, National Association 两家的出手次数高达 151 次、47 次。

由于外资机构的资金属性和来源明显不同，它们的创新能力也更强，因此外资机构参与定增展现了一些与本地机构不一样的特点，比如参与定增投资时持有期长，参与方式灵活，并通过复杂金融工具的结构性安排进行投资。

外资机构扎堆最多的标的如表 4.8 所示。

表 4.8　外资踊跃参与的定增项目列表

标的	数量	获配外资机构
药明康德	6	瑞士信贷（香港）有限公司；美林证券国际有限公司；瑞士联合银行集团；香港上海汇丰银行有限公司；麦格里银行有限公司；德意志银行公司
爱尔眼科	5	Goldman Sachs&Co.LLC；瑞士信贷（香港）有限公司；JPMorgan Chase Bank,National Association；摩根大通证券有限公司；瑞士联合银行集团；JPMorgan Asset Management (Asia Pacific) Limited
恩捷股份	5	瑞士联合银行集团；Caisse de dépot et placement du Québec；比尔及梅林达·盖茨信托基金会；JPMorgan Chase Bank, National Association
宁德时代	4	本田技研工业(中国)投资有限公司；UBS AG；J.P. Morgan Securities plc；JPMorgan Chase Bank, National Association

4.1.4　定增为地方国资提供了创新招商路径：珠海国资

被誉为"最牛风投"机构的合肥市政府，先后投资京东方、长鑫半导体、蔚来、维信诺等知名项目，并取得了优异的回报，实际上这是合肥的创新招商举措，最终成效卓著。

拿出格力电器进行混改的珠海国资也在从"管产业"向"管资本"的模式转变中走在了全国前列，其旗下各平台对基于公开市场的 PE 投资也是不惜砸下重金，2020 年以来屡屡大手笔参与定增投资。

珠海国资定增投资项目列表如表 4.9 所示，可以发现它们投资的绝大部分项目以高比例持股为目的。

表 4.9 珠海国资参与的定增项目列表

项目	公告时间	投资金额（亿元）	投资方式	占上市公司股比
华灿光电	2020/12/17	13.1	多次定增	24.87%
光库科技	2020/12/15	6.8	多次定增	23.76%
通裕重工	2021/3/1	9.43	定价定增	20.34%
天能重工	2021/7/28	10.01	定价定增	29.14%
纳思达	2021/12/20	2.75	竞价定增	0.6%
三六零	2021/1/6	3	竞价定增	0.32%
东方中科	2021/11/19	0.73	资产换股增发	1.12%
日海智能	2020/6/23	11.6	竞价定增	16.67%

珠海国资从"管产业"向"管资本"的转变中成功实现了以下几点。

1. 主动出击，大比例投资

很多国资对辖区内上市公司进行小比例定增投资，这依然是存量思维。珠海国资勇于走出去，并且大比例参与定增投资，甚至会成为有些上市公司的第一大股东。

2. PIPE 投资是定增也是招商工具

"珠海模式"不仅通过股权投资招商，还参与了众多上市公司的定增投资，不但抓住了本轮定增新规的红利，还达到了招商引资的目的。

参与上市公司定增是支持上市公司的发展，也是由国资认购流动性较强的上市公司股权。上市公司拿到资金后在当地自行对募投项目落地实施，避免政府帮助企业投资的固化思维，例如有些国资为了招商引资由政府进行固定资产投资，很难实现有效退出，而国资认购股权的 PIPE 投资招商则有清晰的退出渠道。

3. 政府更能做投后价值创造

从招商向投资的转变，看着简单，实则需要巨大的认知跨越。投资需要的专业能力和承受的风险是与招商完全不同的。在投资领域有两大流派：发现价值（通过寻找低估的公司赚钱）和创造价值（通过创造价值赚钱），政府投资机构若能选择适合本地产业结构的上市公司，围绕产业进行深度整合，创造的价值将远超投资本身。实际上，政府的这一能力也远超一般投资机构。

4.2 大咖访谈：定增投资方法论

每位优秀的投资者都有自己的投资高见，投资是一种干到老，学到老的职业，向优秀同行学习是提升投资能力的重要途径之一。

在不同的章节，笔者根据不同的主题邀请了在该领域有着丰富经验的行业参与者分享自己对投资的见解，这里采访和介绍了自然人、创投企业和基金公司三种类型的典型投资者代表，听一听他们对定增投资的一些经验，以期给大家带来启发。

4.2.1 知名自然人投资者：中小市值公司投资方法论

自然人投资者历来是定增市场的一股重要力量，这里要介绍的是一位自然人投资者，他是 2020 年定增新规后参与定增投资最多的前十位自然人之一。

笔者是在万得资讯的定增投资者统计数据中发现他的，当时他的定增成绩不论是参与数量，还是收益率都让人眼前一亮。在大家都跟风核心资产投资时，他却独树一帜地以中小市值公司定增投资见长。我们的第一次面对面交流是在一次定增线下交流会上，从其提问的内容可知，他对定增本质的把握比较精准，与其交流后我明显感觉他在那个时点已经形成了完备的定增投资体系。

当然，没有任何一种投资策略能够适合各种市场环境，个人的经历和投资理念与独特的时代环境相契合是成功的关键，而这一切的前提是看到机会，并敢于躬身入局，他看到了机会并已在局内便已超越了大多数投资者。

了解一位投资人，我们需要了解他的背景和经历：他 1988 年生于上海，清华大学学士，美国杜克大学硕士，毕业后曾在投行和卖方工作过，也成立过私募基金，后在北京的互联网行业创业。虽仅三十岁出头，但个人足迹遍布了国内的 180 个城市，走访过数百家上市公司，这些经历让他对投资和企业经营有着与众不同的理解。

为了生动地阐述他的投资理念，这里以访谈的形式将我们之间的对话呈现给各位读者。希望这一访谈，可以让读者更好地了解他成功的内在逻辑，并原汁原味地品味他对定增市场的理解。

1. 个人经历篇

问题1：请结合个人经历介绍一下，为何踏入投资行业？

我从小对数字比较敏感，还因为获得全国高中数学联赛一等奖被保送至清华大学。我对股票一直有比较好的盘感，这让我的数学天赋得以施展。我从中学便开始接触A股，迄今有近二十年的资历，也经历了"庄股"盛行、2007年的五朵金花、2013—2015年的创业板牛市，以及股灾、指数熔断等历史，我们都知道，一轮完整的经历是非常宝贵的投资经验。从事件驱动、短线高频的投资中积累了第一桶金，到各地跨行业走访一家家上市公司，再到二级市场中的龙虎榜常客转到"一级半"市场成为投资人。大家都知道，在资本市场上，资金就是话语权，而正是这种正反馈，让我不断在自我反思和不断优化投资策略中度过，在瞬息万变的资本市场，一路上战战兢兢、如履薄冰地走到今天。

问题2：谈一谈对**2020年定增新规出台**的理解？

监管政策其实是影响定增市场的重要因素之一，本轮定增新规于2020年2月14日出台，意味着再融资进入监管宽松期。

纵观历史，我们可以看到2013年至2016年政策宽松周期中，增发市场融资规模增长近5倍，对应的在2017年至2018年的政策收紧周期中增发市场规模严重缩水。2018年10月起对再融资政策的监管边际放松，2020年2月14日定增新规代表监管进入了新一轮宽松周期。

自2016年爆火出圈之后，定增市场随后进入持续低迷期而被资本市场所忽略。曾经的辉煌也说明了定增市场一度是一个非常赚钱的市场，而长期的低迷也为再次爆发积蓄力量。

问题3：为什么选择做定增投资？

更宽松的发行要求、更低的折价和更短的解禁周期都激发着企业的融资需求。发行对象从5~10名到35名，让个人投资者也可以通过多元化配置参与定增投资。

锦上添花易，雪中送炭难。我素来不喜欢凑热闹，更愿意去挖掘经历了一段低谷并处在爆发前夜的公司，陪公司走过黎明前最黑暗的日子，一起迎来曙光。而定增新规的出台其实给了很多这样的公司一个机会，它们在此前一直无人问津，定增让它们有动力、有机会进行再融资，与市场进行充分交流的同时，也进一步审视公司自身的经营战略并做改进。

定增投资下注更重，也有锁定期，对于个人投资者来说，几千万元的门槛，6个月的锁定期，需要更为稳健的决策。而且定增会受到折价、参与门槛等多重因素制约，除了基本面以外，投资者对标的的选择也因为这些制约因素，不如二级市场那么得心应手。

问题 4：自然人参与定增投资具有哪些优势？

自然人参与定增投资相较于大型机构而言肯定会更加灵活，决策周期也更短，从而更容易抓住转瞬即逝的机会。很多大型机构在调研、立项的过程中浪费了大量的时间，而内部层层汇报和周转同样耗费了大量的时间。另外，定增发行从启动到报价时间非常紧，且发行要素最后一刻才确定，信息在传递的过程中难免会失真或丧失一定的时效性，因此大机构的决策可能会存在一定的周转损耗。

2. 投资理念篇

当大家都在着眼于基本面研究时，实际上更偏二级市场的定增博弈因素更重要也更复杂，如果仅考虑基本面研究并不太容易持续获利。

在定增市场上，尤其是由中小市值公司主导的定增，仅仅被很多大型公募和私募基金看作一个工具，实际上，这些机构里负责这块业务的很多分析师并没有太多话语权，更了解定增一线战况的他们自然难以主导适合定增的投资策略，这为专门投资定增的参与者创造了空间。

问题 5：您的投资组合中以中小市值上市公司为主，为什么有这样的定位？

首先，肯定是有资金规模方面的考量的。

其次，还是我个人的投资习惯，"世之奇伟、瑰怪，非常之观，常在于险远，而人之所罕至焉"。从投资沟通方面来讲，中小市值公司往往能够与投资者更加真诚、深入地交流，在投后也便于投资者及时跟进，我重仓的公司在锁定的6个月期间去个四五次都是很正常的事情；从估值方面来讲，很多中小市值公司股价已经处于历史的底部，下跌空间较小，而具备充分的向上空间，叠加定增项目对于其基本面的改善往往"后劲"很足；从发行报价方面来讲，中小市值公司由于知名度低，投资者关注度也较低，在报价方面往往具备良好的折扣，折扣也是我们定增收益的重要来源，安全垫不够厚的公司往往站得高跌得狠。

问题6：您的研究团队如何配置，定增研究是如何开展的？

目前我们的团队，一共只有寥寥几名成员，包括我本人、助理和研究员，可谓是"小米加步枪"打出的胜利，已经退出的标的中有多个实现了翻倍的收益。

因为团队成员不多，所以需要非常高的研究效率。一般情况下，我们会从预案阶段开始筛选标的，在符合条件的标的中选出未来会重点关注的，然后提前进行研究。在上市公司进行定增路演推介的阶段，我们会实地一对多或者一对一的与上市公司进行充分的沟通。我们的调研都是深度而不是流于表面的，我个人认为纠结于公司细枝末节的财务数据意义不大，所以更关注公司自身的发展逻辑，希望在调研中看到公司的闪光点。

除了重点关注公司的实地调研外，研究员也会大量参与推介中项目的线上路演，以完成对目前在发项目的整体了解。

在此期间，研究员会针对重点关注的公司出具内部深度研究报告。在最终报价阶段，研究员会根据近期的情况对近一周报价的项目做最终的反馈和推荐，我再结合当时的市场情况与研究员做最后的深度沟通，并确定最终参加的项目和报价。在整个过程中，我的助理会负责与券商的沟通和对接，并整理相关的文件，以促进项目尽快完成。

虽然人员非常精干，但我们对发行项目的覆盖还是非常全面的，在调研期间五天跑六个城市，一天跑三个公司的行程并不罕见，基本每一两个月就会发生一次，毕竟天道酬勤，功不唐捐。

问题7：中小市值公司的"坑"还是比较多的，您如何避免踩坑？

我觉得千人千面的小公司，可以给个人研究提供更大的施展舞台，小公司的"坑"其实大部分已经在股价上有所体现，我认为很多大公司的"雷"比小公司更多。实际上，对很多公司来说，如果在底部找不到利空，就可以入场；如果在顶部找不到超预期的利好，就应该离场。从这个角度来看，人人都知道大公司的优势、良好的业绩增长和巨大的行业空间，但是这些也充分反映在它们的股价上，如果不能持续挖掘超预期的利好，这些标的是很难为投资者带来超额收益的，且博弈的风险较大。

而对于小市值公司来说，无论是业绩持续低迷还是具备较高的商誉，其实很多已经是公开的信息。我个人更关注的是公司的未来，如公司的预期是否能够兑现，公司定增的项目能否为公司带来长期的改善，公司在寂寂无闻的这些年里管理层在做什么，他们做的事情是否已经让公司具备了一些基本面改善的必备条件。在研究上，虽然我们也关注公司基本的财务信息和业绩信息，但是更关注公司的经营模式、业务模式，以及公司所在行业是否存在整体的改善，和底层估值逻辑的改变。

问题 8：中小市值公司很多都处在细分行业，针对细分行业的研究如何做到深入并保持高效率？

对于处于细分行业的公司来说，我们有自己的研究范式以快速了解和把握一个行业。因为我们是一个相对较小的团队，完全深入的研究一个细分行业并不现实，也没有性价比，但是在短时间内了解一个行业80%的信息，也是每一个研究员可以掌握的基本功。一方面是功在平时，研究员应该大量阅读相关研报积累一些基本的常识；另一方面则是要掌握行业研究的基本方法，对于热门行业的基本研究框架也需要有一个了解。

在行业研究上，首先，梳理一下行业的基本常识、基本概念和盈利模式，绝大多数情况下，我们都不是那个行业的专家，但常识还是重要的，可以避免一些张冠李戴的错误。其次，需要厘清产业上下游关系，形成知识图谱，明确每个环节的价值空间，尽量把主要环节形成知识图谱并落实到标的上。如果恰巧是研究员熟悉的行业，还可以做更进一步地深入了解，去找一些行业专家或者该行业的资深卖方研究员进行沟通。

对于研究效率的提升自然不是一夕之功，但研究员随着研究时间的累积，建立对自己熟悉行业的认识后向其他行业扩展，慢慢会形成对多个行业的知识库，从而获得较高的研究效率。建立基本元认知后，知识的更新就会变得非常有效率。

3. 投资实战篇

投资者对公开信息或者历史信息处理过程的反应不足或反应过度通常

能够创造超额收益。在定增市场，除了聪明的投资者，还有噪声投资者，由于新手更多，噪声投资者占比也变化较快。

因此，定增市场给专业投资者创造超额收益的机会更多。

问题 9：定增报价是门艺术，有人报高价志在必得，有人报自己能接受的价格，您的策略是怎样的？

对我来说，锁定的底价、发行期二级市场走势、报价竞价都很重要。我只会报自己觉得合理偏低的价格，报价较为保守，因为机会永远存在，对我来说，好的机会比个人资金更多。

问题 10：怎么看待定增解禁冲击，在投资环节如何评估潜在冲击？

定增解禁冲击也是影响定增解禁收益的关键因素之一。在投资环节肯定要尽量多地参与路演，同时与其他潜在投资者进行沟通，其实从意向投资者、标的一段时间内的平均交易量和发行规模能够大致判断公司的解禁冲击是否会比较大。我们也有一些量化的判断指标，涉及商业机密，这里就不详细透露了。

问题 11：定增存在较长的限售期，您是如何控制投资风险的？

定增目前是 6 个月限售期，在此期间会发生很多不可预料的事情。我在基本的投资逻辑上就会去避免大幅回撤的风险，就像此前说的，我个人不喜欢凑热闹，更喜欢挖掘底部反转的标的。这些标的往往估值和股价均已在底部，利空释放得比较充分，加上定增的折价，整体价格几乎处于历史低位，即使未来面对市场异常波动或者公司基本面的一些小的利空时，仍有足够的安全垫来保证资金的安全。高位股和热门股基本是我们最先排除的选项，因此在整个定增的投资过程中，我投资的标的还未出现过大幅亏损的情况。

这个理论看似简单，其实并不容易做到，既需要对公司基本面有深度的研究，也需要对市场具备一定的敏感性，还需要准确把握进入的时间点。

问题 12：定增具有很强的周期性，这里面有市场周期，也有政策周期的因素，如何在不同的市场环境下调整自己的策略？

这个问题其实与如何控制风险这个问题存在一定的共同点，市场环境总是千变万化的，虽然平时对市场周期和政策周期也有一定的感悟，但是这并不是我们的研究重点。我们的研究重点还是放在对优质低估值标的的挖掘上，好的标的在差的市场中虽然会一时沉寂，但是终归会实现价值回归。

另外，如果市场过热，那我可能会放弃定增投资去休息一段时间。市场过热阶段的投资都不再具有性价比，绝大多数标的都处于高估值、高风险的状态，对于定增这种需要一定锁定期的投资来说是非常难受的。

问题 13：请您复盘两个最经典的投资案例？

我印象比较深刻的是合纵科技（300477.SZ）和朗姿股份（002612.SZ），这两个标的也代表了我们高收益标的中比较经典的两种情况，即守正出奇。

合纵科技就是守正的代表标的，我的研究员去参与调研的时候正是这家公司业绩和股价的最低谷，在 2018—2020 年，公司的业绩连年下滑，2020 年更是预亏 6 亿~8 亿元，同时还有大额的商誉计提，或许这就是大家口中常说的有"雷"的公司。当时的调研持续了很长的时间，公司的管理层非常真诚，剖析了他们这些年的布局和战略及未来的规划。在 2021 年年初时，其实已经不难看出在新能源行业火爆的情况下，原本并不受关注的磷酸铁等小金属会存在一定的供应紧张和较为明显的价格上行局面，因此公司会出现业绩和估值的双重转折，这也是我们非常看重的。

而朗姿股份则是出奇的代表，这一点非常难以用常规的投资逻辑解释，需要结合我本人多年对于市场的了解形成的敏锐投资感觉。当初朗姿股份收购朗姿医美，彼时爱美客（300896.SZ）和华熙生物（688363.SH）还没上市，以及医美还没形成板块效应。朗姿股份股价最终由于其稀缺性，得到了市场的认可，一年上涨近十倍，并不是说朗姿的基本面有多出色，而是医美赛道火了之后，A 股标的的稀缺性使得机构纷至沓来，纷纷抢筹造成的。

4．合作伙伴篇

问题 14：如何看待券商 ECM（Equity Capital Market，资本市场部），认为它们应该提供哪些服务？

我更希望相对来说小范围推介的标的，不是为了凑量而不断路演和释放预期，承销商需要在投资者和发行人之间寻找平衡点。只有合适的启动时机，合理的价格，才能给投资人更好的收益，这样投资人的雪球不断滚大才能参与更多的项目，两者是相辅相成的。

问题 15：上市公司如何更好地进行定增推介？

上市公司其实不用在推介上花太多功夫，只要清晰、全面、有条理地将自己的业务逻辑、发展战略、行业优势等介绍清楚即可。尤其是对于公司自身存在问题的部分需要去直接面对，因为作为投资者，我们基本都是做过一定的研究才去与公司沟通，公司做过多的粉饰其实意义不大。

此外公司应当从短期、中期、长期三个维度来看待自身的优势，因为定增毕竟也是一个偏中期的投资，如果公司只关注于未来三到五年的战略，眼光放得太远，也容易给投资者留下不切实际的印象，给决策造成一定困难。

4.2.2　轻盐创投：如何让定增投资可复制

2020年12月26日，一场聚集国内诸多定增专家的投资策略会在湖南长沙举办，6家上市公司负责人、18家券商专家、28家投资机构负责人参会。这场针对定增投资做深度交流碰撞的会议组织者正是轻盐创投（湖南轻盐创业投资管理有限公司简称），这也是其成立10周年庆典活动的一个重要环节。

说到轻盐创投，在定增投资界几乎无人不知，其从成立以来到2021年年底，已参与超过200家上市公司的定增投资。

从投资案例可见其策略与大型公募、私募基金有明显的区别，诞生于长沙的这家国企为何能在定增市场取得如此成就，其投资体系是怎样的，今日之轻盐创投又有哪些创新举措？本文带你一探究竟。

1. 发展历程

轻盐创投成立于2010年12月31日，是湖南省轻工盐业集团有限公司全资子公司。

在轻盐创投成立前的2009年，其核心团队已通过轻盐集团参与了首个定增项目，认购资金高达2.52亿元，自此开启定增投资之路。

截至2021年年底，刚度过11岁生日的它已是定增市场的老兵，并成为市场的一股重要力量，在2020年定增新规以来，其已投资了80家上市公司，在国企投资和自营投资数量中，均名列前茅。

回顾其发展历程，轻盐创投首先是一个投资者，其次是一个创业者，作为投资者，其抓住了国内多轮定增机遇；作为创业者，创立11年以来每年都有盈利。

2. 超越主流才能成就非凡

靠定增起家,并把定增业务发扬光大的国内投资机构并不多,能让周期性明显的定增投资可复制、可持续的投资机构更是屈指可数。定增投资是科学和艺术的结合,要想做好需要更加完整的投资体系,这对投资机构的投研体系、决策流程、投资策略、人才培养机制提出了很高的要求,轻盐创投是如何做到的呢?

公司的成功一定程度上源于其完善的体系,其拥有的五大体系如图 4.1 所示。

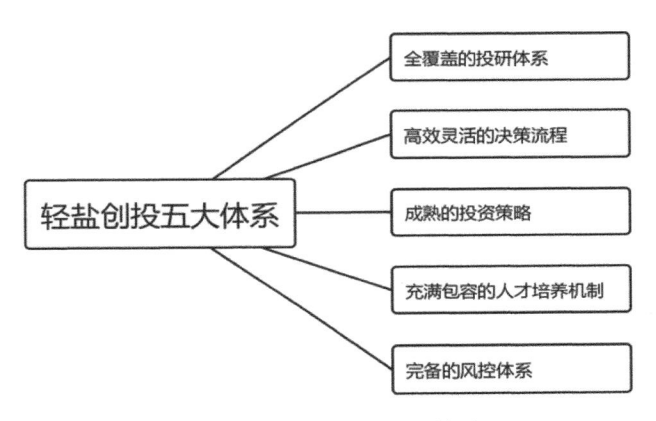

图 4.1 轻盐创投的五大体系

（1）全覆盖的投研体系

只有紧跟市场节奏的研究,才能进化出能力强、更贴近市场的投研体系,也才能满足类二级市场的定增投资需求。

轻盐创投构建了全覆盖的定增投研体系,做到所有定增项目从预案开始跟踪研究,先后经历预案晨会讨论、项目立项、部门讨论、业务会议讨论、投委会讨论,3~4 轮筛选下来历经 2~3 个月,能上投委会的材料已经非常全面,这样投委会在评估项目时便可做到各个层面的严格和审慎。区别于其他机构,轻盐创投的投研是从定增角度切入,这为其提供了独特的视角。投研核心人员平均司龄 7 到 8 年,团队累计投资项目超 200 个,各种类型项目、各种环境都经历过,每位投资经理经手投资规模都在十亿元量级,放在其他机构中则很少遇到。

区别于大型公募、私募机构追求好公司的体系，轻盐创投更看重定增品种的独特性，从定增视角切入投研，在行业逻辑、发行价格、折扣率、未来业绩、预期回报等方面综合考虑。当然这一积极型的投研体系需要投入大量的资源，轻盐创投专注做定增的团队就有20多人，在国内实属罕见，也很难被同行复制。要知道一般公募基金投研人员数量也不过20~40人，其中专注做定增的可能也就几个人。

轻盐创投的投研团队被划分为4个部门，实行独立的作战和考核制度，在一个有效运转的投委会监督下进行良性竞争，这让其发挥了极强的战斗力。公司要求投资经理对项目进行实地调研并和上市公司管理层深度交流，因此投资经理大部分时间都要出差调研项目。

不出差时，投资经理的一天是这样安排的：
- 09:00~10:00，开晨会；
- 10:00~12:00，进行项目路演电话会或卖方研究员一对一交流；
- 14:00~15:30，进行跨部门会议及业务讨论会；
- 15:30以后，对所负责项目的进一步尽调。

（2）高效灵活的决策流程

成功的投资需要投资者具有渊博的知识，而在定增投资领域不仅需要掌握公司及行业知识，还要洞悉人性，更要深谙定增和市场的周期发展之道。经过200个项目的实战演练，轻盐创投的投委会成员对项目有着良好的判断力和对定增市场的深刻理解。公司从上到下都参与到定增业务中去，投委会成员包括风控人员都深入第一线，正所谓懂业务的人管业务，才能站在更高的视角，做出稳健的决策。

定增投资需要灵活决策，有些项目报价前过会，但报价时股价快速上涨，如何决策？市场充满变数，提前决策时效性太差，基于询价日股票市价的灵活报价策略需要基于前期充分的投研筛选，因此轻盐创投采用"全覆盖式投研体系+高效灵活的决策流程"，二者缺一不可。

举个某新能源汽车公司定增追加投资的例子，2021年4月9日定增启动询价，因首轮未发满，于是启动追加投资。彼时公司股价仍在快速上涨，发行折扣率已达25%以上，图4.2所示为该定增时间点。

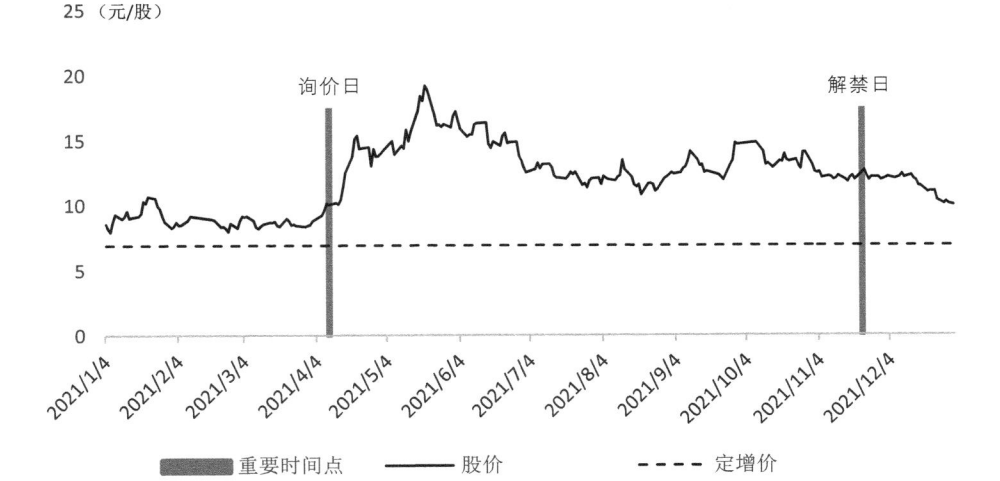

图 4.2　某新能源汽车公司定增时间安排

定增追加投资对投资者来说是一个好机会，但对投资者的快速决策能力要求极高。"全覆盖式投研体系+高效灵活的决策流程"帮助轻盐创投抓住了此次机会。按照解禁日收盘价计算，本次追加投资收益率高达80.37%。限售期间股价涨幅更大，投资者若能通过有效手段提前锁定收益，收益率更加惊人。

（3）成熟的投资策略

任何公司股价的上涨都会落实到基本面变化或基本面变化的预期上，股票价值是基于未来现金流的贴现，所以股票的未来成长性越高，股票价值越大。而对未来的预期更像是"讲故事"，考验投资者"听故事"的能力。

定增投资锁定期为6个月，收益受二级市场影响较大，有博弈成分存在，区别于很多股权投资机构以终局思维来投资定增，轻盐创投的策略更加成熟并贴近市场，即科学和艺术的结合，其核心策略主要包括三个方面：

- 低位布局，审慎择时：分析市场周期（牛市、熊市或震荡市）、判断大盘趋势，在大盘指数相对底部区域或相对安全点位参与询价。
- 深耕行业，挖掘公司：研究员行业分工明确，长期深度跟踪，重点布局国家政策扶持的战略性新兴产业，配置高成长性、业绩确定的龙头公司，谨慎对待周期高点行业的股票或当前非常热门的股票。

- 秉持"无折价不参与"的原则：对行业、个股的成长性进行合理的估值，在合理的估值区间内参与报价，在报价环节，对具有锁定期的竞价项目秉持"无折价不参与"的原则，预留适度的安全边际。

举个某新能源汽车电池材料公司定增投资的例子。

2020年3月18日，该公司启动定增报价，彼时市场关注度极低，没有研究员覆盖，更未获得大型公募、私募机构的认可。最终发行折扣率为15.54%，参与者主要是定增专业投资者。

作为首批定增项目之一，被轻盐创投基于"折扣+公司预期差"的视角重仓投资。这笔投资限售期内最高账面浮盈率高达137.8%，解禁前受市场影响股价有所下跌，尽管如此，按照解禁日收盘价计算收益率仍然有54.80%。分析这笔投资，在这期间股价上涨贡献了30.74%的收益，其余收益来自折扣贡献。

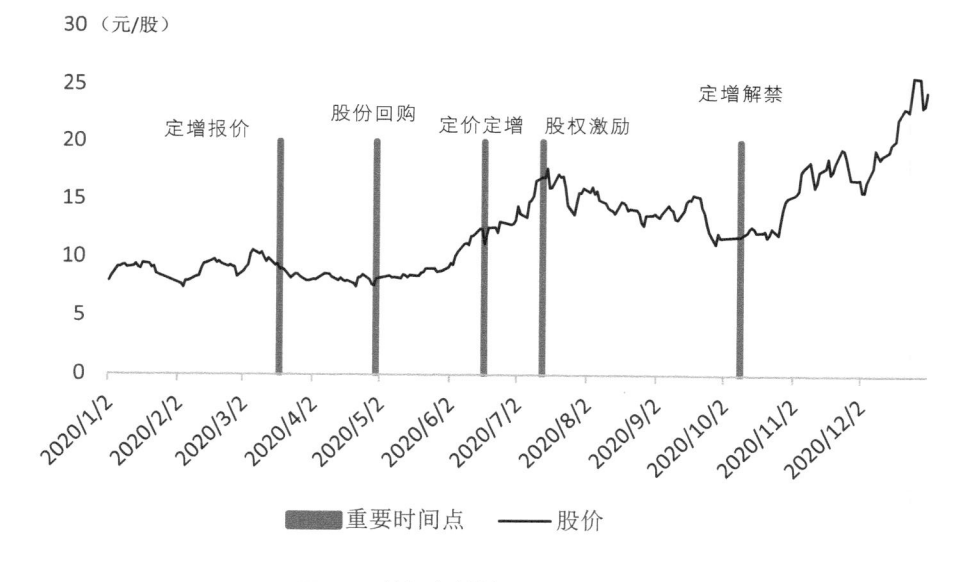

图 4.3 某锂电材料公司定增时间安排

（4）充满包容的人才培养机制

投资是实践科学，投资经理需要在实战中成长，投资能力养成的最好方式就是边学边体会。一个优秀的公司需要能吸引、容纳新鲜血液，新人的活力和看待问题的全新角度能够为公司带来独特的竞争力。

公司形成了晨会制度、定期会议讨论机制，人员全流程参与，使得新人能快速成长，轻盐创投的文化也鼓励新人勇于承担责任。轻盐创投团队采用以老带新的方式，给予新人在公司氛围中尽快掌握投资基本原则的机会。每个团队经手的项目和金额远远超过很多定增机构成立以来的投资总量，这种实战经验，为新人的成长提供了良好的温床。

（5）完备的风控体系

对于投资机构来说，如果没有严谨的流程来保证风控体系得到清晰的阐述，投资决策就会变得轻率。

轻盐创投风控部门有一个独创的定增项目筛选表，涉及法律、财务、行业等方面二十多个指标，筛选表总分120分，若项目的评分低于90分便不能入池。

全覆盖的投研体系、高效灵活的决策流程、成熟的投资策略、充满包容的人才培养机制、完备的风控体系使得轻盐创投的定增投资体系化、标准化、可复制化。

公司完美地抓住了2020年定增新规的历史机遇。实际上公司在2019年年底便着手做准备，将账上的资金快速投入首批定增项目，展现了其专业性和魄力。当时市场位置不高，定增竞价也不激烈，公司的投资自然取得了不错的回报。而不像有些机构看到赚钱效应、搞懂定增的基本逻辑才进来，此时已错过最好的参与时机。

3．今日之轻盐创投

（1）定增品牌影响力突出

企业是社会资源的组织形式，任何领域的领先者优势都体现在社会资源的组织能力大幅领先对手，轻盐创投在定增领域的品牌积累是其最大的无形资产。公司在定增领域深耕多年，与券商、上市公司、各类投资者建立了广泛深度的连接，能够将信息、项目有效转化为投资收益，并形成正反馈。

（2）业务模式日趋综合、稳健

公司业务模式已从定增投资转型至资产配置，从而展现出更强的经营稳定性。作为资产底仓的定增仍是公司主力板块，同时，公司逐步向资产配置方向迈进，广泛涉足固定收益、雪球、量化、高收益城投债、新三板等资产类别。

4. 外部效应

（1）参与定增投资也是助力上市公司成长

A股市场很多有竞争力的企业都是在资本市场一步步发展起来的，它们的成长离不开定增的助力。轻盐创投累计为超过200家上市公司融资提供过服务，为它们的发展壮大添砖加瓦。

（2）定增也是投资好品类

轻盐创投的定增模式给了市场极好的外部效应，让更多的投资者熟悉定增，带动他们参与定增投资，这有利于资本市场，尤其是中小市值上市公司的再融资发行。

公司的外部效应还体现在为湖南其他机构输送了很多投资专业人才，说其是"定增界黄埔军校"一点也不夸张。

5. 总结

大型公募基金及私募基金通常会投资流动性好的市场或品种，这是由其较大的规模以及追求即时排名的属性决定的，因此它们倾向于寻找带来巨大交易量的投资机会。在这些领域，信息高效流动，定价也更加高效，想要获得超额收益对投资者的考验极大。而流动性差的市场，通常被人们遗忘在角落里，容易出现定价有效性不足的品种。

轻盐创投带着为集团公司理财的使命出发，走出了定增投资这一差异化路线，并取得了骄人的成绩，开创了一个相互成就的平台，这一平台让优质项目被发现，让员工成长，让股东放心。

4.2.3 财通基金：起于定增，高于定增

财通基金作为定增市场最大的参与者之一，据 Choice 统计，其自 2020 年定增新规到 2022 年 3 月底，已参与定增项目 369 个，位列全市场首位。

作为他们的客户，我们在与他们接触的过程中发现，他们对投资活动充满激情，起家于定增的他们并没有把自身局限在定增的框架体系之内，而是不断创新，除了引领定增投资的潮流，不断迭代定增策略，还展现出了综合

型资产管理机构的新气象。

1. 起家于定增

2013 年,某上市公司收购资产募集配套融资启动报价,财通基金认购金额占总募资金额的比例高达 25%,事后看来这也只是财通基金正式进军定增市场的小试牛刀。

从 2011 年成立至 2022 年 3 月底,据 Choice 统计,财通基金累计投资近 1000 个定增项目,共计参与金额超过 2200 亿元,定增策略迭代 6 轮,被市场冠以"定增王"的称号。

2020 年定增新规颁布后,公司也迅速在这一优势领域取得了不俗的战绩,是新规颁布以来定增投资最活跃的机构之一。能够在最新一轮定增新规颁布后迅速抓住机遇,源于公司长期深耕定增市场带来的竞争优势。如果机会来临,没有丰富的定增经历和卓越的团队,他们不可能成功,从这点来说财通基金在定增中无疑是真正优秀的投资者。

2. 今日之财通基金

(1)资产类别:高于定增

- 定增仍是公司优势业务之一

经历过定增周期的人都知道,定增投资是高波动的,让定增直接面向客户具有很强的不确定性,客户体验也是比较差的。财通基金更多是把定增作为资产配置的核心品类,为不同客户提供不同的资产管理解决方案。

定增投资采用组合方式愈加重要,基于此,财通基金针对定增资产为多家券商自营、私募基金及高净值人群提供了差异化的资产管理解决方案。

- "固收+"业务稳步前行

在市场对权益类风险偏好放大、纯固收绝对收益下降的背景下,"固收+"受到市场越来越多的关注,一般机构都会股债兼容,结合了股票和债券的优势。固收部分收益主要源自相对稳定的债券票息,如国债、地方政府债券、央行票据等;而"+"部分属于增强收益,如股票、股指期货、可转债等,力争通过承担短期的波动追求长期的较高收益。

财通基金通过"固收+"的方式对定增策略进行"再组合",希望通过资产配置组合进一步平滑传统定增纯多头组合的波动,进一步对冲、降低整体组合投资的风险,在传统"固收+"股债配置的基础上力争贡献定增的独特收益。

- 定增量化业务独树一帜

历史数据显示,折扣收益是定增投资重要收益来源之一,如果能够通过对冲,将定增的折扣从组合 β 中剥离出来,力争使有意愿的投资者获得定增股票不菲的折扣,打造一个全新的资产类别。这一资产类别较少承担底仓的波动,是一个非常优质的资产品类。

财通基金量化团队基于公司在定增市场的优势,开发了一款定增量化产品。这一产品构建定增多头和股指期货空头组合,实现了多空对冲,为投资者提供了一款独特的低风险资产类别。

(2)团队搭建彰显实力

优秀的投资者一定是独立思考问题的,区别于其他公募基金,财通基金的投研及团队搭建也是独辟蹊径的。在投研团队建设方面,公司搭建了一支50人左右的团队;而在定增领域,他们拥有自己的专业团队,专门覆盖全市场定增项目。

第 5 章

可交债发行

随着全市场首例可交债（13福星债）在2013年成功发行，可交债作为上市公司股东发行的一个兼具融资和减持双重属性的金融工具，也在不断地发展壮大。

本章主要介绍可交债在国内的发展历程，以及上市公司股东发行可交债的意义，并结合众多经典案例分析可交债的创新应用。

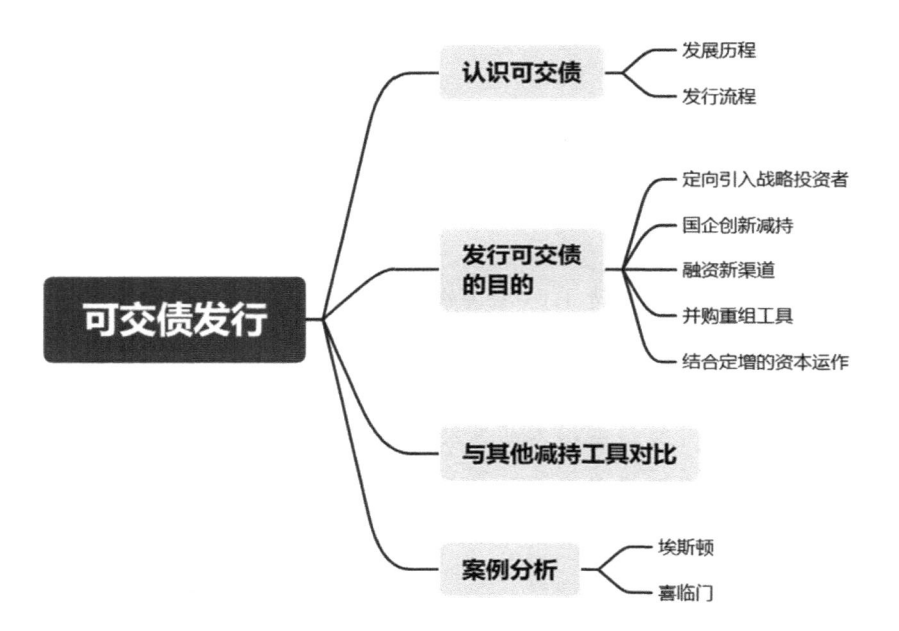

```
                              ┌── 发展历程
                ┌─ 认识可交债 ─┤
                │             └── 发行流程
                │
                │                 ┌── 定向引入战略投资者
                │                 ├── 国企创新减持
                ├─ 发行可交债 ────┼── 融资新渠道
                │   的目的        ├── 并购重组工具
  可交债发行 ───┤                 └── 结合定增的资本运作
                │
                ├─ 与其他减持工具对比
                │
                │             ┌── 埃斯顿
                └─ 案例分析 ──┤
                              └── 喜临门
```

5.1 认识可交债

可交债（Exchangeable Bond，又称 EB）是上市公司股东（下称发行人）发行、在一定期限内依据约定条件可以交换成发行人所持有的上市公司股份的债券品种。可交债与上市公司公开发行的可转债有相似之处，因此也被称为广义上的可转换债券。

5.1.1 可交债入门

可交债分为私募可交债和公募可交债两种。私募可交债是非公开发行的可交债，一般通过非公开询价确定投资者，面向合格投资者，每次发行对象不能超过 200 人。公募可交债是公开发行的可交债，一般采用网上和网下发行，非向特定对象发行，发行后在交易所进行交易。

私募可交债简要示意如图 5.1 所示。简单来说，就是股东将所持股票质押，向投资者借款，并约定换股价。未来若股价上涨，投资者将借款换成股票，股东实现减持，债务消失。未来若股价下跌，投资者没有机会换股，股东需要偿还借款，并拿回质押的股票。因此，可交债是股东的减持或者融资工具。

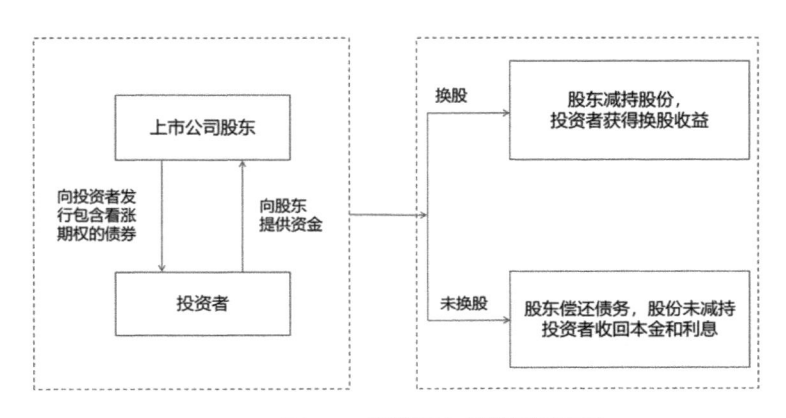

图 5.1　私募可交债简要示意图

相对于公募可交债，私募可交债对发行人的要求低一些，发行方式也灵活一些，发行人可以筛选投资者。私募可交债和公募可交债的区别如表 5.1 所示。因为 PIPE 投资的工具主要为私募可交债，所以本书也以此来讨论。

表 5.1 公募可交债和私募可交债对比

对比条件	公募可交债	私募可交债
审批机构	证监会审批（公司债通道）	交易所审核（实际为备案制）
对发行人要求	对净资产的要求：不少于 3 亿元；对利润的要求：3 个会计年度实现的年均可分配利润不少于公司债券 1 年的利息的 1 倍	对净资产的要求：无明确要求；对利润的要求：无明确要求
换股价格	不低于发行日前 1 个交易日、前 20 个交易日的交易均价的孰高者	不低于发行日前 1 个交易日、前 20 个交易日的交易均价的孰高者
债券期限	最短 1 年，最长不超过 6 年	不短于 1 年
换股期起始日	发行满 1 年	发行满 6 个月
标的股票	标的股票所属上市公司最近一期末的净资产不低于人民币 15 亿元或最近 3 个年度加权平均净资产收益率不低于 6%；申请时标的股票非限售	预备用于交换的股票应在发行时不存在限售条件
质押率	发行总额不超过按募集说明书公告日前 20 个交易日均价计算的市值的 70%	窗口指导：质押率不低于 100%
发行方式	网上和网下发行	私募发行，投资者确定相对灵活
交易	深交所/上交所	挂牌转让

资料来源：证监会、上交所、深交所、万得资讯

历史上发行的可交债也以私募可交债为主，截至 2021 年 12 月 31 日，全市场共计发行 356 个可交债项目，合计募资 4361.37 亿元，其中，私募可交债数量为 331 个，占比为 92.69%；私募可交债总金额为 3245.67 亿元，占比为 74.41%。金额占比略低于数量占比，主要是因为私募可交债的平均规模相比公募可交债更小。

5.1.2 可交债发展历程

可交债的发展历程伴随着相关法律规范一起发展，作为股东的减持或融

资工具，可交债的发展还与上市公司股东减持规定及融资环境息息相关。因此，可交债的发展历程有很多波折。

1. 可交债市场的法规建设

为了缓解"大小非"解禁对市场的冲击，证监会出台《上市公司股东发行可交换公司债券试行规定》（证监会公告〔2008〕41号，2008年10月17日），首次提出上市公司股东可发行可交债用于减持。

由于当时国内整个信用债市场都处于起步阶段，以上规定出台后的5年时间内没有可交债成功发行的案例。直到2013年5月30日，深交所在《深圳证券交易所中小企业私募债券业务试点办法》（深证上〔2012〕130号）等相关规定的基础上向各券商下发《关于中小企业可交换私募债券试点业务有关事项的通知》，为首单私募可交债的发行创造了良好的条件。

2013年10月14日，深交所迎来了首单私募可交债"13福星债"的成功发行。该债券由创业板上市公司福星晓程（300139.SZ，现已更名为晓程科技）第三大股东武汉福星生物药业有限公司发行，发行规模2.565亿元。

2014年首单公募可交债"14宝钢EB"问世，推动了相关配套政策的出台，进一步完善了可交债的监管体系。

2015年1月15日，《公司债券发行与交易管理办法》（证监会令第113号）出台将可交债纳入公司债券管理范畴，随后上交所发布《上海证券交易所非公开发行公司债券业务管理暂行办法》（上证发〔2015〕50号）、深交所发布《深圳证券交易所非公开发行公司债券业务管理暂行办法》，进一步明确了非公开可交换公司债券的具体要求。至此，公募可交债和私募可交债监管体系趋于完善，为可交债的快速放量奠定了基础。

可交债市场的法规建设历程如图5.2所示。

2. 可交债发展阶段

可交债自推出以来，历年规模和项目数量跟随股市行情有一定的起伏（见图5.3）。可交债的发展历程可分为下几个阶段。

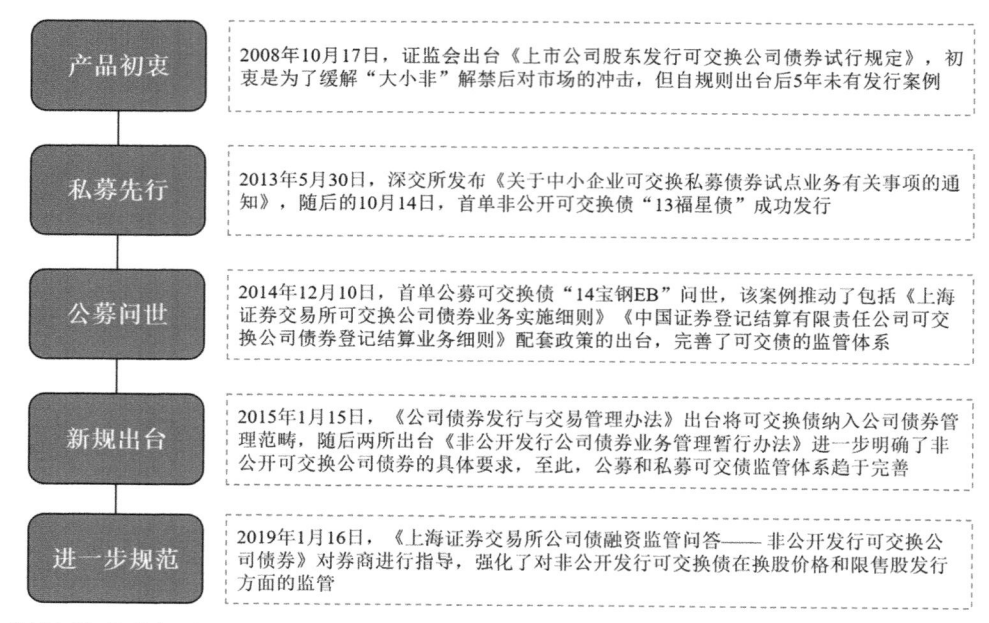

产品初衷	2008年10月17日，证监会出台《上市公司股东发行可交换公司债券试行规定》，初衷是为了缓解"大小非"解禁后对市场的冲击，但自规则出台后5年未有发行案例
私募先行	2013年5月30日，深交所发布《关于中小企业可交换私募债券试点业务有关事项的通知》，随后的10月14日，首单非公开可交换债"13福星债"成功发行
公募问世	2014年12月10日，首单公募可交换债"14宝钢EB"问世，该案例推动了包括《上海证券交易所可交换公司债券业务实施细则》《中国证券登记结算有限责任公司可换公司债券登记结算业务细则》配套政策的出台，完善了可交债的监管体系
新规出台	2015年1月15日，《公司债券发行与交易管理办法》出台将可交换债纳入公司债券管理范畴，随后两所出台《非公开发行公司债券业务管理暂行办法》进一步明确了非公开发行可交换公司债券的具体要求，至此，公募和私募可交债监管体系趋于完善
进一步规范	2019年1月16日，《上海证券交易所公司债融资监管问答——非公开发行可交换公司债券》对券商进行指导，强化了对非公开发行可交换债在换股价格和限售股发行方面的监管

资料来源：证监会、上交所、深交所

图 5.2　可交债市场法规建设历程

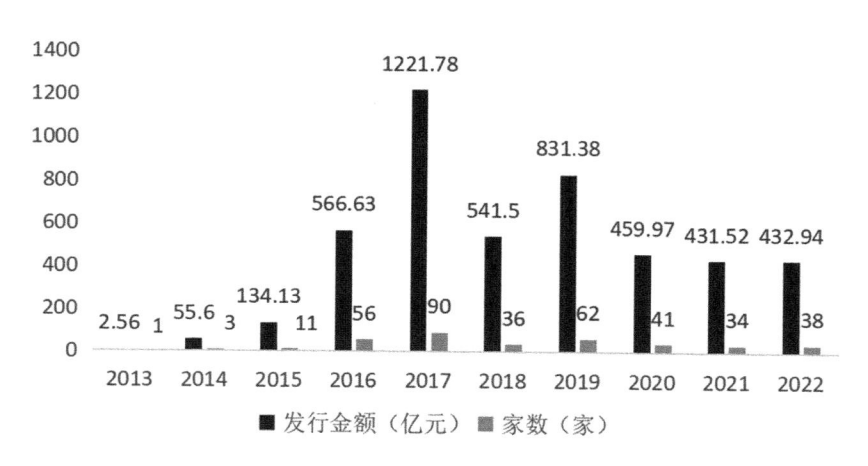

发行金额（亿元）与家数（家）：

年份	发行金额（亿元）	家数（家）
2013	2.56	1
2014	55.6	3
2015	134.13	11
2016	566.63	56
2017	1221.78	90
2018	541.5	36
2019	831.38	62
2020	459.97	41
2021	431.52	34
2022	432.94	38

数据来源：万得资讯（截至2022年12月31日）

图 5.3　可交债历年发行金额及家数（2013—2022年）

（1）2013—2014年，孕育阶段

由于政策刚推出，很多上市公司股东对这一新品种的认识还不够深入，市场上可供参考的案例也几乎没有，这个阶段市场处于萌芽期。2013年仅有一单可交债发行，2014年全市场也仅有三单可交债（即"14海宁债""14歌尔债""14宝钢EB"）发行，合计募资55.6亿元。

（2）2015—2017年，爆发阶段

2015年公募可交债和私募可交债监管体系趋于完善，当年可交债发行量就达到了11家，总募资134.13亿元。2016年、2017年私募可交债的发行量迎来暴增，总发行家数分别达到了56家、90家，这不仅得益于市场案例的增多，还有以下几个重要原因：2016年以来小市值公司成交量逐步走低，股东减持存在一定的压力；2017年政策层面对上市公司股东通过大宗交易及二级市场减持有一定的限制，股东通过可交债减持具有明显的优势。

（3）2018—2019年，低迷阶段

2018年随着股市走弱，持有可交债的投资者很难有机会换股，因此投资热情降低。同时，2018年有很多公司大股东资金趋紧，市场出现了首单可交债违约事件，进一步打击了投资者的投资热情。由于市场情绪较差，很多发行人也不愿意下修换股价，因为下修换股价会带来股价下跌的负反馈，进而影响大股东的融资能力。

2018年9月28日，上市公司飞马国际（002210.SZ）公告称，其控股股东飞马投资可交换公司债"16飞投01""16飞投02"未能如期兑付，构成实质性违约，这是国内首个可交债违约项目。

2019年股市回暖，可交债的发行困难状况也逐步得到了缓解，但仍没有回到2016年、2017年的高点。

（4）2020年以来，"新常态"阶段

2020年以来，可交债发行规模相对平稳，没有跟随股市回暖出现进一步放量。主要原因在于一方面，发行人可以选择其他方式融资或减持；另一方面，投资者也被可转债的投资分流。

2020年可交债市场共有41个项目发行，合计募资459.97亿元。2021年有34个项目发行，合计募资431.52亿元。

5.1.3　可交债发行流程

私募可交债发行流程相对简单，不需要证监会审核，仅需取得交易所无异议函即可，对发行人的要求也没有公募可交债高。私募可交债的发行主要包括项目准备、申报、取得无异议函、发行、挂牌五个环节。

1．项目准备环节

上市公司股东会同中介机构（由投行牵头，审计师事务所、律师事务所参与，部分项目会有评级，因此也需要评级机构）进行方案设计、申报材料准备工作。也有些发行人会在此阶段接触意向投资者，根据双方诉求进行方案设计。

2．申报环节

投行项目组将申报材料提交给交易所，等待反馈。交易所进行问题反馈及提出材料修改意见。

3．取得无异议函环节

由于不需要实质性审核，可交债审批一般进度较快，顺利的话 1 个月左右的时间就会取得交易所无异议函。

4．发行环节

有些项目前期已经确定意向投资者，也有些项目这个阶段需要投行资本市场部进行推介。投行对投资者意向认购情况进行评估，在确定足够认购量后启动发行，部分项目由于短期难以募集完成也会分几期发行。发行定价方式有以下两种：

- 发行人和投资者私下协商，直接签订认购协议。
- 投行组织非公开竞价，通过竞价确定投资者。竞价主要分为报换股价或票面利率。以最近发行的某可交债为例，其竞价采用票面利率竞价方式，但由于市场反响热烈，投资者报价都在利率下限，最终承销商采用时间优先原则进行配售。

5．挂牌环节

发行完成后，5 个工作日内向中国证券业协会备案。在备案完成后，由承销商申请 EB 挂牌。未进入换股期的前 6 个月，EB 不可换股，但可以在固定收益平台转让。

5.2　为何要发行可交债

可交债由于隐含看涨期权，因此可以降低发行人的融资成本，也可以通过设定较高的换股价帮助发行人实现溢价减持。发行人发行可交债有以下几种主要意义。

1. 盘活资产，提高资金使用效率

发行人发行可交债可以提前拿到募集资金，若未来股价上涨，便能以约定的价格减持。若等股价上涨直接减持股票，资金使用效率会比发行可交债低。

2. 拓宽融资渠道，投资者结构更加多元化

可交债在交易所市场发行，投资机构包括银行、保险、券商等机构。与传统融资方式相比，可交债可有效地拓宽融资渠道。

3. 创新减持上市公司股票

若股东对当时市价不满意，可设置高于当时市价的换股价，相当于溢价减持。若未来市场环境较差，股价下跌，发行人也可下修换股价，以更适合当时市场环境的价格减持。

4. 降低融资成本

可交债由于质押和附带股票期权，融资成本低于一般公司债券、中期票据、企业债券等，也低于股权质押融资的利率。

发行人发行可交债的目的较为多元，以下分享一些典型的需求及对应案例。

5.2.1　定向引入战略投资者或进行股权激励

私募 EB 采用非公开方式发行，发行人在条款及投资者确定方面拥有自主权，因此发行人（一般是上市公司大股东）可以通过私募 EB 引入特定对象，如战略投资者，或通过员工持股计划实现有保底的定向激励。

1. 美凯龙通过可交债引入战略投资者（下称战投）阿里

2019 年 5 月 16 日，美凯龙（601828.SH）公告，控股股东红星控股发行可交债 43.594 亿元，全部由阿里巴巴（中国）网络技术有限公司（下称阿里）认购。可交债期限为 5 年，初始换股价为 12.28 元/股，如可交债全部换股后，阿里将获得美凯龙总股本 10%的股份，如图 5.4 所示。

红星·美凯龙 MACALLINE

红星美凯龙家居集团股份有限公司

证券代码：601828　　　证券简称：美凯龙　　　编号：2019-050

红星美凯龙家居集团股份有限公司
关于控股股东非公开发行可交换公司债券
发行完成的公告

本公司董事会及全体董事保证本公告内容不存在任何虚假记载、误导性陈述或者重大遗漏，并对其内容的真实性、准确性和完整性承担个别及连带责任。

图 5.4　红星控股可交债发行完成公告

随后公司公告通过与阿里的战略合作，可以将阿里在新零售领域的先进经营理念与技术支持引入到公司家具建材及家居商场的主业经营中，提升经营效益，进一步推动公司的线上线下业务融合。

对发行人红星控股来说，这种方式可以提前获得低成本的资金，该债券第一年和第二年票面利率为 3.25%，第三年至第五年票面利率仅为 1%，融资成本极低。若未来股价上涨，阿里将可交债换股，红星控股便实现以 12.28 元/股的价格溢价减持（可交债发行日 2019 年 5 月 14 日美凯龙股票收盘价为 11.78 元/股）。

而对阿里来说，能够通过自身在新零售领域的资源帮助美凯龙改善经营业绩，同时实现一笔有保底的投资。相比于通过定增参与上市公司的战略投资，这种方式面临的风险要小很多。

由于发行之后美凯龙股价一直处于下行周期，该可交债尚未实现换股，仍以债券的形式存在。

2. 久其软件向员工持股计划发行可交债

很多上市公司直接采用员工持股计划在二级市场购买股票对员工进行激励,若股价下行导致持股计划亏损则会失去激励效果。而采用限制性股票或者期权方式激励又会产生股份支付费用,影响当期利润。因此,可交债作为一种员工股权激励工具被一些公司采用。

2015年7月17日,久其软件(002279.SZ)大股东久其科投以其持有的久其软件股份作为标的发行了0.5亿元可交债(15久其科投EB)。该可交债由上市公司员工通过资产管理计划作为单一投资者认购,票面利率定价较高,达到10%,这一操作对员工有保障的同时也有激励效果,如图5.4所示。为了让激励和考核目标深度绑定,该可交债换股起始日较晚,为2018年2月19日。债券到期日为2018年7月13日,在换股期内,公司股价不高,但持有三年票面利率可获得较大补偿,对员工也是一种激励。

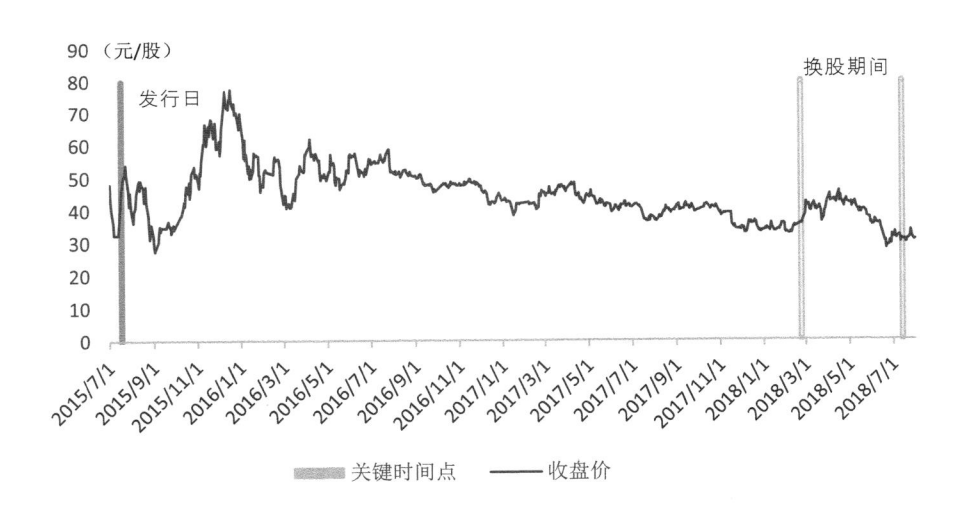

数据来源:万得资讯

图5.5　15久其科投EB时间安排

5.2.2　国企创新减持,盘活资产

部分国企会选择通过可交债创新减持所持上市公司股份。国企股东发行

可交债提前拿到募集资金，同时约定一个高于发行时上市公司股价的换股价。在未来投资者换股时，国企股东顺利实现减持的目的。

在可交债筹备期间，发行人便可将方案上报给上级部门审批，这更符合国企的决策流程。若通过二级市场减持股份，可能面临股价的大幅波动，从而错失减持良机。另外，如果换股价定得较低，可能会担心承担资产流失的追责风险，所以，一般换股价定得都比较高，成功则能实现溢价减持。因为该类发行人资质较好，所以有些国企会选择公募可交债，虽然换股溢价率相对较高，但仍然受到市场的追捧，也有很多国企选择私募EB。

因发行人意愿不同，在条款设计上也有较大的差异。另外，由于下修换股价需要上级部门批准，因此很难给出自动下修这种有利于投资者的条款。在实际案例中，即使触发下修条款，发行人通常也很难执行下修条款。

2021年5月19日，许继电气（000400.SZ）公告，控股股东许继集团以其所持公司部分A股股票为标的，面向合格机构投资者非公开发行的可交债已发行完成，具体要素如表5.2所示。债券初始换股价为15.60元/股，相对发行日收盘价13.10元/股溢价19.08%，由于债券和发行主体信用评级均为AA+，最终票面利率仅为0.01%，可谓利用高溢价减持盘活资产的典范。

表5.2　21许继EB要素表

债券简称	21许继EB	债券代码	117186
标的公司	许继电气	债券规模	5.61亿元
债券期限	2年	初始换股价	15.60元/股
票面利率	0.01%	付息频率	每年付息一次
起息日期	2021/5/18	转股期间	2021/11/19—2023/05/17

资料来源：许继电气公告、万得资讯

大咖说

21许继EB，对发行人许继集团来说，是以极低的融资成本（票面利率仅为0.01%）先行获得资金，未来若投资者换股还能溢价减持股份。作为本次可交债的投资者，我们看好新能源汽车发展带来的特高压电网的建设，但直接买股票面临亏损本金的风险，因此选择这一"进可攻，退可守"的品类。在投资领域，对基本面的判断加上良好的交易结构是成功的关键。

——江源投资江艳

5.2.3　民营企业的融资新渠道

民营企业尤其是产能过剩行业的企业，以及小型民营企业通常面临融资难或融资成本高的问题，发行可交债可降低融资成本。这类发行人短期通常面临困境，甚至会出现可交债发行都困难的尴尬局面。

2016 年工程机械行业景气度处于低谷，并且迟迟不见回暖迹象，工程机械行业龙头三一重工（600031.SH）过去两年业绩连续大幅下滑，股价也处于相对低位。控股股东三一集团主体评级为 AAA 级，但面临融资成本高的难题，因此选择通过可交债融资。

2016 年公司先后两次发行可交债，由于发行人评级较高，以及标的公司股价具有很强的周期波动性，可交债隐含的期权价值较高，两期可交债发行均获成功。其总融资规模 73.5 亿元，融资利率为 3%～3.6%。由于发行时股价处于低位，而发行人意向减持价格较高，为 7.5 元/股（当时股价在 5 元/股左右），两期换股溢价率分别为 46.19%、31.34%，如图 5.6 所示。

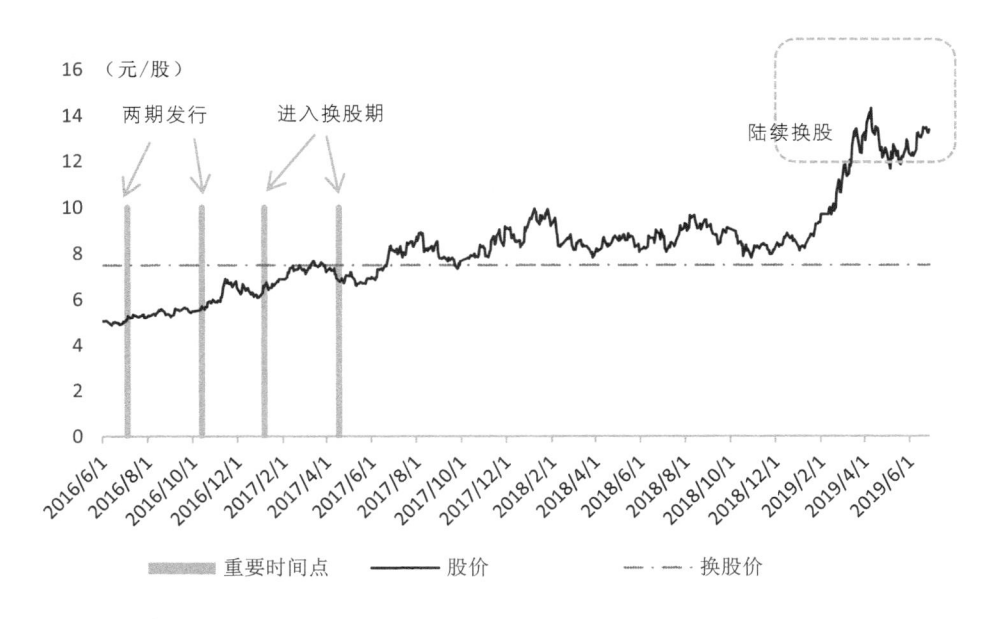

数据来源：万得资讯

图 5.6　三一重工 2016 年两期可交债发行时间

两期可交债核心要素如表 5.3 所示，第二期可交债由于换股溢价率比首期更低，所以票面利率略低，最终两期可交债在 2019 年全部完成换股，意味着三一集团顺利实现溢价减持的目的。

表 5.3 三一集团 2016 年发行的两期可交债核心要素

可交债	起息日	总规模（亿元）	利率（%）	债券期限（年）
16 三一 EB	2016/7/4	53.5	3.6	6（3+3）
三一 02EB	2016/10/13	20	3	6（3+3）

资料来源：万得资讯

5.2.4 并购重组中的一个利益安排工具

一些需要资金参与上市公司资本运作的大股东，若通过二级市场减持套现可能会冲击股价，进行质押融资又面临较高的资金成本，通过可交债融资用于借给上市公司进行并购重组，或者用于大股东体外资产培育，则会避开以上两个问题。

1. 首旅酒店用可交债支付私有化收购如家的对价

2015 年 7 月首旅酒店（600258.SH）公布私有化收购如家（HMIN.O）重组方案，该重组方案其中一部分为通过发行可交债定向给沈某某等原如家股东支付对价，占上市公司股份的 8%。由于是支付工具，该债券利率较低，仅为 0.095%，债券期限为 3 年。这种创新支付方式能够让沈某某等原如家股东的风险可控，从而提高其积极性。

相较于重组后的非公开发行股份方式在价格以及时间上的不确定性，可交债作为支付工具在重组阶段即锁定价格以及股份变动。同时用老股引进新股东避免了股份的稀释，还减少了并购重组中其他股东的阻力。

2. 埃斯顿大股东发行可交债和上市公司一起进行跨境收购

2019 年 8 月 26 日，埃斯顿（002747.SZ）公告控股股东南京派雷斯特科技有限公司（下称派雷斯特）完成可交债第一期的发行工作，共募集资金 4 亿元，用于支持上市公司埃斯顿的经营发展。

根据上市公司后续公告可知，派雷斯特利用募集资金与埃斯顿共同成立合资公司用于收购海外标的资产 Cloos，交易结构如图 5.7 所示。

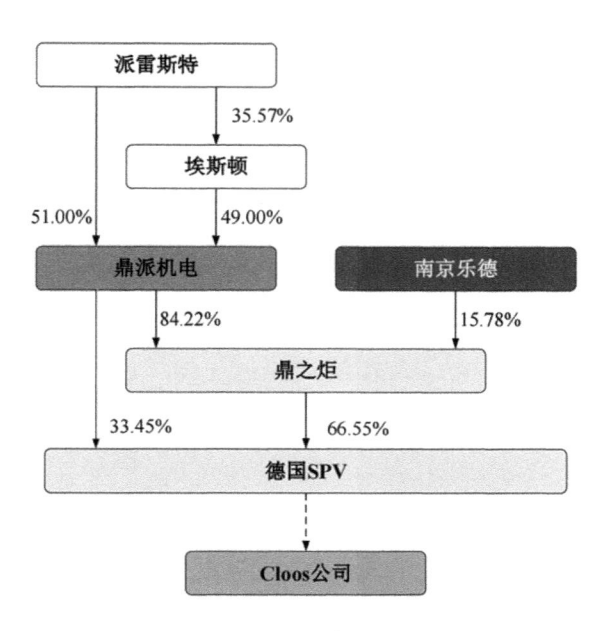

图 5.7 派雷斯特收购海外资产时的交易架构

埃斯顿后续通过发行股份收购派雷斯特持有的海外资产对应股份。海外资产一般不愿意接受上市公司通过换股直接进行收购，因为通过这种方式收购的审批周期太长，因此它们更愿意接受现金支付。而本案例中，收购发生时埃斯顿所在的机器人行业处于景气度的低谷期，公司难以在短时间内筹集这么多资金。于是，大股东采用可交债方式筹集资金先行购买海外资产，后续再卖给上市公司，这种方式可以有效规避不确定性。

5.2.5　与定增结合进行组合操作

大股东发行可交债可实现溢价减持，参与上市公司定增则是折价，因此进行"溢价发行可交债，折价参与定增"组合操作，可以完美实现资本运作。这种操作涉及规范性问题，因此需要选择合适的时间节点，比如不能在 6 个月内反向交易，需要做到合法合规。

2015年6月19日和7月29日，东旭光电（000413.SZ）两次公告控股股东东旭集团发行换股价为12元/股的可交债，募资总规模31亿元，对应股本合计约2.58亿股。2015年12月8日，东旭光电公告定增价格为6.82元/股，东旭集团认购4.40亿股，占比37.50%，东旭集团认购总金额约30亿元。

在以上方案执行前，东旭集团持有27.14%的东旭光电股份。本次定增后东旭集团持股比例为30.31%。若可交债对应2.58亿股未来全部被换股，则东旭集团持股比例降为23.57%。该方案中，大股东没有实际出资。东旭光电也可以直接向社会定增30亿元，但大股东股权比例下降至18.84%。若可交债投资者最终没有换股，公司需要筹集资金偿还债务，但持股比例将提升至30.31%。

5.3 可交债与其他减持及融资方式对比

可交债具有融资及减持属性，与股权质押的融资方式，以及大宗交易减持和二级市场减持相比，在减持限制、融资规模、对股价影响、期限和成本等方面有很多区别，具体详见表5.4所示。

表5.4 私募EB与其他减持及融资方式对比

	私募EB	股权质押	大宗交易减持	二级市场减持
减持限制	不得涉及控制权变更	—	90个自然日不超过2%	90个自然日不超过1%
融资规模	维持担保比例在募集说明书中约定，折扣率70%~100%，融资规模大	质押率较低，一般低于50%，很多小市值公司质押率20%~30%	—	—
对股价影响	市场反应中性	反应不大，但若质押率过高，投资者会警惕	负面	负面
期限	不短于1年，2~3年的较多	1年或以内	—	—
成本	0~10%，利率低；但涉及中介机构费用	7%~10%	—	—

5.4 案例分析：埃斯顿与喜临门

下面以埃斯顿和喜临门的可交债案例来分析。

5.4.1 埃斯顿通过可交债发行，市值站上 300 亿元

2021年7月8日，埃斯顿股价盘中触及42.42元/股，市值达到了368亿元。公司的市值在上市的前5年一直在一百亿元附近徘徊，从2020年6月以来则一路高歌猛进。除工业机器人行业回暖外，公司这几年在工业机器人领域的精准布局也是股价大涨的重要推动力，其控股股东在2019年通过可交债融资将全球焊接机器人巨头Cloos揽入麾下便是重要一步。

1. 国产工业机器人龙头的艰难突围

埃斯顿成立于2002年，以研制机床数控系统起家，后延伸至伺服系统，在金属切割领域市占率较高。2012年通过自建团队的方式切入工业机器人领域，经过7年的发展，在2019年旗下的多关节机器人销量达到4000台，稳居国内第一，但市占率只有3%左右，与工业机器人巨头发那科、ABB、安川、库卡"四大家族"相比仍有很大差距。这种差距不仅体现在产值上，更体现在应用领域上。当时埃斯顿六轴机器人仅用于码垛、搬运、折弯等精度较低的领域，而汽车、3C等高端应用领域是"四大家族"的天下。

我国工业机器人产业链是本体和集成商分离，而国内系统集成商大多是ABB、西门子这些公司的员工出来创业建立的，所以本体和集成商利益绑定较深，新进入者很难打破这个局面。以在科创板上市的集成商江苏北人（688288.SH）为例，创始人为ABB出身，本体主要从发那科、ABB、安川等公司采购，国内每年十几万台的六轴机器人份额主要由"四大家族"占据。

由于汽车、3C等高端应用领域难以切入，加上埃斯顿的本体售价低于竞争对手近30%，这块业务的盈利能力一直较弱。作为制造业大国，中国工业机器人需求占据全球45%的份额，但身为国产工业机器人龙头的埃斯顿市值

自上市起至 2019 年一直在一百亿元左右徘徊,也从侧面反映出公司业务突围的艰难。

2. 巧妙收购焊接机器人巨头 Cloos

2019 年焊接机器人巨头 Cloos 在全球范围内寻找买家,埃斯顿管理层意识到将 Cloos 揽入麾下是工业机器人业务突围的重要机遇,便全身心地参与竞标,他们也是中国唯一的竞标者。

正所谓机会是给有准备的人,Closs 管理层不仅被中国市场吸引,也被埃斯顿在机器人领域的布局及团队的专业精神打动。最终,上市公司埃斯顿联合控股股东派雷斯特及外部投资者成立的 SPV 于 2019 年 8 月以 1.96 亿欧元收购了 Cloos。

收购资金中,虽然有银行并购贷及外部资金的支持,但大股东派雷斯特仍需出资近 4 亿元。如其在二级市场减持股份势必会冲击股价,通过股票质押融资也面临着诸多的问题,而管理层又不想放过这一历史机遇。彼时,受中美贸易争端的影响,机器人下游企业资本开支意愿降低,特别是占据机器人应用半壁江山的两大应用领域——汽车、3C 资本开支的走低,导致机器人行业景气度连续多个季度低迷,且迟迟没有见底的迹象。公司股价虽然 PE 倍数较高,但总市值处于低位。这个时候若抛出减持计划,股价必将再下一个台阶,所以公司管理层最终选择通过可交债方式融资。

3. 可交债融资

根据埃斯顿的公告,控股股东派雷斯特原计划募集 6 亿元,由于时间紧迫,在可交债条款上做了诸多让步,从此处也足以见其胸怀和格局。但由于市场环境仍然较差,投资者也担心跨境收购的风险,最终仅募集 4 亿元。

可交债发行当日公司股价在 8.5 元/股左右,初始换股价定在 9.5 元/股,相当于公司在低位以自己持有的上市公司股票作为担保物发行了债券,提前以很低的融资成本拿到资金。若未来公司股价上涨,债券持有人可将持有的债券以 9.5 元/股换成股票,而上市公司大股东相当于在 8.5 元/股的时候提前锁定了 9.5 元/股的减持价格,也就是溢价 11.7%进行减持。可交债相关条款如表 5.5 所示。

表 5.5　埃斯顿可交债相关条款

项　目	说　明
债券简称	19 派雷 E1
发行人	南京派雷斯特科技有限公司
债券期限	3 年
换股期	2020/02/24 至 2022/08/19（发行期结束之日起 6 个月后）
发行规模	4 亿元
票面利率	固定利率，第一年 1%，第二年 2%，第三年 3%
到期补偿	在本次发行的可交换公司债券兑付日，换股期内合计有二十个交易日上市公司股价达到换股价的 109% 时，发行人按面值兑付，否则发行人将以本次发行的可交换公司债券的票面面值的 109%（不含最后一期年度利息）的价格向投资者兑付全部未换股的可交换公司债券
换股价	9.5 元/股

资料来源：万得资讯

2021 年，埃斯顿以 1.96 亿欧元收购的 Cloos 和 Estun 机器人一同在展会上大放异彩，帮助它拿下第一个汽车行业的大订单。从事后来看，公司虽在股价的低位减持了 4 亿元的股权，但揽下的 Cloos 却帮助公司将市值从 100 亿元跃升到了 300 亿元。

4．埃斯顿海外收购的启示

（1）逆向思维，行业低迷时出手并购

在行业景气度较低时，公司股价处于低位，对应收购标的的估值也较低。这个时候采用现金方式收购更划算，埃斯顿便是采用逆向思维，在行业低谷时出手。当然这个时候一般面临融资难的困境，埃斯顿只能选择由大股东发行可交债进行融资。从这里可以看出，并购如同投资，逆向思维很重要。

（2）先内部孵化，再大手笔收购

大部分收购都以整合失败告终，而同行业收购风险要远小于跨行业收购，因此，埃斯顿采用了先内部孵化，再大手笔收购的方式。在收购 Cloos 的时候，埃斯顿的管理层已经在工业机器人领域深耕 7 年，早已拓展了能力圈。在此之前，公司也已经进行过多次海外收购，对海外收购的整合风险有着充分的认识。

（3）守正出奇，才能打破巨头垄断

为了打破"四大家族"在工业机器人领域的垄断格局，公司管理层做了很多努力：收购意大利 MAI、自己做集成样板、拿下运动控制领域知名企业 TRIO 等，这次通过海外收购 Cloos 获取中厚板焊接技术也是一次重要的突破。

（4）与资本市场沟通充分，拥有正确的市值管理理念

公司管理层给市场的预期以及展现出来的行动力都堪称优秀，作为国产工业机器人龙头的定位更是持续获得很多外资的青睐。

5. 后续定增融资

2020 年公司股价迎来腾飞，埃斯顿也开启了定增融资之路，通过定价定增引进通用技术、制造业转型基金、小米基金等战略投资者，后来由于监管政策调整被迫放弃，改为询价定增。

该询价定增吸引了国内外众多知名投资者（见图 5.8），并于 2021 年 7 月 2 日公告完成，体现了公司的价值逐步获得市场的认可。本次定增共募集 7.95 亿元，发行价格 28 元/股，对应公司总市值 243 亿元。公司在市值低位选择用现金收购 Cloos 股权，而不是换股，并在公司价值得以体现后进行定增融资，这一系列操作体现出管理层对资本市场的理解游刃有余。

序号	发行对象名称	获配股数（股）	获配金额（元）	锁定期（月）
1	杨杰	2,857,142	79,999,976.00	6
2	富国基金管理有限公司	10,178,571	284,999,988.00	6
3	JPMORGAN CHASE BANK, NATIONAL ASSOCIATION	4,642,857	129,999,996.00	6
4	南方基金管理股份有限公司	3,857,142	107,999,976.00	6
5	张忠孝	1,785,714	49,999,992.00	6
6	MORGAN STANLEY & CO. INTERNATIONAL PLC.	4,602,857	128,879,996.00	6
7	安联环球投资新加坡有限公司	468,574	13,120,072.00	6
	合计	28,392,857	794,999,996.00	-

图 5.8 埃斯顿定增投资者明细

公司通过可交债募资收购海外资产，通过定增融资进一步扩充产能，让公司市值不断创下历史新高。其优秀的团队加上工业机器人龙头赛道的定位，让投资者相信，368 亿元的市值绝不是终点。

5.4.2 喜临门：可交债被竞争对手购买的危机

2019年，喜临门（603008.SH）和顾家家居（603816.SH）两家知名家居企业关于控股权以及私募EB交易的安排虽然因为各种原因被终止，但作为可交债的一个经典案例值得复盘。

1. 跨界并购让公司严重失血

在2012年上市之后，以床垫为主业的喜临门营收虽然稳步增长，但净利润却不见增长（见图5.9），基本在一亿元左右徘徊。面对竞争激烈的床垫市场，公司管理层决定跨界收购，并且选择了当时热门的影视行业。2015年，喜临门以7.2亿元现金收购绿城传媒（后更名为晟喜华视），这个收购给原本经营稳健的上市公司埋下了危机的种子。晟喜华视在2018年亏损6051万元，上市公司不得不大幅计提商誉减值，导致上市公司当年由盈转亏，2018年扣非归母净利润为−4.69亿元，公司股价也大幅下跌。

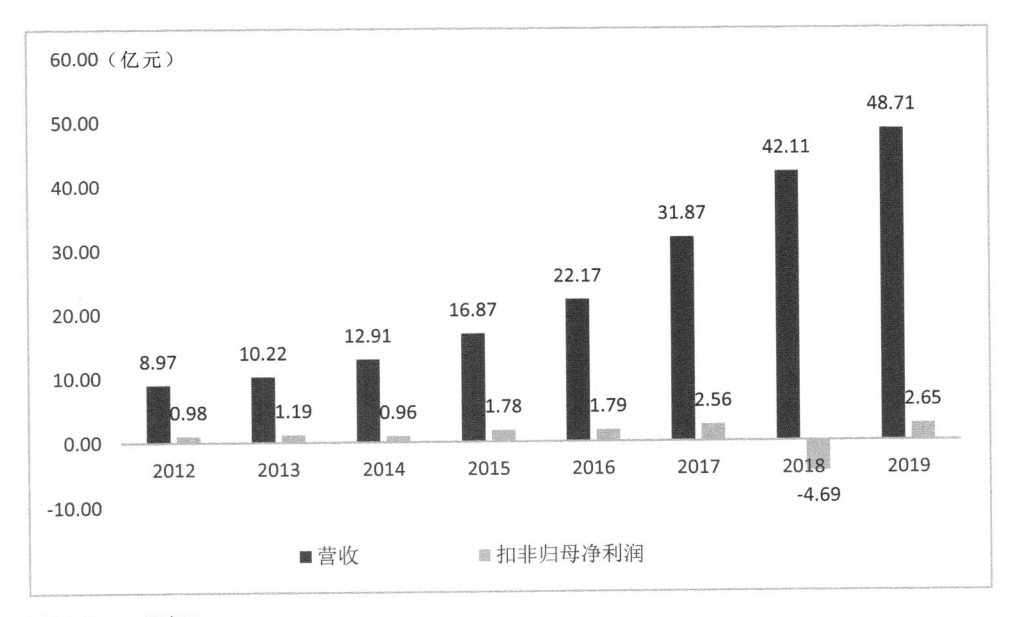

资料来源：万得资讯

图5.9 喜临门上市以来营收及净利润（2012—2019年）

2. 控股股东发行可交债募资

上市公司利润下滑，控股股东也因为投资失利资金紧张。2016年控股股东绍兴华易投资有限公司（下称华易投资）连发四期可交债，累计融资10亿元，债券期限均为3年。

如表5.6所示，四期可交债融资成本都不高，相比股权质押融资，融资比例也更高，在当时的市场环境下确实是华易投资的好选择。

表5.6 华易投资四期可交债基本情况

发行日期	债券简称	募资金额（亿元）	票面利率（%）	初始换股价（元/股）	发行时市价（元/股）
2016/9/23	16华易EB	6	3	25	21.21
2016/11/9	华易02EB	0.5	3	35	20.78
2016/11/17	华易03EB	1.5	3	35	21.10
2016/12/16	华易04EB	2	3	35	18.78

资料来源：万得资讯

由于公司股价持续低迷，该可交债发行后一直未给投资者换股机会，如图5.10所示。2018年公司股价更是大幅杀跌，导致用于可交债的担保及信托财产专户需要不断补充质押股份，以保证维持担保比例满足相关要求。尽管发行人下修过换股价，且下修幅度高达60%，但可交债持有人仍然没有机会换股。截至2018年年底，华易投资将所持的8836万股喜临门股份质押给可交债资产专户，剩余的8477万股中的7563万股质押给了浙商证券，100万股质押给了湘财证券，即华易投资所持股份的质押比例接近100%。

2019年四期华易EB也陆续到期，但换股价与公司的股价倒挂明显，难以促成投资者换股，也不具备进一步下修换股价的条件。因此，发行人面临偿付危机。

3. 顾家家居通过资管计划买入可交债

2019年4月12日，喜临门公告，顾家家居及子公司拟出资3.1亿元，通过天风证券资管计划买入以上可交债。该资管计划初始规模11.6亿元，以11.05亿元的总对价承接了全部10亿元面值的可交债。按照当时的换股价11.32元/股计算，资管计划若全部换股，顾家家居将持有喜临门22.37%的股份，超过原大股东华易投资的21.47%持股比例。

图 5.10 喜临门股价走势

对于顾家家居来说，若未来能换股，就相当于用 3.1 亿元实现了对喜临门的控股。若未来股价继续下跌，情况也不会太糟糕，毕竟购买时仍然是以债务的形式存续。

为了防止控股权变更，华易投资认可的投资者于 2019 年 8 月 9 日通过上海证券交易所固定收益平台购买华易可交债全部份额，并于当年 9 月 27 日之前将债券全部转换成股票。自此，闹得沸沸扬扬的华易可交债正式退出市场。从法规上来看，发行可交债是以不允许大股东身份旁落为前提的。

第 6 章

可交债投资

可交债由于具有债底保护，降低了投资难度，但投资者仍需关注其复杂的条款。对投资者来说，认清可交债投资的本质，评估可交债的价值，并在此基础上选择合适的投资策略，需要花费不小的功夫。

本章从投资的角度来讲解可交债。

第6章 可交债投资

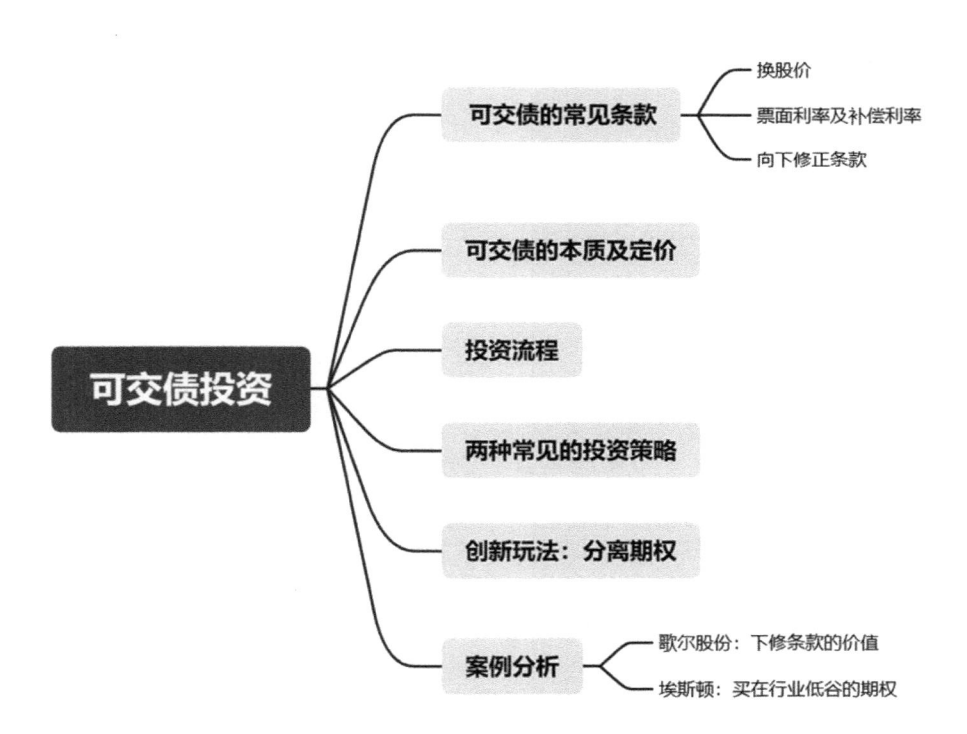

- **可交债的常见条款**
  - 换股价
  - 票面利率及补偿利率
  - 向下修正条款
- **可交债的本质及定价**
- **投资流程**
- **两种常见的投资策略**
- **创新玩法：分离期权**
- **案例分析**
  - 歌尔股份：下修条款的价值
  - 埃斯顿：买在行业低谷的期权

6.1 可交债的常见条款

可交债常见条款包括换股价、票面利率及补偿利率、债券期限及换股期、有条件赎回条款、向下修正条款、回售条款、换股期前的主动赎回及上修条款、担保条款等几项。投资者可通过募集说明书查看相关条款，也可与发行人对相关条款进行协商。表 6.1 为某可交债的主要条款示例，本节主要介绍其中的核心条款。

表 6.1 某可交债主要条款

项　　目	说　　明
换股期	发行期结束之日起 6 个月进入换股期
发行规模	不超过 6 亿元
资金用途	支持上市公司的经营发展，补充上市公司流动资金、偿还借款
票面利率	第一年为 1%，第二年为 2%，第三年为 3%
到期兑付条款	在本次发行的可交换公司债券兑付日，换股期内合计有 20 个交易日上市公司股价达到换股价的 109%时，发行人按面值兑付，否则发行人将以本次发行的可交换公司债券的票面面值的 109%（不含最后一期年度利息）的价格向投资者兑付全部未换股的可交换公司债券
换股价格	15 元/股，确定方法：本次非公开发行可交换公司债券的初始换股价格不低于债券发行日前 1 个交易日标的股票收盘价以及前 20 个交易日收盘价的均价中的较高者，且不低于发行日前 20 个交易日收盘价均价的 120%。具体初始换股价格由发行人股东会授权发行人执行董事根据市场和公司具体情况与主承销商协商确定
担保条款	发行人股权质押担保，初始质押比例 150%，维持担保比例 130%
向下修正条款	在本次非公开发行可交换公司债券换股期内，当标的股票在任意连续 30 个交易日中至少 15 个交易日的收盘价低于当期换股价格的 70%时，发行人执行董事有权决定换股价格是否向下修正。修正后的换股价格，应不低于该次执行董事决定文件签署日前 1 个交易日标的股票收盘价以及前 20 个交易日收盘价均价的较高者
回售条款	本次债券存续期最后 6 个月内，当标的股票在任意连续 30 个交易日中至少 15 个交易日的收盘价低于当期换股价格的 70%时，发行人在回售条件触发次日发布公告，债券持有人有权在公告日后 10 个交易日内，将其持有的本次债券全部或部分回售给发行人，回售价格为面值的 106%加上当期应计利息

续表

项目	说明
提前赎回条款	可交债在换股期的存续期间，标的股票在任意连续20个交易日中至少10个交易日的收盘价不低于当期换股价格的130%时，发行人有权决定是否赎回全部或部分未换股的本次非公开发行可交换公司债券，赎回价格为债券面值加当期应计利息。 换股期内，本次债券余额不足3000万元时，发行人可行使赎回权，将剩余债券赎回，按照债券面值和当期应计利息的价格赎回全部未换股的本次可交换公司债券

6.1.1 换股价

换股价是可交债的核心条款之一，即投资者将所持债券按照什么价格转换成股票。

换股数量=债券面值/换股价

换股价值=股票市价×换股数量

以一张100元面值的债券为例，若换股价为10元/股，则一张可交债可换成10股股票。若股票市价为11元/股，则该可交债的换股价值为110元/张。

初始换股价即可交债发行时约定的换股价，是发行人和投资者认可的价格，换股价高低取决于发行人的发债动机及市场资金的供求情况。

- 对于大部分国有企业发行人来说，会更多地考虑后续评价问题，因此会倾向将初始换股价尽量提高，通过增加下修条款的方式提升后续减持可能性以及灵活性。
- 对于民营企业发行人来说，主要从实际利益出发考虑，若希望尽快减持则不会要求过高的换股价，若希望尽量保证利益则会要求提高换股价。
- 对于投资者来说，可以用换股溢价率来衡量可交债换股价的高低，即换股价超出股票市价的百分比，一般用债券发行簿记日股票收盘价代替市价。

初始换股溢价率=（初始换股价/簿记日收盘价-1）×100%

截至2021年12月31日，共计331个私募可交债项目发行完成，其中327个项目初始换股溢价率数据可得。这327个项目初始换股溢价率分布如

图 6.1 所示。部分可交债初始换股溢价率超过 100%，初始换股溢价率超过 50%以上的项目共 59 个，这些项目具有典型的债券属性，换股价值不高。初始换股溢价率在 0～20%的相对较多，总数量为 131 个，占比 40.06%，也体现了可交债整体偏股的特性。

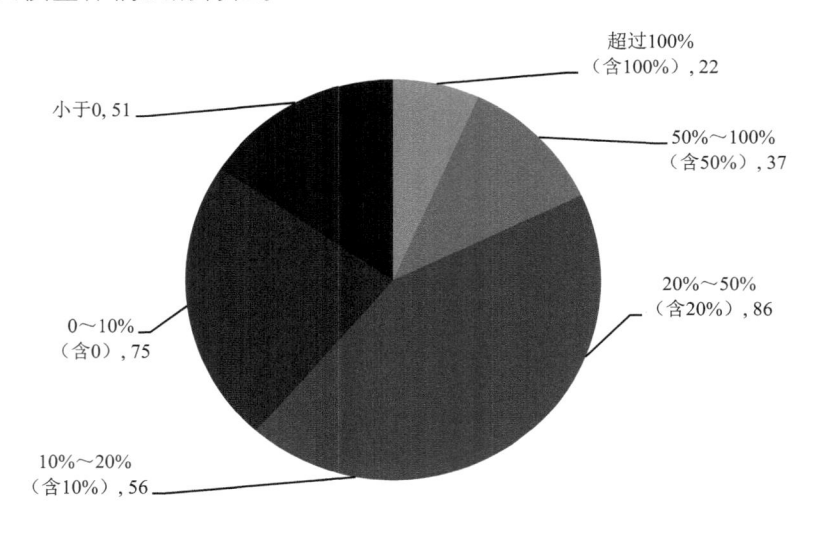

资料来源：万得资讯

图 6.1 初始换股溢价率分布

6.1.2 票面利率及补偿利率

票面利率即发行人每年向投资者支付的利息占票面金额的比例，在数值上即是利息总额与债券面值相除的结果百分比。由于可交债赋予持有人看涨期权的权利，因此整体票面利率较低。对于部分高换股溢价率的可交债由于期权价值较低，对应票面利率就会偏高。对于换股溢价率相对较低的偏股型可交债，投资者更看重发行人的换股意愿以及可交债的换股价值，对债券票面利率关注较少。票面利率受发行时市场供求关系的影响，部分热门的可交债，票面利率定价仅为 0.01%或 0.1%，几乎相当于不支付利息。

可交债票面利率通常有两种类型，固定利率和累进利率。固定利率即债券存续期内利率固定，累进利率即存续期内每年利率呈现阶梯式上涨。如表

6.1 中某可交债票面利率为典型的累进利率，第一年为 1%，第二年为 2%，第三年为 3%。

以上 331 个项目中 328 个项目的票面利率数据（以下统计数据为首期利率）分布如图 6.2 所示。可交债票面利率整体偏低，票面利率在 1% 及以下数量最多，达到 97 个，占比 29.57%，其中极低利率（票面利率为 0.01%、0.1%）的项目数量分别为 7 个、16 个；票面利率在 1%~3%（含 3%）的数量为 86 个，占比 26.22%；票面利率在 3%~5%(含 5%)的数量为 50 个，占比 15.24%；票面利率在 5%~10%（含 10%）的 95 个，占比 28.96%，其中最高利率为 10%。

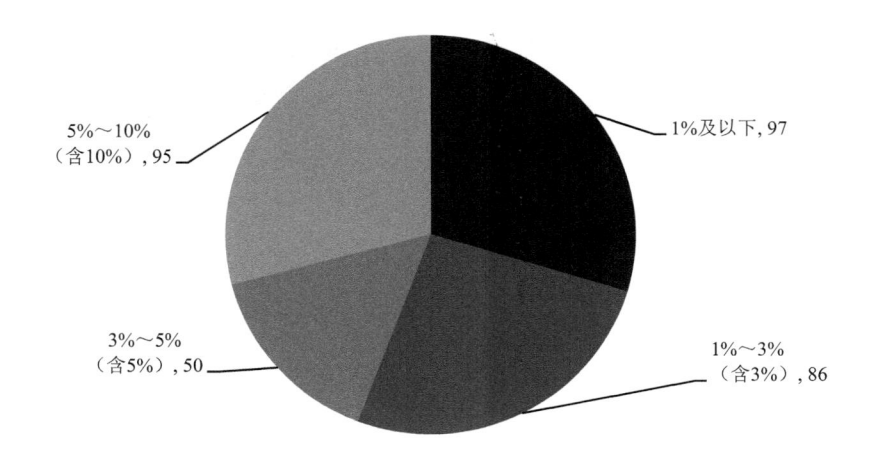

资料来源：万得资讯

图 6.2 票面利率分布

如果在换股期内投资者没有机会换股，而票面利率又较低，发行人会在到期时给予一定的补偿——补偿利率，一般补偿利率常见于偏股型可交债中。对于发行人来说，补偿利率是到期才需要支付，若投资者顺利换股，则发行人不用支付补偿利率。对于投资者来说，由于票面利率过低，若未能换股，补偿利率是投资者获得的补偿。图 6.1 中到期兑付条款约定如下："在本次发行的可交换公司债券兑付日,换股期内合计有 20 个交易日上市公司股价达到换股价的 109%时，发行人按面值兑付，否则发行人将以本次发行的可交换公司债券的票面面值的 109%（不含最后一期年度利息）的价格向投资者兑付全部未换股的可交换公司债券。"即补偿利率为 9%，但需要满足一定条件。

以上 328 个项目，补偿利率分布如图 6.3 所示，0~3%（含 3%）、3%~5%（含 5%）、5%~10%（含 10%）分布较为均匀，占比分别约为 14.94%、12.50%、21.04%，169 个项目未设置补偿利率。

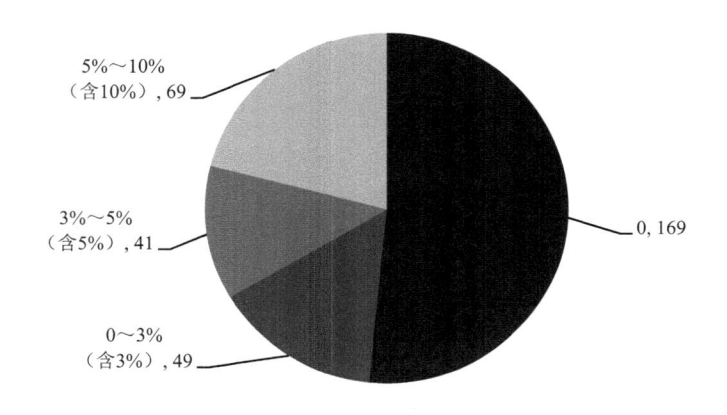

图 6.3 补偿利率分布

6.1.3 债券期限及换股期

债券期限即债券的存续期，即投资者未换股时，发行人的到期兑付时间。发行人会综合自身资金安排以及可交债的发行目的进行设计，对于偏减持目的的可交债和融资目的的可交债，在债券期限和换股期设置上有一定差异，如表 6.2 所示。偏减持目的（下称减持型）可交债债券期限上更短，换股期设定会尽早，这样有利于尽快换股。融资目的（下称融资型）可交债为了避免早还款会设置较长的存续期，并将换股期尽量延后。

表 6.2 可交债期限及换股期选择

条　　款	偏减持目的	融资目的
债券期限	较短	较长
换股期	尽早	较晚

在已发行的项目中，债券期限最短的为 1 年，仅有 9 个；期限最长的为 6 年，如 15 国盛 EB、18 和安 EB；大部分可交债债券期限为 2 年或 3 年。

6.1.4 有条件赎回条款

有条件赎回条款是指满足约定条件时，发行人可以按债券面值加一定利息回购债券，通常这一回购价低于换股价值。当股价上涨满足有条件赎回条款时，发行人可以执行主动赎回的条款，其实际作用不是用真金白银去赎回债券，而是迫使投资者尽快换股，以达到发行人换股减持的目的，同时减少后续利息费用的支出。因此，该条款也是给市场传递希望投资者换股的信号。

如果没有赎回条款，即使当前股价超过换股价，投资者如果继续看好后续股价上涨空间，仍会持有债券等待股价继续上涨。这样既可以享受股价上涨带来的好处，也可防止后续股价回调可能带来的损失，并能获得一定的利息。

一般而言，债券价格会高于直接换股带来的收益，所以很多投资者愿意持有债券或交易债券而不愿意换股。且部分投资者账户被限制无法换股，也会影响其行为。

因此，发行人一般会设置有条件赎回条款，在股价达到赎回条件时会促成投资者尽快换股，这样既能够实现减持的目的，也能减少利息支付成本。当然这是发行人的权利而非义务，其可以根据自己的需求决定是否执行该条款。

6.1.5 向下修正条款

向下修正条款是对投资者的保护，即当市价持续低于换股价一定期限后，发行人可向下修正换股价，从而让投资者有机会尽快换股。该条款体现了发行人主动促成换股的意愿,即给市场传递大股东希望投资者换股的意愿。这种行为能提升可交债的期权价值,有利于后期销售,因为这向市场展现了其愿意支持投资者换股的意愿。

不过这个条款是发行人的权利而非义务,也有部分可交债为了吸引投资者,将此条款改为自动下修条款,变权利为义务。从投资者角度来看,可以通过向下修正条款评估发行人下修的意愿,但在实际执行下修条款时,还需考虑发行人的能力以及决策机制。如发行人持股比例较低,下修的能力就不足。在决策机制上,一些国企发行人,因为下修需要上级审批,在执行时就存在一定的难度。

举例如表 6.3 所示,相比 15 大族 01,21 许继 EB 设置的下修条款对投资者就更加友好,下修条件满足的可能性也更大,体现了发行人下修的意愿更强烈。市场主流下修条件包括"连续 30 个交易日中 15 个交易日""连续 20 个交易日中 10 个交易日""收盘价低于当期换股价的 70%""低于当期换股价的 85%""低于当期换股价的 90%"等几种,投资者可根据条件的严苛程度判断发行人的意愿。

表 6.3 21 许继 EB 和 15 大族 01 的下修条款对比

可交债	下修条款
21 许继 EB	在本期债券的换股期内,当标的股票在任意连续 30 个交易日中至少 10 个交易日的收盘价低于当期换股价格的 90%时,发行人有权在向下修正条件触发后的 10 个交易日内决定本期债券的换股价格是否向下修正,向下修正后的换股价格不低于换股价格向下修正条款触发日前 1 个交易日股票收盘价及前 20 个交易日收盘价均价(若在前述交易日内发生过因除权、除息引起股价调整的情形,则对调整前交易日的交易价格按经过相应除权、除息调整后的价格计算)
15 大族 01	在本期债券换股期内,当标的股票在任意连续 30 个交易日中至少 20 个交易日的收盘价低于当期换股价格的 70%时,发行人董事会有权在 5 个交易日内决定换股价格是否向下修正。修正后的换股价格应不低于该次董事会决议签署日前 20 个交易日标的股票收盘价均价的 90%,且不低于前 1 个交易日标的股票交易收盘价的 90%。若在前述 20 个交易日内发生过换股价格调整的情形,则在换股价格调整日前的交易日按调整前的换股价格和收盘价计算,在换股价格调整日及之后的交易日按调整后的换股价格和收盘价计算

资料来源:万得资讯

6.1.6 回售条款

回售条款是指投资者在约定的回售条件满足时可要求发行人提前回购债券。这是投资者促使发行人下修的"武器",由于需要给予发行人一定稳定的资金使用年限,因此一般在债券存续期限的后期才享有该权利。同时,为了给发行人下修留足必要的反应时间,回售条款一般较下修条款更加难以达到。

一般回售条款都设计为在债券存续期的最后一段时间,股票市价低于换股价一定比例时,投资者有权将可交债以一定价格加上当期应计利息卖回给发行人。这是有利于投资者的一个条款安排,倒逼发行人提前偿还本金或者下修换股价促成换股。

举例如表6.4所示,18宇通EB和18美盛E1的回售条款对比,18美盛E1的回售条款更有诚意,可以更快倒逼发行人做出进一步行动。

表6.4 18宇通EB和18美盛E1的回售条款对比

可交债	回售条款
18宇通EB	本期可交换公司债券到期前6个月内,当宇通客车A股股票在任意连续30个交易日收盘价低于当期换股价格的65%时,债券持有人有权将其持有的本期可交换公司债券全部或部分按照面值加上当期应计利息的价格回售给公司。若在上述交易日内发生过换股价格因发生送红股、转增股本、配股以及派发现金股利等情况而调整的情形,则在调整前的交易日按调整前的换股价格和收盘价格计算,在调整后的交易日按调整后的换股价格和收盘价格计算。如果出现换股价格向下修正的情况,则上述"连续30个交易日"需从换股价格调整之后的第1个交易日起重新计算。本期可交换公司债券到期前6个月内,债券持有人在回售条件首次满足后可按上述约定条件行使回售权一次,若债券持有人未在首次满足回售条件时公司通知的回售申报期内申报并实施回售的,不应再行使回售权。本期可交换公司债券持有人不能多次行使部分回售权
18美盛E1	本期债券存续期最后3个月内,当标的股票在任意连续20个交易日中至少10个交易日的收盘价低于当期换股价格的90%时,发行人在回售条件触发次日发布公告,债券持有人有权在公告日后10个交易日内将其持有的本期债券全部或部分按"债券面值+应计利息"回售给发行人。若在上述交易日内发生过换股价格因发生送红股、转增股本、配股以及派发现金股利等情况而调整的情形,则在调整前的交易日按调整前的换股价格和收盘价格计算,在调整后的交易日按调整后的换股价格和收盘价格计算。若出现换股价格向下修正的情况,则上述"连续20个交易日"需从换股价格调整之后的第1个交易日起重新计算

资料来源:万得资讯

6.1.7 换股期前的主动赎回以及上修条款

为防止出现严重误判股票走势的情况，造成低价减持的损失，发行人可设置换股期前的主动赎回条款。

该条款是非常规条款，给予发行人在投资者进入换股期前提前赎回，不让投资者享受换股期前股价大幅上涨获得收益的机会，对投资者利益损害较大，一般需要给予投资者额外的利率补偿。举例如表 6.5 所示，PR 盛 EB01 和 16 原龙 01 分别给予投资人 12%、7%的利率补偿。

表 6.5 PR盛EB01 和 16 原龙 01 的回售条款对比

可交债	换股期前的主动赎回
PR 盛 EB01	在本期债券进入换股期前的 5 个交易日内，发行人有权决定按照债券面值的 112%（含应计利息）赎回部分或全部本期非公开发行债券
16 原龙 01	换股期前，进入换股期前 30 个交易日内，如果奥瑞金股票价格在任意连续 10 个交易日中至少 5 个交易日的收盘价格不低于当期换股价格的 130%时，发行人董事会有权在 5 个交易日内决定按照 7%的年化收益率（含应计利息）赎回全部或部分的本期债券，计息期限为起息日至赎回日前 1 个交易日

资料来源：万得资讯

换股期前的主动赎回条款无法达到发行人仍然希望减持的意图，其变种条款为在换股期前最后一次上修条款。在换股期前触发上修条款后，发行人有权利向上调整换股价，一般会事先约定上调换股价的最高比例。

6.1.8 担保要求

上交所目前要求质押至少 1 倍，深交所要求质押至少 1.2 倍的担保要求，在担保方式上分为质押担保和不可撤销连带担保两种。在前面讲解的 331 个项目中，可获得担保方式的有 319 个项目，其中，采用质押担保的项目 248 个，占比 77.74%，减持型和融资型可交债担保要求差异如表 6.6 所示。对于融资型可交债，主体评级至关重要，会直接影响担保比例。

表 6.6　减持型可交债和融资型可交债担保要求差异

条　款	减持型可交债	融资型可交债
担保比例	发行人和投资者认可的担保比例	若主体评级达到 AA 则不必要；若主体级别未达到 AA 则必要
维持担保	不设置	若主体评级达到 AA 则不必要；若主体级别未达到 AA 则必要

6.2　可交债的本质及定价

可交债既有债券的属性（下称债性），又有股票的属性（下称股性），因此，投资本质及定价具有独特性。

6.2.1　可交债的本质

可交债具有债性和股性双重属性，债性是指可交债在债券存续期内像普通债券一样按期支付本息，股性是指可交债可以通过换股获得股票上涨收益，其价值往往与正股价格密切相关，因此是投资者分享股价上涨收益的重要方式。股性在股价超过换股价之后便可体现，在未超过换股价之前，体现为债券属性。不同的可交债，债性和股性差异较大。

可交债投资体现出"进可攻，退可守"的特性，即股价上涨享受股性收益，股价下跌享受债性收益。虽然也有部分可交债违约，但总体风险较低。若遇到偿付危机还可及时转换为股票后卖出止损，亏损幅度有限。

从另一个角度来看，可交债发行后 6 个月（也有些项目是 1 年）进入换股期，若当时股价超过换股价，投资者可换股，并在二级市场卖出股票。进一步来说就是换股价以上、市价以下的差额部分为投资者的收益，换股价以下的收益为发行人减持所得。

如图 6.4 所示，可交债价值与股价存在一定的比价关系。在股价较低时，可交债价值体现为债券价值，随着股价的上涨，换股价值逐步体现，当股价远远超过设定的换股价时，可交债价值体现为换股价值。由于可交债的有条件赎回条款，使得可交债的价值并不会随着股价无限地上涨。当发行人执行有条件赎回时，相当于倒逼投资者立即换股，换股后投资者通常会立即卖出股票，使得投资者很难享受股价继续上涨的收益。因此，可交债的收益很难实现上不封顶。

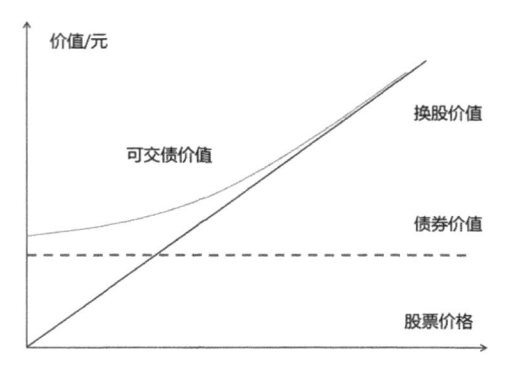

图 6.4 可交债价值曲线

大咖说

可交债自 2013 年市场第一笔发行至今已经历了近十年之久，其拥有的特殊属性、良好的定价机制、灵活设置的条款等特征，往往带来了买卖双方共赢的结果，但市场上每年的容量不大，算是较为稀缺的投资品种。

对于卖方（债券发行人，即上市公司股东）来说，可交债所具备的低票息率、灵活的融资期限和溢价减持的特征，在融资和减持上给予了发行人极大的便利。相比对股价冲击较大的二级市场减持、需要折价的大宗交易减持而言，可交债既可以使发行人获取债券发行的融资现金流，又可以不必损失未来股价上涨带来的机会成本。

对于买方（债券购买者）来说，可交债是一种内嵌期权的金融衍生品，既拥有债券票面利息的保证，又拥有一份看涨期权，投资者购买的是一种谋定而后动的权利，意在争取收益最大化、风险可控化。在股市低迷时，投资者可以持有债券赚取票面利息；在股市行情好以及换股标的正股股价高于可交债换股价时，投资者可以在约定的换股期内将持有的债券换成股票，从而享受股价上涨带来的超额收益。但事实上，大部分可交债投资者的收益最终来源于换股后的超额收益，因此基本面分析能力、条款的博弈经验，对投资者来说尤为重要。

——诺德基金尹旻

6.2.2 可交债的定价

拥有活跃交易市场的金融工具，价格通常会围绕价值进行波动，通过跟踪公开交易价格可对内在价值的驱动因素进行研究。由于可交债没有活跃的交易市场，因此也没有公开的交易价格可供跟踪研究。但可交债拥有与可转债类似的交易结构，本节我们尝试通过对精研转债（123081.SZ）的价格进行跟踪分析，从而为可交债定价提供参考。

1．从精研转债看转换债券的内在价值

精研科技（300709.SZ）发行的精研转债价格走势与正股的关系，以及下修转股价和提前赎回等条款对转债价值的影响如图 6.5 所示。

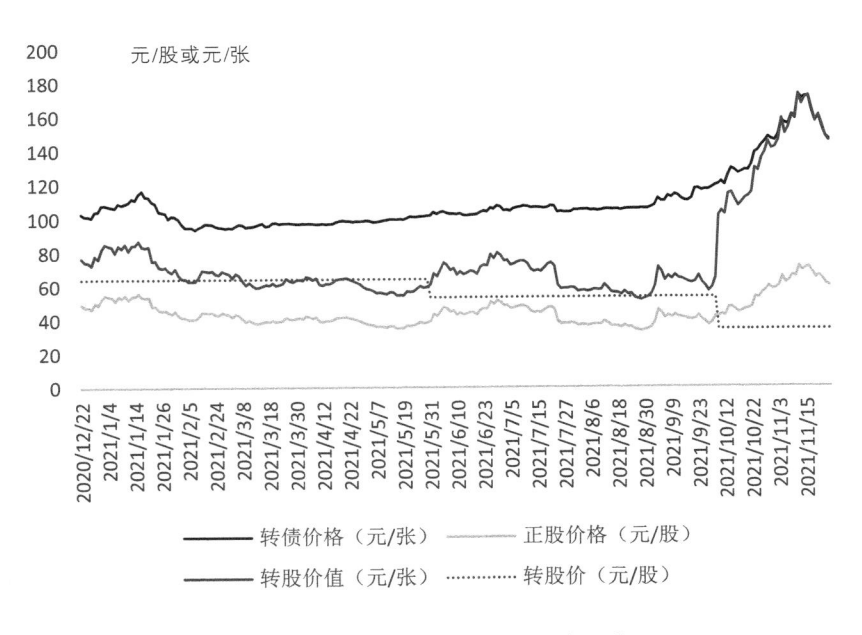

图 6.5　精研科技转债和正股的关系

精研转债上市后，正股价格跌至转股价以下，因此转债的转股价值也持续下跌。但由于精研转债拥有债底保护，当转股价值较低时，转债的价值体现为债券价值，表现为精研转债在二级市场价格下跌幅度有限，如其价格最低也仅跌到91元/张。

由图6.5可以看出，转债价格跟随正股价格上涨，但正股下跌时，转债表现出抗跌属性。2021年9月23日，精研转债公告董事会提议下修转股价，精研转债价格受此影响出现大涨。2021年10月9日，转股价正式下修，由53.4元/股下修到34.15元/股，这意味着原先一张100元面值的转债，可以转股数量由1.87股增加到2.92股，因此可以看到图中可转债转股价值大幅提升。当转股价值超过债券价值时，可转债就表现为明显的股性。

由精研转债价格走势可以看出，精研转债价值与正股价格、转股价、债券价值密切相关，并与正股价格和债券价值成正比，与转股价成反比。

可交债虽与可转债有一定区别，但两者在条款上有诸多相似之处，如回售、下修条款等，精研转债案例对可交债价值的分析提供了一定的借鉴意义。

2．可交债的两种定价思路

可交债兼具债性与股性，需要对其分别定价，另外回售、赎回、下修等附加条款让可交债定价变得更复杂，这里尝试给出两种定价思路。

（1）根据不同退出方式进行测算

私募可交债不能上市交易，只能在固收平台转让，流动性不足。对投资者来说难以通过转让实现退出的目的，仅可到期兑付、被回售或换股退出。投资者可根据对标的的深入研究对未来可能的情况进行分析，并对不同退出方式进行可能性预测，再对不同退出方式实现的收益进行加权平均。不同退出方式假设条件如表6.7所示。

表6.7　不同退出方式假设

退出方式	可能性	收益
顺利换股	P1	换股价值A
回售	P2	回售价B
到期兑付	P3	到期兑付金额C

可交债价值可按如下方式测算：

$$可交债价值 = P1 \times A + P2 \times B + P3 \times C$$

其中 A 需要根据大股东是否执行强制赎回计算，如大股东执行强制赎回，A 在 130 元左右；如大股东不立即执行强制赎回条款，投资者需要结合股价估值区间，进行股价区间预测判断。回售价 B 及到期兑付金额 C 根据募集说明书的约定。以上三种情景的价值需要按照实现时间分别进行贴现，在此不详细展开。

（2）债券价值和期权价值分别计算

$$可交债价值=债券价值+期权价值$$

所谓债券定价，即将未来票息、本金及补偿利率按照同等级债券收益率进行贴现。

期权采用 B-S 模型（Black-Scholes model）进行定价。根据 B-S 模型，可交债的期权价值与可转债类似，即与换股期长短、正股波动率成正比，与换股价成反比。从这个角度来看，选择可交债项目时，可以容忍一些质地一般，但波动率高的公司。

3．可交债的投资价值分析

从以上分析可知，可交债的价值分为债券价值和换股价值，债券价值主要看票息率及到期补偿条款、信用风险高低等；换股价值即期权价值主要看发行人的意愿和正股的波动率等。

债券价值重点关注发行人的信用风险水平，在条款上关注票息率以及有无到期补偿条款。对于信用等级高的可交债，如央企或地方国企发行的可交债，通常信用风险较低，但同时对应较低的票息率，如 21 许继 EB 票息率仅 0.01%。

发行人意愿是指发行人减持股票的意图，通过分析可交债下修条款的设置是否容易达到、换股价是否容易实现、回售条款是否优厚等方式来判断发行人减持意图，对于减持倾向性强的发行人，未来促成换股的意图也更强，可交债的换股价值就更高。除了关心发行人意愿，还应关注发行人能力，如发行人股权质押比例较高，就很难通过下修换股价来促成换股。

由于可交债缺少活跃的交易市场，换股是投资者实现收益的重要方式，因此正股价值是判断可交债价值的核心因素。投资者优先选择向上概率大的标的，若发行人愿意下修换股价，对应正股波动率高、交易活跃的可交债也是很好的投资标的。

6.3 可交债的投资流程

可交债投资可分为以下几个环节。

1. 项目信息获取环节

投资者获取可交债项目信息一直是一个难点，涉及上市公司关于股东发行可交债的公告相对简单和滞后。一般首次公告是在股东取得交易所关于可交债发行的无异议函时，这时才获得报价信息，因距报价日时间太短，对很多投资者来说应对时间不足。从图6.6中可以看出，21许继EB上市公司首次公告时间点为2021年5月6日，债券起息日为2021年6月18日。投资者如果在首次公告时才启动项目立项，到发行时很难走完投资决策流程，对一些紧俏的项目，这时才获得信息源的投资者更难获得参与的机会。

```
证券代码：000400    证券简称：许继电气    公告编号：2021-16

            许继电气股份有限公司
   关于控股股东非公开发行可交换公司债券
        获得深圳证券交易所无异议函的公告

  本公司及董事会全体成员保证信息披露的内容真实、准确、完整，没有虚假记
载、误导性陈述或重大遗漏。
```

图6.6 许继电气可交债首次公告

投资者可通过上交所和深交所固定收益信息平台进行项目进度信息查询，也可跟投行及上市公司建立合作关系，及时寻找业务机会。

2. 项目跟踪及研究

发行人向交易所提交申报材料后，需要1个月左右的时间取得交易所无异议函，在此期间投资者进行跟踪及研究，投资者的研究需围绕发行人的基本面、正股价值、可交债条款等。由于发行人的基本面对债券的信用风险影响较大，正股价值和可交债条款对期权价值影响较大，因此相比定增调研，

可交债调研涉及范围更广，需要的时间也更长。

因为是上市公司募资，因此上市公司对定增投资者的尽调配合度较高。可交债是股东发行，与上市公司关系较少，上市公司配合度未必很高，而可交债的价值又主要取决于上市公司。如果是上市公司控股股东发行的可交债，上市公司一般配合度较高；若是小股东发行的可交债，则投资者调研上市公司的难度较大。

3．申购及协议签署

发行人和承销商在确定发行时间安排后，会邀请意向投资者申购报价，一般通过网下利率询价方式进行配售，也有部分项目采用换股价申报方式。采用利率申报方式则申购利率低者优先配售，采用换股价申报方式则申报价高者优先配售。

相比竞价定增的配售方式，可交债赋予了发行人和承销商灵活配售的权利，发行人可选择其认可的投资者，优化股东结构。在确定投资者后，即可签署协议，并安排缴款。

4．退出

可交债上市 6 个月或者 12 个月后进入换股期，在换股期前，投资者可在固定收益报价平台转让可交债，但无法换股。由于私募可交债交易不活跃，投资者通常只能通过换股退出。

在换股期内，若正股价格高于换股价，投资者可以选择换股。投资者通过券商交易软件即可申请换股，所获股票遵循"T+1"的交易规则，即换股后第二天才可以通过二级市场卖出股票。一旦投资者申请换股，便不再享受债券的保底属性，因此投资者申请换股后应立即卖出股票。投资者若不打算卖出，可以选择暂时持有可交债，除非发行人执行强制赎回条款。

6.4 可交债的两种投资策略

上市公司发行可交债主要有减持与融资两大需求，对应投资者的投资策略有偏股型和偏债型两种。

- 对于偏股型即减持型可交债，发行目的为减持股票，发行人会倾向于设置更接近市价的换股价和表达强烈的下修意愿，并在换股期内尽量促成投资者换股。这类发行人经常是刚刚参加过定增或者其他限售股解禁的股东。这类可交债通常吸引偏股型投资者参与，他们对预期回报要求更高，愿意接受较低的票息率。因此，采用这类策略的投资者更看重正股的表现，对债券的收益率关注较少。
- 对于偏债型即融资型可交债，发行的主要目的是融资，发行人不希望投资者换股，因此通常设置较高的换股价，发行可交债主要是为了降低融资成本。这类可交债的参与者通常是偏债型投资者，他们更看重债券的收益及安全性，对正股的股价走势关注较少。正股股价若能大幅上涨，从而获得换股收益，也仅是为了增厚收益。

可交债虽然规模没法跟定增相比，但也吸引了公募基金、私募基金、证券公司资管、信托等的广泛参与，加上其具有"进可攻，退可守"的特性，也同样吸引了众多证券公司自营账户的参与。

6.5 创新玩法：分离期权

由于可交债实际是债券和看涨期权的组合，若能将二者属性分离，则可满足不同投资者的需求。在国内市场中，个股看涨期权相对稀缺，若能将可交债的债券属性剥离，由债券投资者投资债券，期权投资者向债券投资者支付期权费，则债券投资者可获得票息收益及期权费补贴，从而享受债券稳健收益；期权投资者支付期权费，少占用资金即可获取未来换股的超额收益。具体可以通过不同投资者类别，用图 6.7 所示的交易架构实现，该交易结构将投资者分为优先级投资者和次级投资者。

- 优先级投资者：债券投资者。优先级投资者主要是固定收益类投资者，享受可交债支付的全部利息。由于可交债的票面利率较低，因此可交债全部本息均需要用于对优先级投资者分配。另外，优先级部分为不确定到期日品种，在换股行为发生时到期。

- 次级投资者：期权投资者。次级投资者属于看中股价上涨的投资者，愿意支付一定的期权费用购买本期可交债中内含的看涨期权部分，目的是获得股票价格大幅上涨时的超额收益。

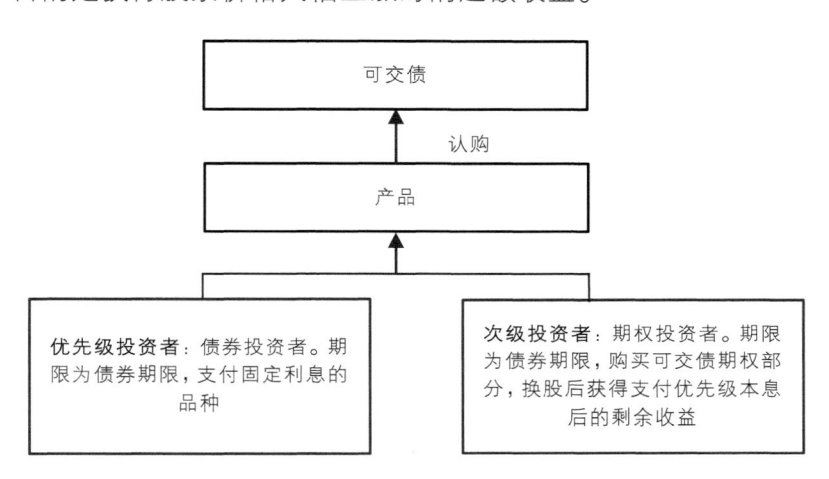

```
                    ┌─────────┐
                    │  可交债  │
                    └────▲────┘
                         │ 认购
                    ┌────┴────┐
                    │  产品   │
                    └────▲────┘
              ┌──────────┴──────────┐
    ┌─────────┴────────┐   ┌────────┴──────────┐
    │ 优先级投资者：债券│   │ 次级投资者：期权投 │
    │ 投资者。期限为债 │   │ 资者。期限为债券期 │
    │ 券期限，支付固定 │   │ 限，购买可交债期权 │
    │ 利息的品种       │   │ 部分，换股后获得支 │
    │                  │   │ 付优先级本息后的剩 │
    │                  │   │ 余收益             │
    └──────────────────┘   └────────────────────┘
```

图 6.7　分离期权产品交易结构

也有部分券商通过收益互换将可交债的债券和期权收益分别交换给不同类别的投资者，从而实现债券属性和期权属性的分离效果。

【案例分析】优先级投资者与次级投资者

假设某可交债票息率为 5%，而优先级投资者要求利率为 6%，产品总规模为 10 亿元。若票息全部归优先级投资者所有，需满足优先级投资者年化 6% 的收益率要求，所以优先级投资者份额为 8.33 亿元，次级投资者份额为 1.67 亿元。若可交债无法换股，并且可交债本息能够兑付，优先级投资者获得年化 6% 的收益，次级投资者仅可保本。若可交债换股，优先级投资者依然获得 6% 的收益，次级投资者的收益为换股收益扣除优先级投资者收益后的全部收益。

收益率曲线如图 6.8 所示，在股价低于换股价时，次级投资者的收益率为 0；若股价超过换股价，在补偿优先级投资者利息之后，次级投资者的收益率快速上升。由于产品总规模 10 亿元，对应换股收益扣除换股当年优先级投资者的利息后，均为次级投资者享有，因此次级投资者拥有较高的杠杆收益水平。

此种结构需关注可交债的信用风险，若可交债发生信用违约风险，产品如何约定损失分担，直接决定优先级投资者和次级投资者的亏损幅度。

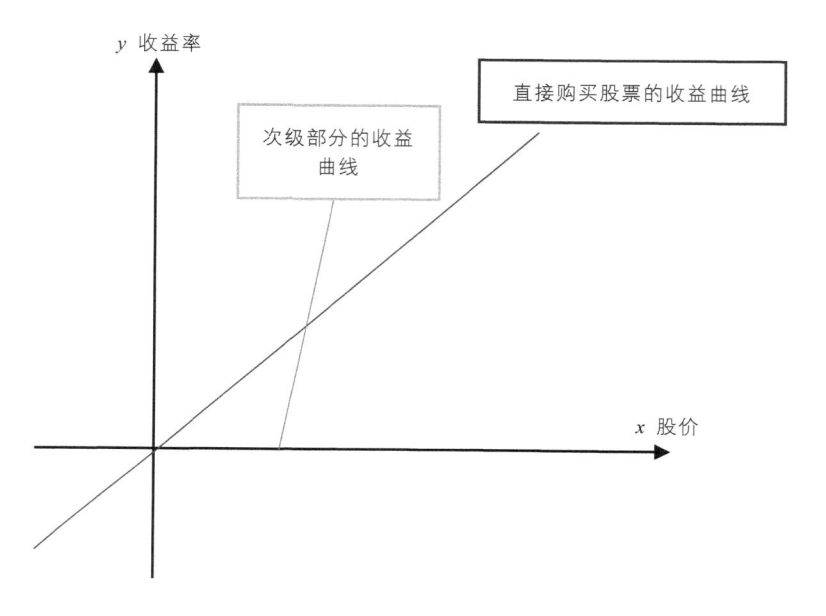

图 6.8 分级产品收益率曲线

6.6 案例分析：歌尔股份与埃斯顿

下面通过两个真实案例分析来说明相应的投资技巧。

6.6.1 歌尔股份：下修条款的价值

歌尔股份（002241.SZ）控股股东歌尔集团有限公司（下称歌尔集团）于 2017 年 10 月 17 日发行了"歌尔集团有限公司 2017 年非公开发行可交换公司债券"（简称"17 歌尔 EB"，代码 117102，下称本次可交债），总规模 20 亿元，债券期限 3 年，标的股票为歌尔集团持有的歌尔股份 A 股股票。本次可交债的换股期为起息日后的 6 个月至债券到期日，即 2018 年 4 月 18 日至 2020 年 10 月 14 日。

发行日歌尔股份收盘价为 20.83 元/股，初始换股价为 22.60 元/股，初始换股溢价率仅为 8.49%，可交债同时设置了较为宽松的下修条款，说明发行人减持意向明确，此债券也被投资者认定为偏股型可交债，票面利率仅为 0.1%。

虽然初始换股溢价率不高，但发行后正股股价一路下跌，导致可交债不具备换股收益。2019 年 4 月 9 日，发行方为了促成投资者尽快换股，下修换股价至 10.50 元/股，下修幅度达 46.67%。当日正股收盘价为 10.23 元/股，可见其促成换股的诚意，可交债的换股价值也由 49.90 元/张升至 97.43 元/张。

随后，歌尔股份股价上涨，投资者也陆续换股，大多数投资者换股时间在 2019 年 7 月到 9 月，对应股价区间在 11.84 元/股～18 元/股，换股收益率约为 13.8%～73%，如图 6.9 所示。

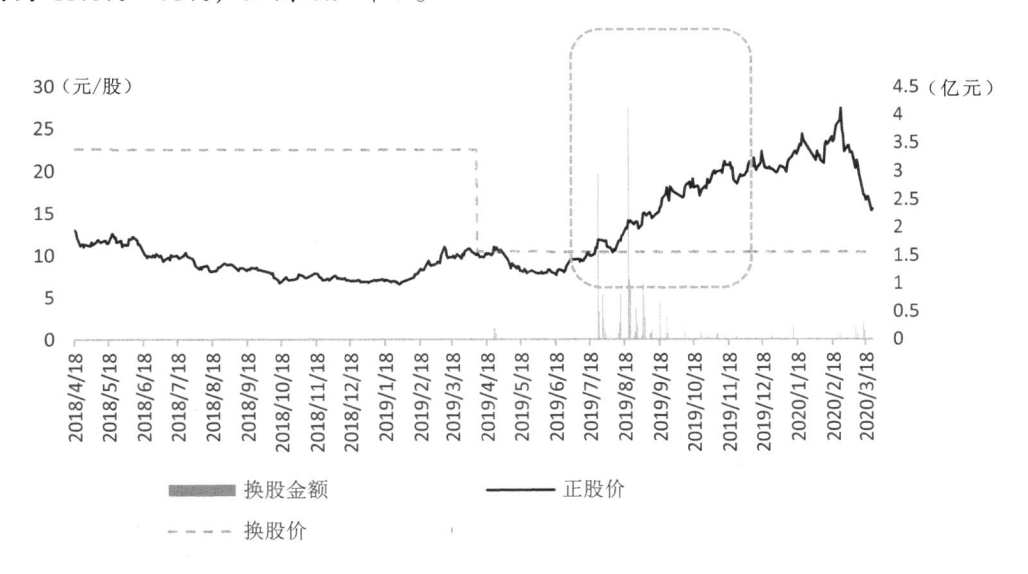

图 6.9　17 歌尔 EB 换股情况

与定增相比，可交债除了有债底保护，还可享受下修换股价带来的盈利机会。若投资者在高点参与定增，虽然可享受折扣，但需要到 2020 年股价回到原来的价格才有机会解套，盈利难度可想而知。而可交债由于下修换股价，在 2019 年便可实现大幅盈利的目的。

> **大咖说**
>
> 可交债品种是超级"固收+"的理想载体。通过专业判断筛选出的强信用发债主体加上担保机制使得投资可交债的本金比较安全，票面利率加上补偿利率确保了本金安全下的最低收益率接近银行理财收益率，而可交债正股的波动率赋予了投资者能够换股卖出获得潜在高收益的机会，因此对于投资者来说，通过专业判断加上换股价等核心条款的控制可以实现明显超越理财的收益率。
>
> 这个歌尔可交债案例还展现了下修条款的独特价值，虽然发行后股价持续下跌，但投资者依然取得了良好的收益，这是定增投资和二级市场交易无法比拟的。
>
> ——偕沣资产高熠

6.6.2　埃斯顿：买在行业低谷的期权

上一章我们分析了埃斯顿大股东通过可交债融资将全球焊接机器人巨头 Cloos 揽入麾下的案例（见第 5 章），这里我们从投资的角度进一步分析此案例。

1. 发行背景

埃斯顿大股东希望减持套现一部分股份并将资金用于产业布局，而 2019 年机器人行业仍处于衰退状态，公司股价处于低位，若直接减持会进一步打压股价。

因此，大股东公告发行可交债总额 6 亿元，募集资金用于产业布局。

2. 标的上市公司分析

埃斯顿为国产机器人本体行业龙头公司，市场关注度一直很高，具有很强的题材属性，一旦行业回暖，股价上涨空间巨大（事实证明，2021 年公司股价从低谷开始上涨了超过 4 倍）。

公司机器人本体的优势在于零部件自产率较高,外购比例低。零部件中除了减速机需要外购,其余均为自主生产,因此本体业务未来极具竞争力。同时,公司还通过收购具备了较强的运动控制能力及系统集成能力。

3. 工业机器人行业国产替代空间巨大

2017年我国工业机器人销量13.8万台,其中外资品牌大约10万台,国内企业3.8万台(包括AGV小车等)。2018年受汽车及3C投资意愿降低影响,国内机器人的产量在短期内受到影响,当年销量仅为14.77万台,同比增长4.6%,增速较2017年大幅放缓。从中长期看,用机器替代人力,以及国产替代进口的趋势是工业机器人行业长期向上的主要驱动力。

4. 可交债发行人分析

发行人即埃斯顿的母公司是控股型公司,自身无业务,仅仅持有埃斯顿35.54%的股份。发行人及发行人股东未涉足其他行业,一直专注于上市公司主业经营,管理风格稳健。

本次可交债总规模6亿元(首期仅发行4亿元),而发行人持有的埃斯顿股票市值达27.85亿元,仅相当于21.54%的质押率,安全边际非常高。

5. 可交债条款

通过公告查看相应的可交债条款,可参考第5章相关内容。

从公告可知以下内容。

(1)换股价适中,溢价率合理:可交债发行时埃斯顿股价在8.5元/股左右,换股价设为9.5元/股,换股溢价率为11.76%,较为合理。

(2)补偿利率较高:可交债前三年票面利率分别为1%、2%、3%,若未能换股到期补偿9%,三年合计15%,综合利率不低。

6. 投资核心逻辑

(1)发行人财务状况良好,可交债违约风险极低。

(2)公司股价处于历史低位,往上的弹性极高。

(3)埃斯顿是机器人行业龙头,市场关注度高,一旦行业回暖,股价弹性大。

(4)机器人行业国产替代空间巨大,机器替代人的逻辑在中长期确定性强,而短期处于低估状态。

7. 投资回报

到期后，投资者按照9.5元/股价格将债券换成股票，收益取决于换股后股票的卖出价格。假设按照换股期首日即换股，第二天卖出，并以第二天均价作为卖出价格进行测算，收益率如表6.8所示。

表6.8 埃斯顿可交债投资收益表

项 目	说 明	项 目	说 明
投资金额	4亿元	换股价	9.5元/股
投资时间	2019/8/22	换股期	2020/2/24 到 2022/8/19
换股期第二日均价	12.97元/股	收益率	36.52%

相应的操作时间节点如图6.10所示，进入换股期首日，公司股价超过换股价，3.23亿元可交债在这一天换股，若按照第二天成交均价卖出股票，收益率36.52%。随后受换股卖出及市场持续低迷的影响，公司股价持续下跌，也有部分投资者在2020年6月10日才进行换股。

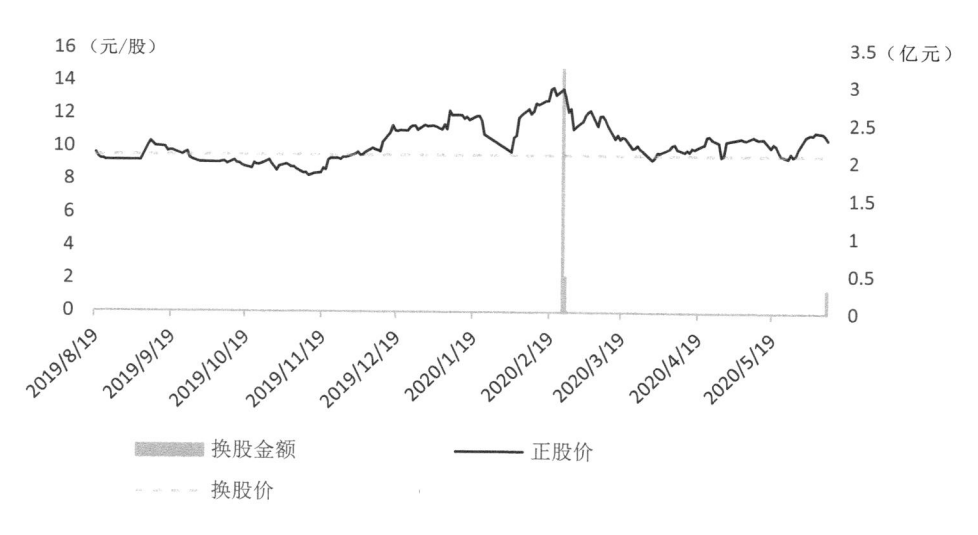

资料来源：公司公告

图6.10 埃斯顿可交债换股时点

第 7 章

询价转让投资

询价转让作为科创板首发前股东的一种减持方式，也是 PIPE 投资者的投资新工具。这一新工具出现至今，案例虽少，但充满前景，值得创新型投资者提前布局。

PIPE 中国实践：定增、可转债、可交债、大宗交易投资

询价转让投资

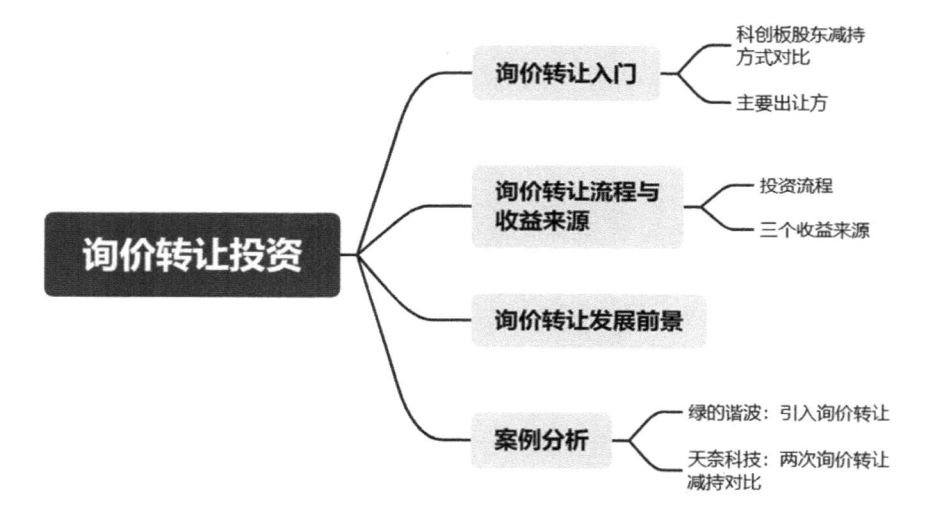

- 询价转让入门
  - 科创板股东减持方式对比
  - 主要出让方
- 询价转让流程与收益来源
  - 投资流程
  - 三个收益来源
- 询价转让发展前景
- 案例分析
  - 绿的谐波：引入询价转让
  - 天奈科技：两次询价转让减持对比

7.1 询价转让投资入门

询价转让投资起源于科创板的询价转让制度，具体说明如下。

7.1.1 询价转让的背景及意义

2020年7月22日，开市一周年的科创板迎来了首发前股东的大规模解禁。为了降低解禁后股东大规模减持对市场的影响，在2020年7月3日科创板首批解禁到来之前，上交所发布《上海证券交易所科创板上市公司股东以向特定机构投资者询价转让和配售方式减持股份实施细则》（上证发〔2020〕49号，2020年7月3日），正式推出科创板询价转让制度，自科创板开市一周年当天起施行。这意味着科创板上市公司股东不仅可以通过大宗交易、集中竞价等方式减持股份，还可以通过非公开询价和配售的方式减持股份。由于配售类似于配股，其主要面向原有股东，不属于PIPE的范畴，因此本书主要探讨询价转让。

询价转让是专门针对科创板公司股东的大额减持方式，拟减持股东委托证券公司组织非公开询价确定减持价格和受让方。询价过程类似竞价定增，相比竞价定增折扣可以更高。

询价转让放宽了上市前股东的退出限制，为股东设计了多元化、市场化的减持方式，从而为科创板资本流动创造有利的制度环境，解决了创投资金的退出问题，这样就能够吸引更多创投资金参与到科创企业的培育环节。为了避免大比例减持带来的流动性危机及股价大幅波动，减持方通过引入专业对手方进行平滑过渡，毕竟部分科创板公司刚上市时流通股比例很低，大规模解禁容易出现定价失衡的现象。

询价转让核心要点如表7.1所示。为了让减持定价更有效率，询价转让除了引入询价制度，还对受让方参与资格进行了约定，也给予了更大的折扣空间，从而吸引更多专业投资者参与。询价转让对受让方接受的转让股份进行锁定限制，锁定期为 6 个月，即这部分股份 6 个月内不得转让，这样的减持方式对流动性进行了平滑，有利于吸引长期资金进入市场。

表 7.1 科创板询价转让核心要点

要点	具体要求
出让方及要求	首发前股份； 控股股东、实际控制人、董监高以及核心技术人员在定期报告、业绩预告、业绩快报前的窗口期内不得转让
受让方及要求	科创板网下打新投资者或者上交所规定的其他机构投资者（含其管理的产品）、协会备案私募基金（且其管理的拟参与本次询价转让的产品已经在协会完成备案）； 与控股股东、受委托证券公司无关联关系
数量	单次单一或多股东合计不低于 1%
价格	不低于发送认购邀请书前 20 个交易日均价的 70%
价格确定机制	与竞价定增类似，按照价格、数量、时间优先原则询价决定
锁定期	6 个月

7.1.2 科创板股东减持方式对比

询价转让的推出丰富了科创板股东减持方式，因此科创板股东可通过询价转让、配售、协议转让、大宗交易、集中竞价交易等方式减持股份，详细对比如表 7.2 所示。

表 7.2 科创板首发前股东主要减持方式对比

	询价转让	配售	协议转让	大宗交易	集中竞价交易
减持价格	不低于发送认购邀请书前 20 个交易日均价的 70%	不得低于本次配售首次公告日前 20 个交易日均价的 70%	转让价格范围下限比照大宗交易的规定执行，即科创板不低于定价基准的 80%	（1）有涨跌幅限制，按当日涨跌幅限制； （2）无涨跌幅限制，按前收盘价上下 30%或当日最高最低价格之间	二级市场涨跌幅

续表

	询价转让	配 售	协议转让	大宗交易	集中竞价交易
比例限制	单次单一或多股东合计不低于1%	股东单独或者合计拟减持首发前股份数量达到科创公司股份总数5%	单个受让方受让股比不低于5%	连续90日不超过2%	连续90日不超过1%
对股价影响	市场反应中性	市场反应中性	取决于价格	负面	负面
锁定期	6个月	-	在受让6个月内,连续90日内,减持不得超过1%	6个月	-
费用	支付一定的券商费用	支付一定的券商费用	-	-	-
问题	减持价格由询价确定,投资者仅可设定下限	类似于配股,老股东增持意愿不强,尚无案例	非标、非公开交易,摩擦成本高	交易透明度低,多股东减持可能相互踩踏	减持方便,但减持数量有限,且受限于交易量,持续减持对股价压力较大

相比大宗交易,询价转让减持的制度优越性包括以下几点:

(1)市场化定价,特别适合国企及一些股权投资基金;

(2)统筹协调股东减持的有效方法,避免了二级市场价格的大幅波动;

(3)减持额度高、满足创投资本高效流动的特点,提升减持效率。同时,询价减持不会影响集中竞价和大宗减持的额度。因此很多持股比例较高的投资者,会选择询价转让和其他减持方式并用。

私募EB虽然也可实现大比例减持,但对发行主体有限制,需要质押股权,所以不适用科创板上市公司的股东减持。

7.1.3 主要出让方

尽管询价转让可以有效缓解限售股解禁对市场的冲击，但询价转让推出后的近一年半时间，股东采用这种方式减持的案例并不多，主要有几个方面的原因：（1）作为新制度，可参考的案例有限，很多股东还未充分理解这一新方式；（2）询价转让适用于部分股东，大多数股东仍然采用大宗及集中竞价方式减持股份；（3）科创板上市公司数量有限，有些股份虽然进入解禁期，但尚未实际减持。

对询价减持有需求的股东主要有以下几种类型。

1. 同时解禁股东较多

对于解禁股东多、市场流动性较差的公司，若股东都通过集中竞价减持不利于公司股价的稳定，也会对出让方利益带来较大的影响。通过询价转让减持可有效协调各减持股东的利益，避免相互踩踏。

很多科创板公司在早期发展阶段需要不断融资，导致机构投资者较多。这类公司解禁时，解禁股份相对流通股比例较大，若不能有效协调，会导致定价失衡。

2. 持股比例大的股东，如一些私募股权投资基金

对于持股比例大的机构，受大宗和集中竞价减持比例的限制，很难快速减持，在实际减持过程中不断披露减持公告也会对股价带来负面冲击。通过询价转让，不但这类股东可以实现快速减持，还能减少对市场的负面影响。

3. 减持透明度要求高的国有股东

相比大宗减持，询价转让的定价更加公开透明，适合于国有股东的减持，提升减持效率。

4. 大股东及董监高

上市公司大股东持有的老股减持一直是一个监管难题，主要是因为大股东及董监高减持股份可能给市场造成不良影响，甚至带来流动性危机。作为内部知情人，大股东及董监高是最了解公司的群体，他们若大规模减持会给市场带来严重的负面影响。

市场往往担心大股东利用内部信息优势在二级市场套现，而询价转让的推出承认大股东的减持需求，将这种减持需求透明化，并将其引导为市场交易机制正常运行的一部分。

同时，大股东及董监高减持还受窗口期的限制，而通过询价转让减持不仅能减少冲击，还能在有限的时间内实现快速减持的目的。

7.2 询价转让投资流程与收益来源

询价转让投资类似于折扣更高的 6 个月竞价定增投资，但在投资流程上与其有差异，在收益来源上也有一定的差异。

7.2.1 投资流程

询价转让采用类似定增的询价方式确定转让价及受让方，但在投资流程上与定增有差异。由于询价转让是上市公司股东的减持行为，所以在调研安排上无法与定增比肩。在时间周期上，定增发行前投资者有充足的决策时间，但询价转让节奏明显更快。假设 T 日为询价日，投资流程如下。

1. 项目信息获取及尽调

上市公司首次公告的公开信息为 T-3 日收盘（询价报价日前三天）的询价转让计划书。若等到此公告时间才获取项目信息，投资者很难决策。监管规定，受托券商不能在公告前与投资者交流信息，因此给予意向投资者尽调及内部决策的时间极短，对投研能力要求极高。

通常投资者需要与询价转让组织证券公司建立合作关系，及时获取项目信息，如中信证券、中金公司、华泰证券等。投资者也可跟踪近期即将解禁的科创板公司，寻找投资机会。

因此，询价转让相比定增难以组织深度调研，需要投资者的研究及定价能力强，并能在短时间内做出决策。

2. T-3 日收到邀请书

组织券商 T-3 日收盘确定底价并向投资者发送邀请书，同时，上市公司对股东询价转让计划书进行公告。

3. 报价及获配缴款

T 日，券商组织询价，与竞价定增类似，按照"价格""数量""时间"优先原则确定转让价及受让方，报价策略及规则参见本书第 3 章。

T+2 日，获配受让方将资金汇入证券公司指定账户。

T+4 日，买卖双方办理股份交割，若遇节假日，过户时间会受到影响。

4. 限售期及解禁

自交割起，所获股份进入 6 个月限售期，解禁后方可卖出。

总体来说，询价转让投资退出周期与定增投资类似，但决策周期相对较短，这对投资者的投研能力要求较高，这也符合监管部门推出询价转让的初衷，即让更专业的投资者参与定价，降低解禁股对流动性的冲击。

案例分析：全市场首例询价转让项目

1. 公司简介及询价转让背景

中微公司（688012.SH）成立于 2004 年，成功研制了国内第一台电介质刻蚀机，主营业务是半导体加工设备生产及销售，主要产品包括 MOCVD 设备、VOC 设备、电感性等离子体刻蚀设备、电容性等离子体刻蚀设备。公司 2019 年 7 月 22 日登陆科创板，是 25 家首批登陆科创板的企业之一。

2020 年 7 月 22 日，公司首次公开发行部分限售股上市流通，解除限售的股份占总股本的 36.27%，共涉及 18 名股东。按照前一日收盘价计算，解禁金额高达 418.81 亿元，而公司前 5 日日均成交额仅为 13.09 亿元。

2. 本次询价转让

作为全市场第一个"吃螃蟹"的公司，中微公司在 2020 年 7 月 23 日晚间发布股东询价转让计划书，9 名股东计划通过询价方式合计减持 2.66%股份，总计 888 万股。其中 8 名股东委托中信证券组织实施询价，委托股比合计为 1.66%；1 名股东委托中金公司组织实施询价，委托股比为 1%。虽然成交价最低可以七折，但股东可设置高于此的价格，本次询价股东设置的底价为 178 元/股，为公告日收盘价 205.23 元/股的 86.73%，为前 20 日均价 242.20 元/股的 73.49%。本次询价时间安排如图 7.1 所示。

日期	询价转让时间安排
T-2 日和 T-1 日 （2020 年 7 月 24 日和 2020 年 7 月 27 日）	刊登《询价转让计划书》《核查意见》； 确认投资者收到《认购邀请书》； 接受投资者咨询
T 日 （2020 年 7 月 28 日）	上午 9:00-12:00 接收申购文件传真，簿记建档； 上午 12:00 前接受申购保证金； 根据询价结果确定转让价格； 向获配对象发出《缴款通知书》
T+1 日 （2020 年 7 月 29 日）	刊登《股东询价转让定价情况提示性公告》
T+4 日 （2020 年 8 月 3 日）	接受获配对象补缴申购余款及交易税费（截至下午 16:00）
P 日 2020 年 8 月 11 日	完成股份登记过户； 中国证券登记结算有限公司从组织券商自营担保交收资金账户扣收相应交易税费； 刊登《询价结果报告书》《核查报告》

图 7.1 中微公司询价转让时间安排

由于公司股价在询价日之前连续下跌，底价相对市价折扣率较低，最终虽然以底价成交，但相对询价日收盘价仅有 5.32% 的折扣率。2020 年 8 月 11 日本次询价完成股份交割，受让方获得股份于 2021 年 2 月 18 日解禁。按照解禁日收盘价计算，投资者亏损幅度为 20.90%。

从股东减持角度来看，本次共 9 名限售股股东减持 1423 万股，占总股本比例 2.66%，减持总金额 17.64 亿元，减持价格高达市价的 94.68%。受让股份限售 6 个月，有效地降低了解禁冲击。

在限售期，公司由于受到美国制裁，股价走势较弱。从投资者角度来看，7 名投资者以一定折扣认购了公司股份，当然由于折扣率较低，加上后续公司股价下跌，投资者产生了一定程度的亏损。中微公司股价走势如图 7.2 所示。

询价转让投资和定增投资一样为投资者提供了折扣收益，但光靠折扣收益不能保证盈利，本案例中折扣收益较低是亏损的一个因素，正股价格持续下跌也是很重要的一个因素。

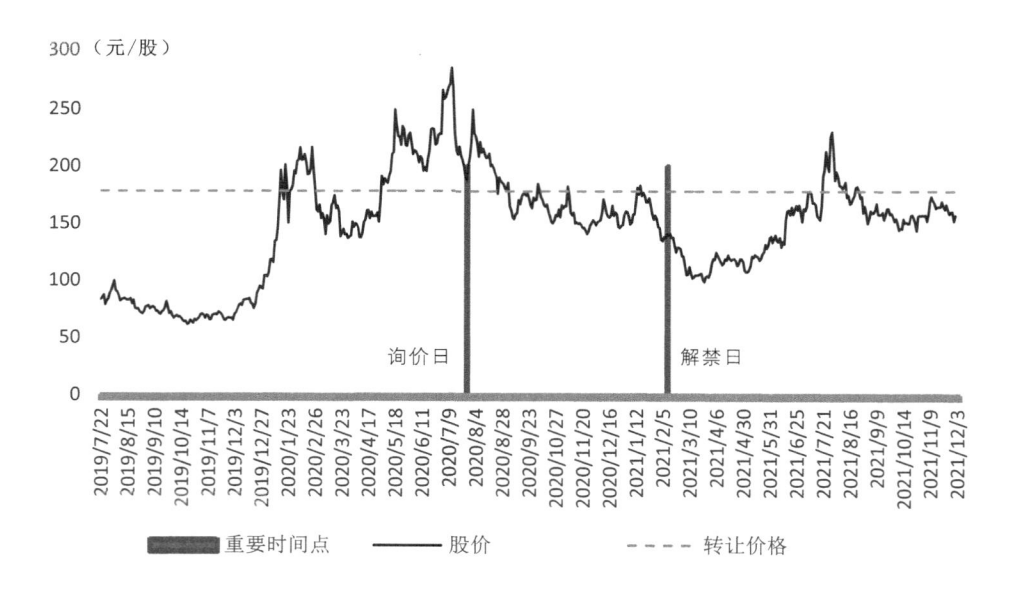

图 7.2 中微公司股价走势

7.2.2 询价转让的三个收益来源

询价转让投资类似于竞价定增,可以理解为同样锁定 6 个月,折扣比例更高的定增投资。不同之处在于,定增是上市公司的再融资工具,询价转让是股东的减持工具。

上市公司融资后带来的业绩改善为投资者创造的收益也是定增投资者的重要收益来源之一,而询价转让是股东套现离场,所以需关注后续是否有持续卖出的压力。

询价转让同样有三个收益来源。

1. 折扣收益

转让价相对市价的折扣创造的收益,与定增类似,是对投资者锁定 6 个月的补偿。

2. 同期市场收益

限售期内市场平均收益,取决于投资者的择时能力。

3. 个股超额收益

个股超额收益，即个股 α 收益，是限售期内个股股价涨跌幅超出基准指数收益的部分。个股超额收益可能有以下两方面的原因：公司基本面的变化及解禁冲击的变化。

解禁冲击的变化是询价转让特有的收益贡献来源。部分项目在询价之前，股价受解禁预期的过度影响处于超跌状态，即股价产生了过度反应，一旦情绪反转，股价超额收益明显。如果能够叠加不错的折扣收益，将进一步增厚投资收益。

7.2.3　三类主要投资者

询价转让投资者类别主要有以下三类。

1. 对冲型投资者

科创板股票可以融券做空，部分投资者采用套利策略参与，即参与询价转让投资的同时融券卖出该股票。也有些投资者看重折扣收益，构建投资组合，并通过做空工具对组合进行对冲，获取折扣收益。

2. 主动管理投资者

这类投资者本身具有极强的选股能力，询价转让只是其构建投资组合的一种工具，例如很多公募基金，通过询价转让建仓股票池内的股票。部分科创板公司股票流动性较差，投资者通过二级市场买入这些股票容易造成价格波动。

3. 类定增投资者

类似于定增的部分投资者，这类询价转让投资者综合考虑折扣和选股能力，通过专注此类投资获取超额收益。由于目前询价转让项目数量不多，所以此类投资者数量也较少。

7.3 询价转让发展前景

在美股市场，大股东大规模减持股份通常会采用公开发行的方式。这种方式接受的监管规则与公开发行（IPO 等）是相似的。这种公开发行能够获得更好的发行价格，定价更加充分，但需要流动性更好的市场作为支撑。考虑到目前 A 股的流动性状况，股东大比例减持股份采用非公开询价制度是较优的选择。因此，询价转让将会是股东减持的一个重要工具。截至 2021 年 12 月 3 日，科创板上市公司共 364 家，总市值 5.79 万亿元，其中限售股市值 3.61 万亿元，意味着询价转让潜在的市场空间巨大。

自询价转让制度推出以来，市场并没有想象的活跃。截至 2021 年 12 月 3 日，全市场仅有 16 个项目案例，涉及 15 家科创板公司，总金额 107.22 亿元，如表 7.3 所示。从 16 个项目案例来看，大多数项目高于底价发行，最终转让价展现了市场博弈的力量，也让定价变得更加市场化。

表 7.3 已实施询价转让项目基本情况

公司简称	折扣率（%）	股东数量	占股比（%）	总金额（亿元）	解禁日（部分为预估）	收益率（%）	受托券商
中微公司	5.32	9	2.66	17.64	2021/2/18	-20.90	中金公司&中信证券
天奈科技	10.73	6	3.56	3.38	2021/5/6	66.59	中信证券
西部超导	13.20	1	1.94	4.17	2021/5/6	10.94	华泰联合
金山办公	8.98	4	1.02	14.1	2021/5/6	25.93	中金公司
安恒信息	3.73	1	1.92	3.266	2021/7/5	8.99	中信证券
华峰测控	11.41	1	5	7.95	2021/11/15	120.43	中金公司
石头科技	7.53	6	1.56	11.52	2021/11/26	-23.53	中信证券
西部超导	6.56	1	2	4.58	2021/12/18	79.04	华泰证券
天奈科技	10.93	1	1	2.43	2022/1/7	56.03	中信证券
嘉必优	11.94	1	1	0.51	2022/1/13	57.39	中信证券
威胜信息	6.39	2	1.18	1.39	2022/1/22	36.06	中金公司

续表

公司简称	折扣率（%）	股东数量	占股比（%）	总金额（亿元）	解禁日（部分为预估）	收益率（%）	受托券商
艾迪药业	14.38	1	1	0.7249	2022/2/12	-9.15	中信证券
芯原股份	14.91	9	4.28	15.11	2022/2/27	7.15	中信证券
固德威	9.36	5	3.4	8.97	2022/3/17	48.67	中信证券
绿的谐波	4.16	1	0.81	1.45	2022/3/20	8.90	中信证券
九号公司	11.50	10	2.5	10.03	2022/5/9	2.81	中信证券

数据来源：万得资讯（截至 2021 年 12 月 3 日收盘，解禁项目按照解禁日收盘价统计收益率，未解禁项目按照最新收盘价计算收益率）

很多股东依然优先选择较为传统的大宗交易或集中竞价方式减持。随着科创板公司数量的不断增多，未来即将解禁或已解禁尚未减持规模的增加，询价转让作为一种创新的减持方式，会逐步被减持方认可。

2020 年 12 月 31 日，深交所发布《深圳证券交易所创业板股票上市规则（2020 年修订）》（深证上〔2020〕1298 号），指出上市公司股东可以通过向特定机构投资者询价转让、配售方式转让首次公开发行前已发行的股份（下称首发前股份），转让的方式、程序、价格、比例以及后续转让等事项，由深交所另行规定，报中国证监会批准后实施。这意味着后续创业板可能也会引入询价转让制度，这将进一步扩大询价转让的适用范围。

7.4　案例分析：绿的谐波与天奈科技

下面通过绿的谐波（688017.SH）和天奈科技（688116.SH）的减持作为案例来说明相关的知识。

7.4.1　绿的谐波：引入询价转让作为减持方式之一

1. 绿的谐波简介及本次询价转让背景

绿的谐波靠金属来料加工起家，经过多年在精密传动领域的积累，率先实现谐波减速器的国产化应用。近几年，公司生产的谐波减速器贡献了主要营收，营收占比在70%以上。下游应用领域主要是工业机器人，根据招股书披露，公司生产的谐波减速器在国内和国际市场占有率分别为21%、6%。

2021年8月30日，公司首发前股东迎来第一次解禁，解禁股份占总股本的30.52%，是解禁前总流通股本的127.16%。本次询价转让的出让方为先进制造产业投资基金（有限合伙）（下称先进制造基金），由国投创新投资管理有限公司管理，其持有公司总股份的8.47%，持有年限较长，投资成本较低。

2. 本次询价转让

先进制造基金委托中信证券组织本次询价转让，计划转出180.6万股，占总股本比例1.5%。由于减持预期较高，底价定在147.84元/股，相当于定价日收盘价的90.05%。因为折扣率较低，所以最终仅转让98万股，本次转让详情如表7.4所示。

表7.4 先进制造基金询价转让情况

询价日	2021/9/10	拟出让数量	180.6万股
底价	147.84元/股	转让价格	147.84元/股
转让总金额	1.45亿元	折扣率	4.16%
实际出让数量	98万股	投资者数量	4家

数据来源：公司公告

3. 出让方为何选择询价转让

先进制造基金本次实际转让数量虽未达预期，但由于设定了底价，出让价格仅比询价日收盘价低4.16%，减持价格较高，同时转让定价公开透明，有利于维护国有资本的保值增值。后续绿的谐波又公告先进制造基金计划通过集中竞价和大宗交易继续减持不超过2.7%的股份，从而实现了询价转让、大宗和集中竞价等多样化方式减持。询价转让时间安排及转让价格如图7.3所示。

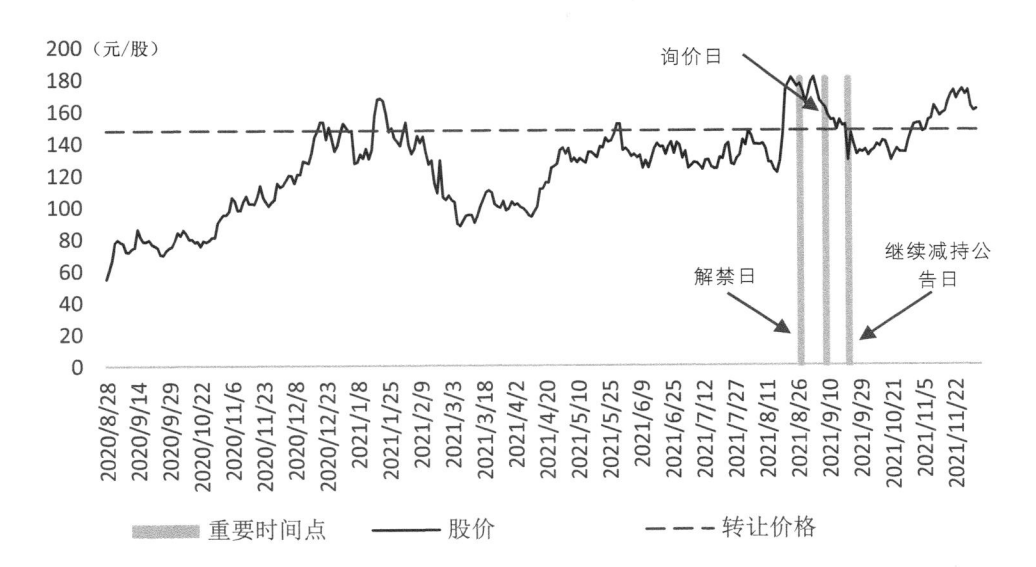

图 7.3 绿的谐波 2021 年询价转让前后股价走势

7.4.2 天奈科技：两次询价转让减持对比

截至 2021 年 12 月 3 日，天奈科技是首家推出两次询价转让的科创板公司，两次询价转让过程展现了投资者在询价报价上的博弈心态变化较快。

1. 天奈科技简介

天奈科技是碳纳米管龙头企业，主营产品为碳纳米管导电浆料，替代炭黑等传统导电剂用于动力电池。主要客户包括比亚迪、宁德时代、ATL 等优质锂电池厂商。

2. 两次询价转让

公司于 2019 年 9 月 25 日登陆科创板，2020 年 9 月 25 日迎来首发前限售股解禁，共 32 名股东合计解禁 1.21 亿股，是解禁前流通股的 218.31%，这意味着流通股增加了两倍多。

公司股东先后进行两次询价转让，转让情况如表 7.5 所示。首批 6 家股东在解禁后便推出了第一次询价转让，在公司股价大幅上涨后，其中 1 家股东 GRC Sino Green Fund III, L.P.启动了第二次询价转让。截至 2021 年 7 月 7 日，该股东股比由解禁前的 9.82%降至 2.14%，两次询价分别转让 1.5%、1%。

表 7.5 天奈科技两次询价转让情况

第一次询价转让			
询价日	2020/10/26	拟出让数量	1648.44 万股
底价	41 元/股	转让价格	41 元/股
转让总金额	3.38 亿元	折扣率	10.73%
实际出让数量	825 万股	出让股比	3.56%
出让股东数量	6 家	投资者数量	4 家
第二次询价转让			
询价日	2021/6/26	拟出让数量	232 万股
底价	86 元/股	转让价格	105.1 元/股
转让总金额	2.44 亿元	折扣率	10.93%
实际出让数量	232 万股	出让股比	1%
出让股东数量	1 家	投资者数量	7 家

3．两次询价过程投资者热情差异巨大

两次询价转让时间及股价走势，如图 7.4 所示。天奈科技上市后股价一直处于区间震荡，表现并不亮眼，因此第一次询价转让市场关注度较低。而第二次询价转让期间公司股价表现亮眼，市场关注度极高，虽然两次转让折扣率接近，但含金量差别较大，第一次询价转让的折扣率价值更高。

在第一次询价转让期间，第一轮报价仅收到两份报价单，在追加环节又收到 3 份报价单，最终 4 家机构获配，实际转让数量仅 825 万股，相当于计划转让数量的 50%，转让价格折扣率为 10.73%。按照解禁日（2021 年 5 月 6 日）收盘价计算，此次询价转让投资者收益率达 66.59%。

而第二次询价转让，计划转让仅 232 万股，却吸引了 22 份有效报价单，最终折扣率 10.93%，与第一次接近，但股价已处于相对高位。转让股份在 2022 年 1 月 7 日解禁，截至 2021 年 12 月 3 日收盘投资者账面浮盈为 56.03%。

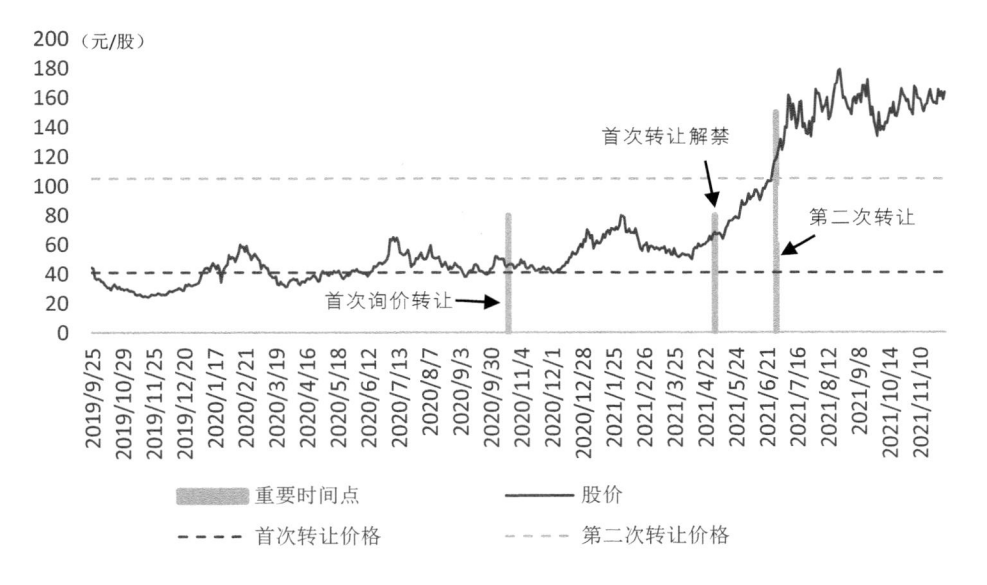

图 7.4　天奈科技两次询价转让前后股价走势

第 8 章

定向可转债投资

定向可转债这一创新品类一度备受市场关注，也成为很多上市公司并购重组支付及配套融资的工具。其具备公募可转债的类似条款，但缺少活跃的交易市场，让投资难度加大。作为 PIPE 投资的一个新工具，未来前景仍然可期。

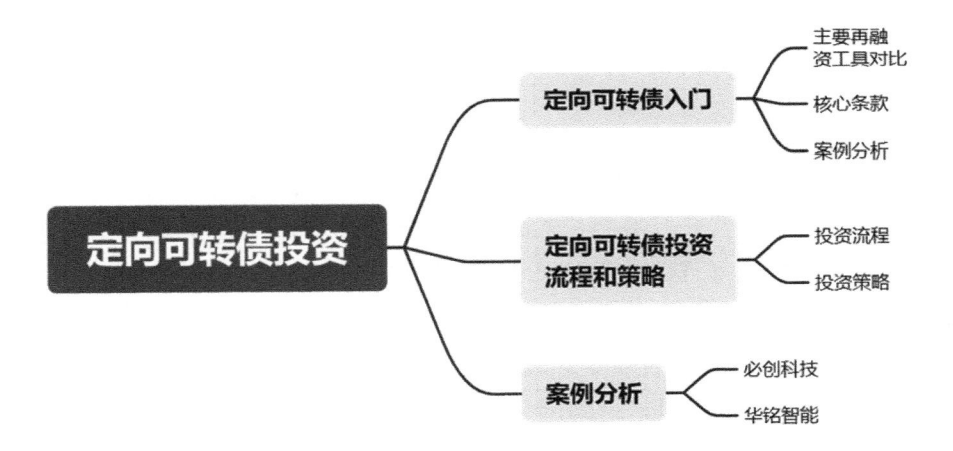

第8章 定向可转债投资

- 定向可转债投资
  - 定向可转债入门
    - 主要再融资工具对比
    - 核心条款
    - 案例分析
  - 定向可转债投资流程和策略
    - 投资流程
    - 投资策略
  - 案例分析
    - 必创科技
    - 华铭智能

8.1 定向可转债投资入门

定向可转债是上市公司面向特定对象发行的可转换公司债券，区别于公募可转债，定向可转债采取非公开方式发行，募资用途为并购交易对价支付或并购配套融资。

8.1.1 背景及意义

上市公司定向可转债源于 2014 年 3 月 24 日国务院印发的《关于进一步优化企业兼并重组市场环境的意见》（国发〔2014〕14 号），该意见提到"允许符合条件的企业发行优先股、定向发行可转换债券作为兼并重组支付方式，研究推进定向权证等作为支付方式"。

后续证监会及交易所陆续完善定向可转债的相关规则，直到 2018 年 11 月全市场首个定向可转债预案才诞生，由上市公司赛腾股份（603283.SH）推出。2019 年 12 月 3 日，新劲刚（300629.SZ）成为首家成功发行定向可转债的上市公司。作为新品类，定向可转债配套制度在不断完善中，如表 8.1 所示。

表 8.1 定向可转债法律规范

时间	政策	主要内容
2014 年 3 月	《关于进一步优化企业兼并重组市场环境的意见》	允许符合条件的企业发行优先股、定向发行可转换债券作为兼并重组支付方式
2014 年 6 月	《上市公司重大资产重组管理办法》	上市公司可以向特定对象发行可转换为股票的债券、定向权证用于购买资产或者与其他公司合并
2018 年 11 月	《证监会试点定向可转债并购支持上市公司发展》	积极推进以定向可转债作为并购交易支付工具的试点，对定向可转债的具体用途做出明确的限制
2019 年 12 月	《关于加强金融服务民营企业的若干意见》	结合民营企业合理诉求,研究扩大定向可转债适用范围和发行规模

续表

时间	政策	主要内容
2020年2月	上市公司定增新规	此期间定向可转债项目参照了定增相关规则
2020年12月	《上海证券交易所上市公司自律监管规则适用指引第4号——向特定对象发行可转换公司债券》	对向特定对象发行可转换公司债券交易及信息披露进行规范
2020年12月	《可转换公司债券管理办法》	对向特定对象发行可转债转股价及换股期进行专门规范

截至 2021 年 12 月，定向可转债核心要素如表 8.2 所示。定向可转债募资用途限定在并购重组中，用于并购交易对价支付或配套融资工具。其中配套融资工具可以作为 PIPE 投资者投资工具，本书也以此来讨论定向可转债。

表 8.2 定向可转债核心要素

核心要素	要求
债券交易	不得采用公开的集中交易方式转让
转股价	不低于认购邀请书发出前 20 个交易日发行人股票交易均价和前一个交易日均价，且不得向下修正
转股期	发行后不少于 6 个月进入转股期
转股后的限售	所转换股票自可转债发行结束之日起 18 个月内不得转让
资金用途	并购重组中用于支付工具或者募集配套融资工具

8.1.2 主要再融资工具对比

1. 对比公募可转债

与公募可转债相比，定向可转债案例相对较少，适用范围也仅限于并购重组的募集配套融资。定向可转债采用网下询价发行，投资者可以获得足够的转债数量，而公募可转债采用老股东优先配售，上网定价。两者对比如表 8.3 所示。

2. 对比定向增发

（1）从发行人角度来看

上市公司并购重组募集配套融资可采用定向可转债或者定增募资，由于定向可转债具有债券属性，相当于给予投资者一定的保护，因此定向可转债发行比定增更容易一些，在市场整体弱势的情况下，可作为发行人重要的募资工具。定向可转债转股价相对市价折扣通常也更低，对原股东的股份稀释也更少，而定增一般会有不错的折扣，对原股东的股份稀释自然更多。

（2）从投资者角度来看

定向可转债投资和定增投资有诸多相似之处，均通过询价确定投资者，定向可转债一般通过申报转股价确定投资者，定增则通过申报增发价确定投资者。定向可转债首先是债券，具有保底属性，但由于债券期限长，不可下修转股价，且没有活跃的交易市场，仅可转股获得收益或者持有至到期获得兑付。定增一般具有折扣，投资者可获得折扣收益。按照最新政策，定向可转债转股价有限制，投资者很难享受到相应的折扣收益。

表 8.3 定向可转债和公募可转债对比

	定向可转债	公募可转债
转股价	不低于认购邀请书发出前 20 个交易日发行人股票交易均价和前一个交易日均价	不低于募集说明书公告日前 20 个交易日发行人股票交易均价和前一个交易日均价
上修条款	可设置上修条款	不可上修
下修条款	不可下修	可设置下修条款
期限	一般 3~6 年	一般 6 年
转股期	一般发行后 6 个月，但发行后 18 个月后才可卖出股票	6 个月进入转股期，转股后第二天可卖出股票
适用范围	并购重组募集配套融资	项目融资及补充流动资金
发行方式	网下发行，向特定对象询价发行	原股东优先配售，上网定价
交易方式	不得采用公开的集中交易方式	上交所或深交所公开交易

8.1.3 定向可转债核心条款

定向可转债作为一种非公开发行的可转债，在条款上和公募可转债有很多相同之处。截至 2021 年 12 月 8 日，全市场共发行 14 单以并购募集配套融资为目的的定向可转债，如表 8.4 所示。

表 8.4 已发行定向可转债案例

公告日	转债名称	公司简称	总金额（亿元）	期限（年）	初始转股溢价率
2019/12/26	继峰定 02	继峰股份	7.18	6	−7.38%
2020/02/24	中京定 02	中京电子	2.40	6	−39.38%
2020/04/23	辉隆定 02	辉隆股份	5.14	5	−29.64%
2020/05/08	必创定 02	必创科技	1.25	3	−11.05%
2020/06/05	劲刚定 02	新劲刚	0.72	6	−24.93%
2020/05/27	雷科定 02	雷科防务	3.97	6	−20.91%
2020/07/21	华铭定 02	华铭智能	1.20	6	1.40%
2020/07/24	中闽定 02	中闽能源	5.60	3	−6.22%
2020/09/03	国泰定 02	国泰集团	2.84	4	−0.69%
2020/09/11	动力定 02	中国动力	15.00	6	9.65%
2020/12/02	TCL 定转 2	TCL 科技	26.00	2	14.12%
2020/12/31	天业定 02	新疆天业	12.16	6	−5.75%
2021/03/26	神马定 02	神马股份	4.00	6	−24.25%
2021/06/19	北新定 02	北新路桥	1.50	6	−17.58%

1．转股价及下修条款

转股价是可转债转股的对价，是定向可转债的核心条款，直接决定可转债的价值。转股价由询价确定，根据投资者报价按照"价格优先、金额优先、时间优先"的顺序确定。

从 2020 年定增新规出台至 2021 年 1 月 31 日期间，定向可转债转股价的底价遵循定增底价确定原则，即不低于认购邀请书发出前 20 个交易日发行人股票交易均价的 80%。因此，已发行的案例投资者均享受了折扣收益，一方面是老规则允许折价所致，另一方面也表明市场上的投资者参与热情不高，除个别项目外，转股价均低于市价，即转股溢价率小于零。

《可转换公司债券管理办法》（证监会令【第 178 号】，2020 年 12 月 31 日）规定"定向可转债转股价不低于认购邀请书发出前 20 个交易日发行人股票交易均价和前一个交易日均价，且不得向下修正"。这意味着定向可转债投资者很难再享受到转股价低于市价的折扣收益，定向可转债也不可设置下修条款。

2. 债券期限

债券期限是定向可转债的存续期，即投资者未转股发行人的到期兑付时间。已发行案例债券期限都在 2～6 年不等，6 年期限最多。

由于转股价不可下修，一旦股价远远低于转股价，债券期限越长对投资者越不利。期限最短的 TCL 科技（000100.SZ）定向可转债期限为 2 年，因此吸引了众多投资机构参与，初始转股溢价率为 14.12%，若无法转股，两年后可获得债券本金兑付。

3. 票面利率和补偿利率

和可交债类似，定向可转债票面利率相对较低，投资者被转股预期吸引，对票面利率关注较少。14 个案例中首年票面利率低于 1% 的有 8 个，剩余 6 个中最高的继峰股份（603997.SH）定向可转债票面利率为 3%，当然相比公募可转债很多仅 0.1% 的票面利率还是要高不少。

这 14 个案例中有 10 家公司设置了补偿利率，若投资者未能转股，可以在最后一年获得较高的利息费用补偿。

4. 转股期

转股期即定向可转债可以转股的时间，一般是在发行后 6 个月起至债券到期日。

5. 上修条款

上修条款是定向可转债赋予发行人在约定条件满足时，向上修正转股价的权利，这是对投资者权利的一种损害，一般很少有公司设置此条款。

6. 回售条款

回售条款即投资者有权在约定条件触发时，要求发行人将可转债购回。这一条款是对投资者的保护，若股价持续低于转股价，投资者可提前收回投资，一般回售条款都设计为在债券存续期的最后一段时间。

7. 赎回条款

定向可转债一般不设强制赎回条款，这一条款会封住投资者的收益上限值，常见于可交债。因此投资者不必急于转股，这样既可享受债券的安全性也能获得转股的收益。

【案例分析】TCL 定转 02

以下以 TCL 定转 02（124017.SZ）为例介绍定向可转债核心条款。TCL 定转 02 为 TCL 科技收购武汉华星 39.95% 股份时的募集配套融资工具，发行时间为 2020 年 11 月 30 日，总规模 26 亿元，核心条款如表 8.5 所示。

表 8.5 TCL 定转 2 核心条款

条款	内容
初始转股价	8 元/股
债券期限	2 年
票面利率	第一年 0.5%，第二年 0.1%
补偿利率	无
转股期	发行后 6 个月（2021/05/31 至 2022/11/29）
上修条款	无
回售条款	在本次非公开发行的可转换公司债券锁定期结束后，如公司股票连续 30 个交易日的收盘价格均低于当期转股价格的 70%，则可转换公司债券持有人有权行使提前回售权，将其持有的可转换公司债券的全部或部分以面值加当期应计利息的金额回售给公司
赎回条款	本次非公开发行的可转换公司债券转股期内，当本次非公开发行的可转换公司债券未转余额不足 3000 万元时，公司有权提出按照债券面值加当期应计利息的价格赎回全部或部分未转股的可转换公司债券

8.1.4 案例分析：全市场首单定向可转债募集配套融资

2019 年 12 月 26 日，继峰股份（603997.SH）公告用于并购募集配套融资的定向可转债继峰定 02（110802.SH）登记完成。尽管此前新劲刚和赛腾股份均发行了定向可转债，但都是支付并购交易对价的工具，继峰定 02 是全市场首例面向特定投资者发行的并购募集配套融资工具，即 PIPE 工具。

1. 本次交易背景

继峰股份为汽车零部件上市公司，主营产品为汽车头枕、头枕支杆和座椅扶手。德国上市公司 Grammer 主营产品也是乘用车座椅头枕、座椅扶手等，与继峰股份拥有较强的协同效应，并且其业务覆盖 19 个国家，拥有较好的品牌声誉及较强的全球化运营能力。

2018 年，Grammer 寻求战略投资者入股以稳定其股权结构，继峰股份实控人联合外部投资者设立 SPV（Special Purpose Vehicle，特殊目的实体）——继烨投资收购了 Grammer 84.23%的股份。

本次定向可转债涉及的交易为上市公司继峰股份从大股东及外部投资者手中收购继烨投资 100%股份，从而实现对 Grammer 的控股。

2. 本次交易结构

本次收购交易对价为 37.54 亿元，采用定向可转债、增发换股和支付现金三种方式支付对价，同时发行定向可转债和股份募集配套融资 7.98 亿元（最终实际募资 7.18 亿元），交易结构如图 8.1 所示。

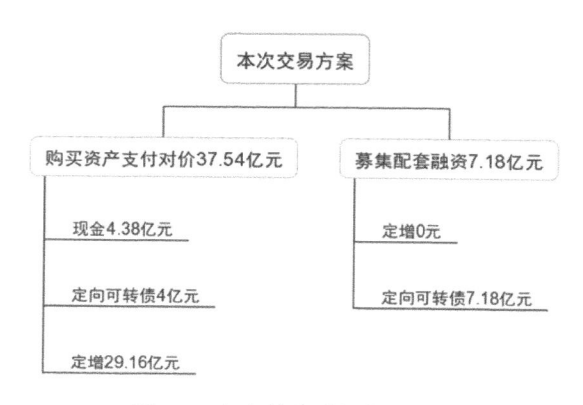

```
                    本次交易方案
                   /            \
        购买资产支付对价37.54亿元    募集配套融资7.18亿元
              |                        |
          现金4.38亿元               定增0元
              |                        |
          定向可转债4亿元          定向可转债7.18亿元
              |
          定增29.16亿元
```

图 8.1　本次并购重组交易方案

购买资产支付对价为向继烨投资原股东支付，募集配套融资采用非公开询价方式，定向可转债不超过 7.18 亿元、定增不超过 0.798 亿元。定向可转债和定增分别询价，仅有投资者申报定向可转债，总申购金额 8.82 亿元，无投资者申报定增。定向可转债转股价由发行人事先确定，投资者按照金额优先原则进行分配，最终 3 家投资机构成功参与投资。

本次交易中继峰股份先发行了继峰定 01 用于支付并购交易对价，后续询价发行继峰定 02 用于募集配套融资，由于目的不同在条款设计上也有差异，如表 8.6 所示。由于发行人需要对被收购方进行限制，因此支付并购交易对价的交易对手持有继峰定 01 的锁定期更长，并且没有设定票面利率和补偿利率。

表 8.6　继峰定 01 与继峰定 02 核心条款对比

	继峰定 01	继峰定 02
总金额（亿元）	4	7.18
转股价（元/股）	7.59	7.41
债券期限（年）	6	6
票面利率（%）	-	3
补偿利率（%）	-	15
换股期	发行之日起满 12 个月	发行之日起满 12 个月
限售期	36 个月	6 个月

3．定向可转债募资的好处

继峰定 02 询价日公司股票收盘价为 8 元/股，同类公司同期定增发行折扣率至少在 15%以上，而继峰定 02 转股价为 7.41 元/股，折扣率仅为 7.37%。当时定增发行难度也普遍较高，因此对继峰股份来说，通过定向可转债募集配套融资，既解决了发行难的问题，在一定程度上也少稀释了股份。

8.2　定向可转债投资流程和策略

前面介绍了定向可转债的相关知识，那它们如何投资呢？这一节就来介绍相应的投资流程和投资策略。

8.2.1　投资流程

定向可转债投资流程和定增类似，均有充足的项目尽调时间，但在退出环节与定增直接卖出股票不同，定向可转债需要转股后卖出股票，这一点和可交债更相似。假设定向可转债询价日为 T 日，投资流程可分为以下几个阶段。

1．项目信息获取及尽职调查

由于定向可转债是上市公司并购重组的募集配套融资工具，上市公司会公告并购重组交易报告书，投资者在此环节即可跟踪研究，上市公司一般也会组织专门的调研，因此定向可转债的项目信息获取和尽职调查相对方便。

2. T-3日收到邀请书

上市公司获得并购重组核准批文后，需先进行收购资产的交割，交割完成后方可启动募集配套融资的询价。发行人会在T-3日向意向投资者发送邀请书。

3. T日报价及T+3日缴款

收到邀请书的投资者可在T日进行报价，定向可转债报价目前无统一的标准。如TCL科技采用申报转股价，按照"价格优先、数量优先和时间优先"的原则进行分配；而继峰定02因转股价事先确定，承销商在询价环节按照"数量优先和时间优先原则"进行分配；必创定02则采用更加创新的定增和定向可转债搭售的方式进行询价。

获配投资者一般会在T+1日收到获配通知邮件，邮件中包含缴款的相关要求，一般要求投资者T+3日缴款。

4. 转股期转股

定向可转债一般从发行之日起6个月后进入转股期，由于定向可转债无活跃的直接交易市场，因此投资者需要择机转股获取收益。若股票市价持续低于转股价，投资者没有机会转股，只能在条件满足时选择提前回售或等待到期兑付。

5. 回售或到期兑付

一般定向可转债到期前一段时间会有回售安排，若满足回售条件，投资者可要求发行人按照约定价格购回可转债。也有部分可转债未能满足回售条件，投资者只能等待债券到期兑付。

辉隆股份（002556.SZ）通过定向可转债募集配套融资收购资产时间安排如图8.2所示。从2019年8月31日上市公司公告交易报告书起，投资者即可获取项目信息，中间经历获取核准批文、资产交割完成公告等关键时间节点，于2020年3月23日启动定向可转债询价。由于定向可转债无强制赎回条款，投资者一般不急于转股。本次可转债总金额共5.14亿元，在2020年12月30日前转股金额为2.84亿元，截至2021年12月9日仍有2.3亿元未转股。

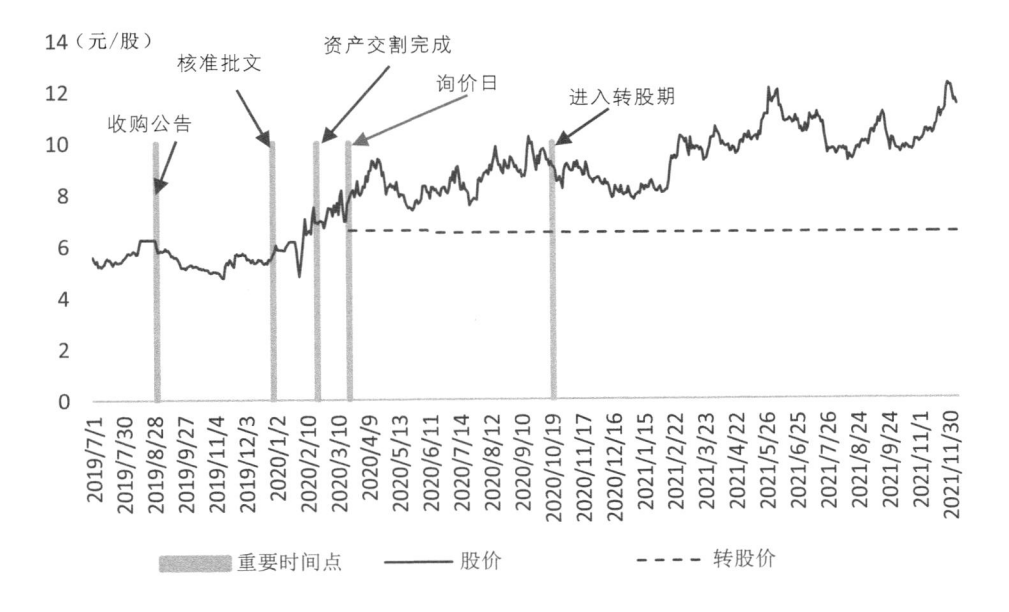

图 8.2 辉隆股份定向可转债时间安排

> **大咖说**
>
> 定向可转债投资一度极具吸引力，与可交债类似，但与可交债相比，其在转股价格和主体信用上都明显占优。
>
> 辉隆股份是市场上第一个按照"转股价的底价是基准价格的 8 折，转股等待期是 6 个月"的条款发行的定向转债。当投资者看到辉隆股份定向转债的项目后，就会立刻意识到这是一个不错的投资机会。首先，当时辉隆股份的市场关注度不高；其次，可转债条款对投资者也很友好，是一个典型的"好标的"加"好交易结构"的投资机会。
>
> ——偕沣资产高熠

8.2.2 投资策略

1. 投资本质

定向可转债与可交债类似，也是一个典型的"进可攻，退可守"的品种。

因为不能下修转股价，定向可转债实际上是一个低票息的债券外加一个美式看涨期权。可交债和公募可转债很多会下修换/转股价，定向可转债无法下修转股价，而债券本身到期收益率又不高，因此定向可转债的收益主要来自转股收益，即正股价格的上涨可能性及上涨空间。

定向可转债与可交债相比，发行人信用等级通常更高，对应债券违约的可能性更低。定向可转债存续期较长，一旦正股价格远远低于转股价，看涨期权价值就会很低，也无法像公募可转债一样能通过下修提升期权价值。同时，定向可转债缺乏活跃的交易市场，无法通过直接交易实现退出的目的。因此，定向可转债虽然"进可攻，退可守"，降低了投资难度，但需关注正股未来上涨的可能性及上涨空间，因为这是定向可转债获得超额收益的唯一路径。

2．定向可转债定价

没有活跃的直接交易市场，因此投资者仅可通过转股、提前回售或者到期兑付实现投资退出。定向可转债定价与可交债采用类似思路，可参照本书第6章内容。

3．投资策略

定向可转债投资策略相对简单，一般仅可持有至到期、提前回售或者转股获得收益。

对于更关注持有至到期的投资者，债券的票息及到期补偿利率更重要，不能因为其拥有转股预期，而接受过低的债券到期收益率。

对于期望获得转股收益的投资者，在询价环节需严格控制报价，同时需要对正股进行深入研究，并对未来上涨的可能性及空间进行分析。但由于定向可转债不能下修转股价，因此投资者应该避免参与估值明显偏高、股价处于高位的标的。一般定向可转债无强制赎回条款，这给予了投资者更多的收益空间。可转债和可交债在强制赎回条款的限制下，收益也会被限制。一旦发行人启动强制赎回条款，投资者仅可获得30%左右的收益率。

8.3　案例分析：必创科技与华铭智能

下面通过两个案例来讲解定向可转债的投资技巧。

8.3.1　必创科技：股债混合投资

必创科技（300667.SZ）成立于2005年，于2017年6月上市。主营产品为工业过程无线监测系统解决方案（监测方案）、力学参数无线检测系统解决方案（检测方案）、MEMS压力传感器芯片及模组产品（MEMS产品）。它主要应用场景包括数字油田和智能电网，属于定制化商业模式。其面临主业天花板不高、难以做大的困境，净利润2017年、2018年两年虽有大幅增长，但仍未迈过5000万元的重要关口。

2019年，公司以总对价6.2亿元收购卓立汉光，卓立汉光为光电分析检测仪器生产商。此次收购募集配套融资总金额2.5亿元，定增和定向可转债金额各占一半。询价方式为定增配可转债，配售比例1∶1，即投资者需要同时申报等金额的定增和定向可转债，定增价格和转股价为同一价格，由询价确定。

定增锁定期为6个月，而定向转债存续期最长可达3年，因为很多基金产品有流动性及存续期要求，所以满足条件的投资者相对较少，同一产品能够同时投资这两个品类的更少，因此这次报价以自有资金投资者报价为主。这一配售规则，对投资者的研究能力要求也更高，需同时对定增和定向可转债投资具备一定的研究能力。

由于投资者报价不积极，此次发行通过追加认购才募集完成，因此定增价/转股价确定为发行底价，即22.95元/股，与当日收盘价27.11元/股相比折扣率为15.34%。询价日当天公司股价处于相对低位，因此本次定增和定向转债均取得了不错的收益，按照解禁日收盘价计算定增投资者收益率为84.24%，按照转股期第二天收盘价（转股获得的股票第二天才可卖出）计算定向可转债收益率为 65.33%。本次可转债投资过程如图 8.3 所示。

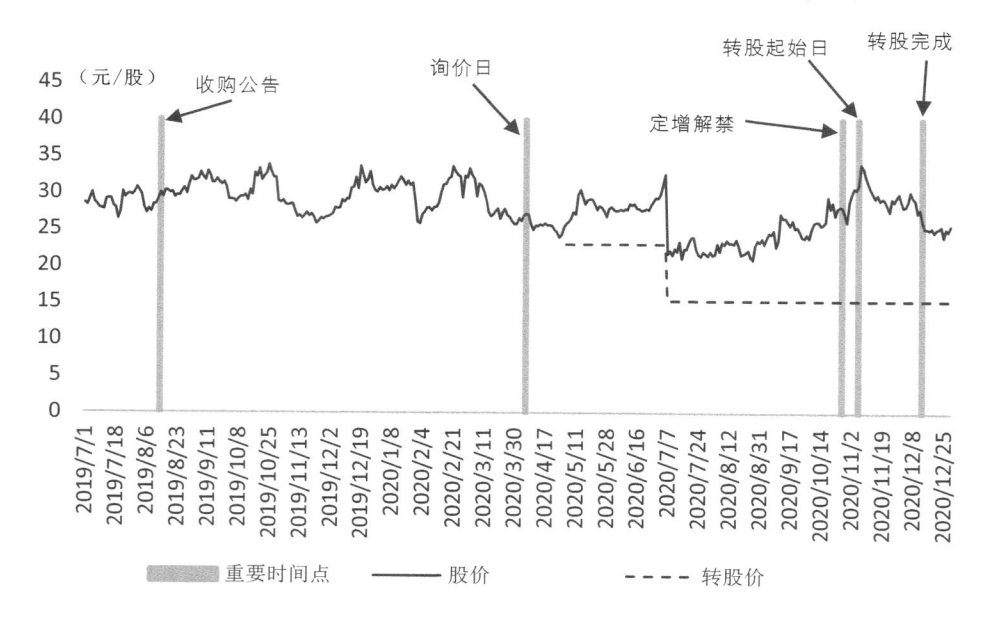

图 8.3 必创科技定向可转债投资情况

8.3.2 华铭智能：股价持续下跌的风险

华铭智能（300462.SZ）为地铁售检票系统民营龙头，受限于现有业务现金流差、天花板低，公司计划通过收购拓展业务空间。2019 年，其收购国内领先的 ETC 设备生产商聚利科技。此次收购募集配套融资采用定向可转债方式，总金额 1.2 亿元，用于支付收购对价和补充流动资金，定向可转债简称为华铭定 02（124014.SZ）。

2020 年 7 月 9 日，华铭定 02 启动询价，时间安排如图 8.4 所示。在此之前发行的定向可转债表现都不错，因此本次询价吸引了不少投资者，投资者的报价热情也较高。共有 18 家投资者报价，申购总金额 5.62 亿元，相对 1.2 亿元的发行金额，申购倍数近 5 倍。最终转股价为 26.03 元/股，与底价 20.05 元/股相比溢价 29.82%，相对当日收盘价 26.02 元/股高出 0.01 元/股。

2019 年和 2020 年聚利科技 ETC 业务收入为突发性收入，不可持续。华铭智能地铁相关业务也未见好转，公司股价在可转债询价完成后仅短暂超过转股价，随后便一路下跌。转股起始日公司股价仅为 19.61 元/股，远低于转股价，在转股期内公司股价持续下跌，一直未给投资者转股机会。截至 2021 年 12 月 10 日，公司股价为 12.81 元/股，远低于转股价的 25.88 元/股。

可转债虽已满足向下修正条件"如上市公司股票在任意连续 30 个交易日中至少有 15 个交易日的收盘价低于当期转股价格的 90%时"，但华铭智能并未进行下修。在这种情况下，定向可转债表现为债券价值，看涨期权价值极低。票面利率为：第一年为 0.30%、第二年为 0.50%、第三年为 1.00%、第四年为 1.50%、第五年为 1.80%、第六年为 2.00%，到期补偿利率为 10%，6 年收益率合计仅为 17.1%。对于投资者来说，上市公司违约的可能性很低，最大的风险是损失了流动性和机会成本。

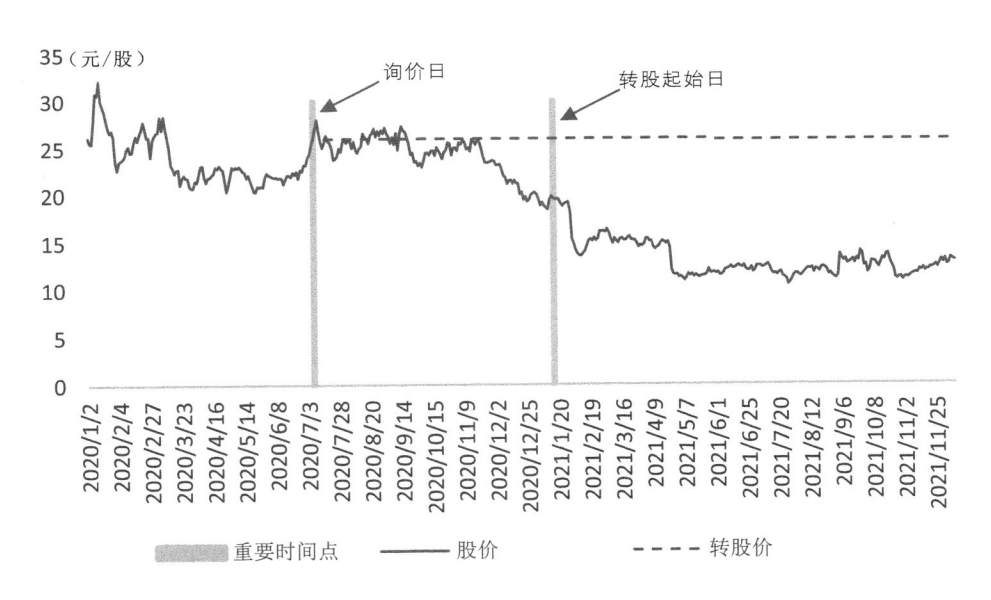

图 8.4 华铭智能定向可转债投资情况

第9章

大宗交易投资

　　大宗交易作为重要性仅次于集中竞价的交易方式，近几年市场规模均在4000亿元以上。有锁定期大宗交易的出现，有效地缓解了股东解禁对市场的流动性冲击，也为投资者创造了一个全新的PIPE投资品种。

第9章 大宗交易投资

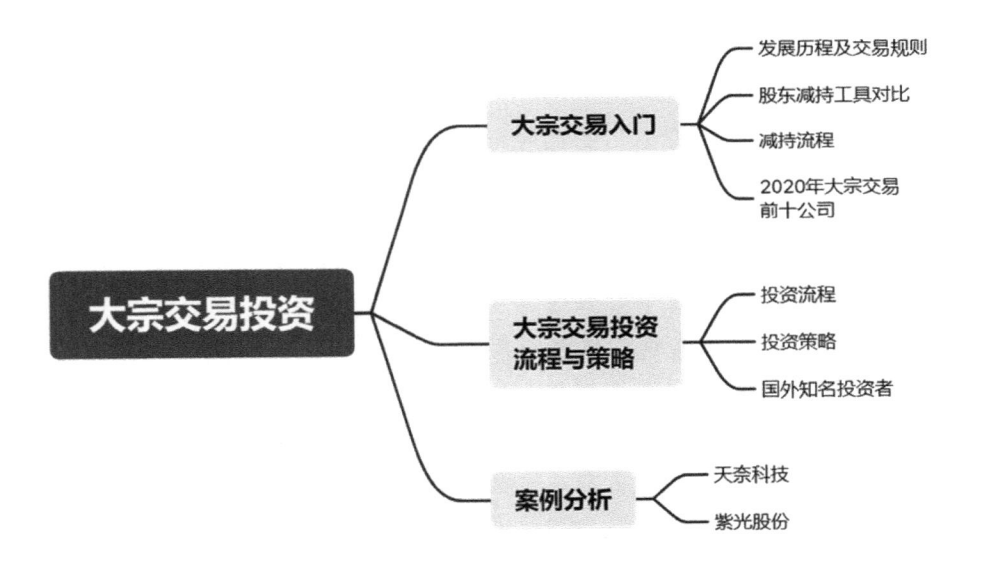

- 大宗交易投资
  - 大宗交易入门
    - 发展历程及交易规则
    - 股东减持工具对比
    - 减持流程
    - 2020年大宗交易前十公司
  - 大宗交易投资流程与策略
    - 投资流程
    - 投资策略
    - 国外知名投资者
  - 案例分析
    - 天奈科技
    - 紫光股份

9.1 大宗交易投资入门

大宗交易（Block Trading），又被称为大宗买卖，是指达到规定的最低限额的证券单笔买卖申报，买卖双方经过协议达成一致并经交易所确定成交的证券交易。

大宗交易分为无锁定期和有锁定期（受让方持有股份需锁定6个月）两种类型。

- 无锁定期大宗交易：受让股份次一交易日即可在二级市场抛售，投资者以赚取差价为主要目的，这种大宗交易对投资能力的要求相对较低。因为没有锁定期，折扣率也较低，总体仅有 2%~3%。无锁定期大宗交易经过多年的发展，市场相对成熟，竞争异常激烈。投资者的赚钱思路也都是资金生意模式为主，追求高周转，以赚取差价为主，他们通常不具备投资判断能力。
- 有锁定期大宗交易：要求投资者至少持有 6 个月，虽然有一定的折价补偿，但仍需投资者承担锁定期间的市场风险及个股风险，对投资者的要求与无锁定期大宗交易差异较大。本书主要讨论有锁定期大宗交易。

9.1.1 发展历程及交易规则

1. 发展历程

自 2002 年 3 月 19 日深交所第一笔大宗交易、2003 年 1 月 20 日上交所第一笔大宗交易推出以来，沪深两市大宗交易规模逐步增大，并成为上市公司股东交易的重要方式之一。

2017 年 5 月 27 日，证监会发布《上市公司股东、董监高减持股份的若干规定》（证监会公告〔2017〕9 号）（下称《减持规定》）。同日，上交所发布《上海证券交易所上市公司股东及董事、监事、高级管理人员减持股份实施细则》、深交所发布《深圳证券交易所上市公司股东及董事、监事、高级管理人员减持股份实施细则》。一系列的规定完善了大宗交易制度，防范"过桥减持"，明确了大股东或者特定股东通过大宗交易减持股份时，出让方、受让方的减持数量和持股期限要求，市场也首次产生了有锁定期大宗交易的概念。

2020年2月证监会发布定增新规，规定通过定增取得的股份以大宗交易方式减持的，受让方不受6个月锁定期限制。2020年3月6日，证监会修订并发布《上市公司创业投资基金股东减持股份的特别规定》（证监会公告〔2020〕17号）（下称《特别规定》），上交所、深交所同步修订实施细则。《特别规定》简化了创投基金和私募股权投资基金（下称创投及私募基金）股东反向挂钩适用标准，并取消了大宗交易方式下的对受让方的锁定期限制。

自此以后，有锁定期大宗交易出让方主要是首发前不满足反向挂钩标准的股东（包括控股股东首发前持有的股份）。

历年大宗交易市场规模及交易笔数如图9.1、图9.2所示，可以看出大宗交易规模呈现增长趋势，并受市场波动影响较大。受牛市带动，大宗交易规模快速增长，2015年、2016年两年市场规模均超过5000亿元。受减持规定及股市低迷影响，2017年、2018年连续两年市场规模和交易笔数均有所收缩。特别是减持规定对受让方的6个月锁定期限制，需求方数量在短时间内急剧减少。随着2019年、2020年股市回暖，大宗交易规模也逐步恢复。2021年大宗交易规模创下历史新高，达到8080.39亿元。

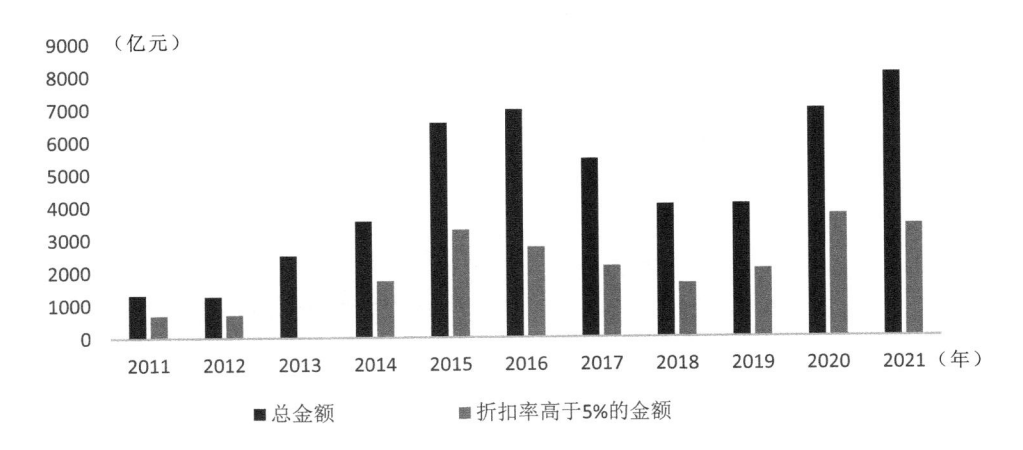

数据来源：万得资讯，折扣率＝（1－成交价/交易当天收盘价）×100%

图9.1 大宗交易历年总金额

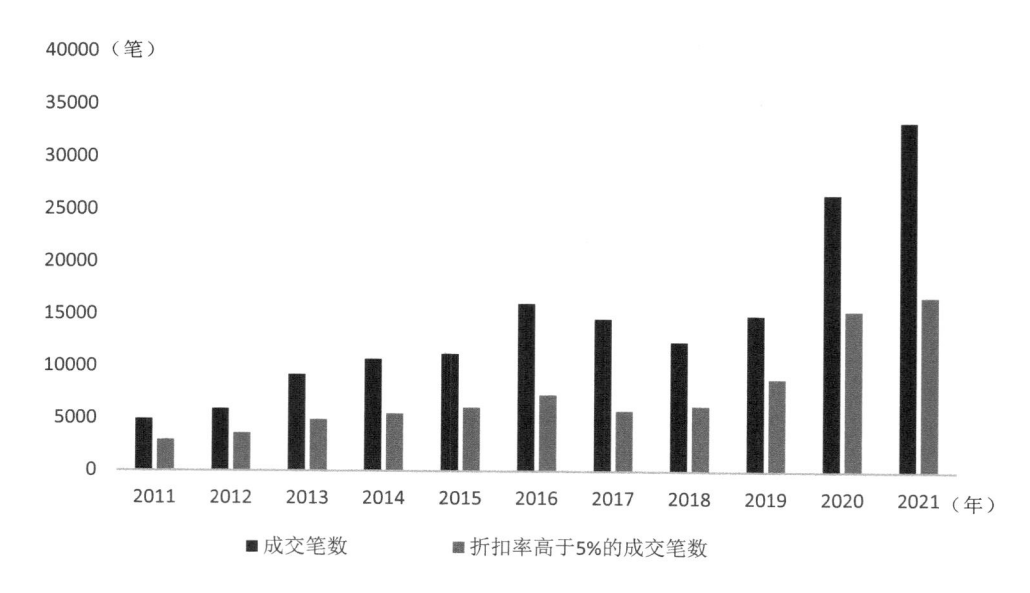

数据来源：万得资讯

图 9.2 大宗交易历年成交笔数

如图 9.3 所示，大宗交易近 10 年平均折扣率为 4%～7%。其中，2017 年的折扣率偏低，主要是受减持规定的影响。彼时有锁定期的大宗交易缺少投资者，所以市场以无锁定期大宗交易为主，无锁定期大宗交易折扣率较低，从而导致总体折扣率偏低。

由于无锁定期大宗交易一般折扣率低于 5%，有锁定期大宗交易投资者需要流动性补偿，一般折扣率要高于 5%，因此可以用折扣率大于 5% 的交易作为有锁定期大宗交易，从而粗略测算有锁定期大宗交易规模。从图 9.1、图 9.2 中可以看出，折扣率高于 5% 的大宗交易金额和笔数在 2019 年、2020 年逐步增加，这也反映了投资者逐步接受了有锁定期的大宗交易。原有无锁定期大宗交易的投资者很难转型做有锁定期大宗交易投资，因为他们通常采用高周转模式，缺少研究能力，更像是资金生意模式。因此，大宗市场不得不引入新的投资者来缓解供需失衡的现象，从 2019 年开始这一现象更加明显。

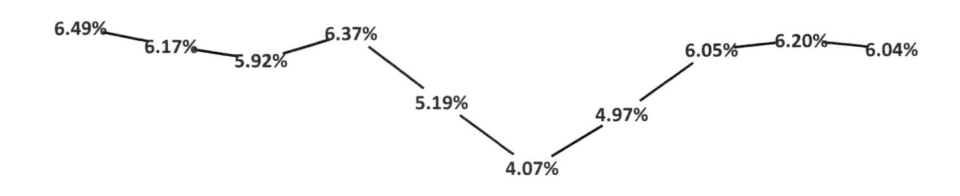

图 9.3 大宗交易历年折扣率

数据来源：万得资讯

买方受让的有锁定期大宗交易股份需锁定 6 个月，故投资者需要一定的流动性补偿，体现在大宗交易折扣率上。这一补偿水平与二级市场走势相关性较大，有锁定期大宗交易平均折扣率一般在 8%～10%。

由于透明度较低，大宗交易不像定增采用询价方式定价，而是通过双方私下磋商价格，因此可能出现利益输送等不合规交易。还有部分交易是股东为了节税进行的非市场化交易，实际上买卖双方均被其控制，在低位对倒，从而减少上交的税收。由于这些特殊情况的存在，以上部分数据可能存在失真现象。

2. 交易规则

与其他 PIPE 投资工具相比，大宗交易投资门槛相对较低，沪深交易所规定的交易门槛均为单笔交易数量不低于 30 万股或交易金额不低于 200 万元，如表 9.1 所示。

表 9.1　沪深交易所大宗交易规则

市场	交易门槛	申报类型	申报时间
上交所 A股	单笔买卖申报数量应当不低于30万股，或者交易金额不低于200万元人民币	意向成交固定价格；其他	9:30至11:30、13:00至15:30接受意向申报；9:30至11:30、13:00至15:30、16:00至17:00接受成交申报；15:00至15:30接受固定价格申报
深交所 A股	单笔交易数量不低于30万股，或者交易金额不低于200万元人民币	意向成交定价；其他	协议大宗交易：申报时间为交易日9:15至11:30、13:00至15:30；盘后定价大宗交易：申报时间为交易日15:05至15:30

对于无价格涨跌幅限制的股票，大宗交易的成交价格由买卖双方在前收盘价格的上下30%或当日已成交的最高、最低价格之间自行协商确定。对于有涨跌幅限制的股票，按照涨跌幅限制。不同市场的大宗交易价格区间如表9.2所示。

表 9.2　不同市场大宗交易价格区间

	有涨跌幅限制的股票大宗交易价格区间
主板公司	前收盘价的±10%（主板ST、*S类公司为±5%）
科创板/创业板公司	前收盘价的±20%

9.1.2　股东减持工具对比

上市公司股东减持可通过集中竞价交易、大宗交易、协议转让等方式进行，机构股东还可选择发行私募可交债减持，详见本书第5章、第6章。对于科创板股东还可选择科创板询价转让和配售减持，详见本书第7章。三种主流减持工具对比如表9.3所示。

表9.3 主流减持工具对比

	协议转让	大宗交易	集中竞价交易
减持价格	不低于转让协议签署日（当日为非交易日的顺延至次一交易日）公司股份大宗交易价格范围的下限	（1）有涨跌幅限制，按当日涨跌幅限制；（2）无涨跌幅限制，按前收盘价±30%或当日最高、最低价格之间	二级市场涨跌幅
比例限制	单个受让方受让股比不低于5%	连续90日不超过2%	连续90日不超过1%
对股价影响	取决于价格	负面	负面
锁定期	6个月内流动性受限	6个月或无锁定	-
存在的问题	非标、非公开交易，摩擦成本高	交易透明度低，多股东减持可能相互踩踏	减持方便，但减持数量有限，且受限于交易量

1. 对比集中竞价交易

对于持股比例高的股东，与集中竞价90天内只能减持1%相比，大宗交易可以实现2%的减持，不仅比例更高，而且在信息披露上更加灵活。

- 无锁定期大宗交易的接盘方通常为资金生意模式，受让股份后立即在二级市场抛售，因此跟集中竞价交易一样，依然会对市场造成冲击。
- 有锁定期大宗交易，通常吸引长期投资者参与投资，因此相比集中竞价对市场的冲击更小。定向交易的方式还使得大宗交易可用于上市公司引入战略投资者。

2. 对比协议转让

协议转让可以实现单次5%以上更高比例的股份减持，但交易撮合难度高，一般需要寻找战略投资者，而战略投资者对上市公司本身质地要求高，不适合绝大多数上市公司。

大宗减持交易灵活，单次门槛低，股东可根据市场环境变化灵活调整。

9.1.3 减持流程

1. 减持预披露

现行监管规则下,尚未明确持股 5%以上股东通过大宗交易减持股份需要进行预披露。在具体案例中,赛隆药业(002898.SZ)、长盛轴承(300718.SZ)等公司仅预披露集中竞价交易方式减持股份,但随后通过大宗交易减持,仅在达到一定比例之后进行公告。吉艾科技(300309.SZ)、科德教育(300192.SZ)等公司未预先披露大宗交易减持计划,并且在后续的减持进展公告中披露"本次减持不属于预先披露减持计划的情形"。

2. 交易流程

大宗交易具体流程可分为三个步骤。

(1)达成初步意向:买卖双方在场外达成初步意向,就价格、数量等进行约定。

(2)交易办理:双方向各自证券营业部提交申请,填写大宗交易委托单,由营业部代为办理。

(3)交易确认并公布:交易所核实该大宗交易符合相关条件后确认交易、划拨证券和资金到交易对方账户,并在交易所网站公布该交易信息。

9.1.4 2020年大宗交易前十公司

2020年,随着股市回暖,大宗交易金额也稳步回升,全年大宗交易总金额6986.23亿元,再次迈过5000亿元大关,相比2019年同期金额增长71.78%。其中折扣率高于5%的大宗交易金额3747.01亿元,占比53.63%;总交易笔数26,487笔,相比2019年同比增长77.5%,两市共计2270家上市公司涉及大宗交易转让。

2020年大宗交易笔数前十大公司如表9.4所示。其中,贵州茅台、美的集团、中国平安以无锁定大宗交易为主,因此平均折扣率均较低,中国平安甚至出现溢价交易,平均折扣率为-1.39%。金山办公折扣率最高,为10.79%。首先,其为科创板上市公司,允许以不低于前一交易日收盘价的80%交易;其次,其首发前股东减持较多,并且以锁定6个月的大宗交易为主,因此平均折扣率高。其余公司折扣率在 5%～10%，这与 6 个月锁定期牺牲流动性要求的补偿相匹配。

表 9.4　2020 年前十大大宗交易公司

序号	公司	交易笔数（笔）	平均折扣率（%）	交易总金额（亿元）
1	贵州茅台	418	0.2678	118.03
2	韦尔股份	294	8.07	53.34
3	宝丰能源	268	8.11	46.91
4	金山办公	226	10.79	30.27
5	顺丰控股	194	5.85	55.34
6	美的集团	184	0.35	132.04
7	海天味业	183	9.85	56.84
8	鹏鼎控股	161	7.3	42.43
9	世纪华通	153	9.7	55.97
10	中国平安	152	-1.39	30.91

数据来源：万得资讯。

9.2　大宗交易投资流程与策略

大宗交易投资包括投资流程、投资策略，最后通过国外几个知名投资者案例进行说明。

9.2.1　投资流程

大宗交易的信息更加零散，时效性低，因此给予投资者决策的时间短。大宗交易投资流程可分为以下几个阶段。

1．项目信息

大宗交易不像定增等工具需要提前公告进度，因此项目信息比较隐蔽。投资者可关注限售股解禁信息，进行主动跟踪筛选，因此对个人的信息获取能力要求较高。目前部分券商资本市场部也在为大宗交易提供撮合服务，这一信息筛选在一定程度上降低了信息获取难度。

2. 交易

大宗交易的谈判及买卖环节相对简单，双方通过约定交易价格或者折扣率等方式进行商谈。

由于交易价格的波动，双方在交易环节均可能有所动摇，通常需要在交易当天再次进行确认。

大宗交易通过券商营业部代办，成交后受让方股份进入限售期。

3. 解禁

大宗交易对市场的冲击小于集中竞价，交易完成后，也仅披露交易席位，因此难以对投资者结构进行分析。

由于大宗交易单日规模并不像定增规模那么大，因此6个月之后解禁对股价的冲击较小。

9.2.2 投资策略

1. 投资本质

与竞价定增投资类似，受让股份享有一定的折价，都需要锁定6个月。

定增是上市公司再融资，大宗交易是股东减持，尤其是大股东或者高管的减持，可能意味着内部知情人不看好公司，因此对投资者的专业能力要求更高。这一点与科创板询价转让投资类似。

2. 投资策略

有锁定期大宗交易投资者需要一定的流动性补偿，即折扣率。这就产生了两类主要的投资策略：主动管理策略和套利策略。

（1）主动管理策略

这一策略类似于部分定增投资者的投资策略，即看好公司股价上涨可能性并且获得一定折扣收益，还有部分投资者原先通过二级市场买入，机会出现时通过大宗交易换仓摊薄成本。

（2）套利策略

对于两融标的的大宗交易，投资者可通过融券套利获取套利收益。这一策略需要投资者提前锁定券源，方可进行大宗交易买入，他们通常还会通过叠加打新等独特策略增厚收益。

还有部分投资者通过大宗交易投资与其他策略一起构建组合，并通过股指期货对冲，获取投资组合的套利收益。

3．主要投资者

对于主动管理策略投资者，以公募基金、保险和大型私募基金为主，核心还是看好公司股价具有的上涨空间，通过大宗交易降低成本。

对于套利策略，以一些量化投资者为主。

9.2.3 大宗交易知名投资者的成功技巧

1．迈克尔·斯坦哈特

迈克尔·斯坦哈特（下称斯坦哈特）是一位典型的"学霸"，在 16 岁时就凭借优异的成绩考入宾夕法尼亚大学沃顿金融学院，25 岁时便成为华尔街最热门的分析师。在 1967 年，他离开证券经纪行业与两位好友创办了对冲基金公司——斯坦哈特-范-博考维奇，名字听起来像是一个犹太人开的熟食店。但这并不影响基金业绩，成立首年就因为重仓科技股获利 30%，到 1978 年年底基金净值增至 12 元/份，扣除各种费用后年化收益率高达 24.3%，而同期大盘总涨幅仅为 70%。

目前，他仍是短线交易对冲基金领域的常青树，在 2019 年入围了福布斯"全球亿万富豪榜"。

1969—1973 年是美国经济的艰难时期，同期对冲基金也进入了至暗时刻，规模大幅萎缩。对冲基金之父琼斯的基金规模也从 1 亿美元缩减到 1973 年的不足 3500 万美元。相比较而言，斯坦哈特的基金业绩无疑是耀眼的。

市场是不可战胜的，除非你采用了其他人没有采用的方法。斯坦哈特也深知这一点，总结他的成功可以发现其主要源于两项创新：

（1）跟踪货币数据预测股市变化

今天，货币研究已成为经济研究皇冠上的明珠，在那个年代却是一项创举。斯坦哈特雇佣的数学天才席鲁夫，在加入公司之前就构建了初步的货币模型，通过跟踪货币为公司构建对货币松紧敏感性高的股票多空头寸来获利。

（2）抓住大额交易趋势性机会，折价买入股票

1965年大额交易仅仅占市场成交额的5%，而5年之后这一市场扩大了3倍。交易员出身的斯坦哈特明白折价率意味着利润，他不做大家都在做的基本面跟踪，而是为机构投资者提供流动性获取折价套利。由于他参与进来的时间较早，机构投资者为这种流动性支付的报酬也是相当可观的。

20世纪70年代雷曼兄弟进入大宗交易撮合市场，为了争夺市场份额第三的殊荣，直接以低折扣购买大额股票。斯坦哈特便直接将其从高盛购买的高折扣股票以低折扣卖给雷曼兄弟，实现快速转手，获取收益。

有人曾做过统计，斯坦哈特大部分收益均来自批零价差。由于案例日趋增多，规模也越来越大，斯坦哈特与高盛等中间商建立了紧密的关系，这样便能获得更多高折扣的股票，并通过建立的庞大人脉关系网，以及对市场的敏感实现快速周转，从而进一步加强了领先优势。

投资是认知能力的变现，时间是认知的发酵剂。在迭代慢的行业，大鱼吃小鱼，而交易市场则永远是快鱼吃慢鱼。极少数人在外力发生变化时就勇于制造趋势，少数人在趋势反转时跟随进去，大多数人在趋势形成时助推之。与竞争对手由没有决策权的交易员负责交易室不同，斯坦哈特亲自掌管交易室，在机会来临时能够快速决策。

作为基金经理的他能够快速完成认知飞轮四个节点的闭环：发现机会、判断机会、聪明下注、重复执行。拿到优质大额交易机会的经纪人们也很乐于第一时间跟他联系，从而赚取更多的佣金。尽管他的某些做法在一部分人眼中是有争议的，但每个时代的创新者都有被攻击、被超越、被审判的可能性，他们享受了在浪潮之巅不用自己努力滑行也能被动前行的快感。

2. 古斯塔夫

抓住大额交易市场趋势的另一位便是高盛的古斯塔夫，与斯坦哈特定位不同、手段不同、成就也不同，相同的是两位都抓住了机构化的浪潮。用现代人的视角来看，古斯塔夫是个不折不扣的"学渣"，而正是这个"学渣"后

来成为20世纪60年代华尔街最具影响力的人物之一。

古斯塔夫于1911年出生于美国的新奥尔良，12岁丧父，随后在巴黎度过了中学时代，回到美国后的几个月便从杜兰大学退学去纽约闯荡。他在1933年加入高盛，年薪仅1500美元，但凭借着惊人的记忆力、善于交友的性格、极强的数学天赋以及高涨的工作热情，在高盛的发展可谓平步青云。中途他还参与了美国陆军在诺曼底的登陆，被授予中校军衔。

1945年退伍后，古斯塔夫以合伙人身份回到高盛，将套汇业务发展壮大，为高盛打造了当时华尔街最活跃的场外交易部门，这些套利交易的利润来源就是批发和零售间的价差。从事这种业务需要广泛的人脉关系及分析市场盲点，通过激活盲点，扩大市场交易量赚钱，高毅资产合伙人冯柳选择"高关注度、低买入度"个股的理念与此有几分神似。该业务以前是由大名鼎鼎的西德尼·温伯格负责的，在1930—1969年担任高盛CEO的他，把高盛从大萧条的危机中拯救出来，主导了高盛历史上最重要的福特汽车公开交易募股案，还出任过罗斯福战时生产委员会主席助理及艾森豪威尔竞选团组织者，因此在华盛顿拥有巨大的影响力。

作为强人的继任者，古斯塔夫在内部遭受的压力无疑是巨大的，然而他抓住了大额交易的机会。当时在大额交易领域的活跃者并非只有高盛，奥本海默便是一个强劲的对手，后来雷曼兄弟也加入进来。

一开始就看到大额交易趋势性机会的古斯塔夫，利用在套利领域积累的经验以及个人强大的意志力，让高盛在大额交易领域迅速成为绝对的领头羊，并努力抓住每一单业务，将优势持续扩大。很多行业的领先者可以获取行业超过一半的利润，这也许才是企业家精神的原动力。

到20世纪60年代末，古斯塔夫的交易部门创造了高盛总利润的一半，他个人的声望也达到了顶峰，一度持有高盛10%的股份。"古斯塔夫总是以百分之百的精力投入这项业务，他的全情投入有时让人胆寒，有时也能激发人的最大潜力"，他的大额交易搭档这样评价他。当然日后他也因为宾州中铁票据违约差点导致高盛破产，有兴趣的读者可在《高盛帝国》一书中寻找答案。

9.3 案例分析：天奈科技与紫光股份

下面以天奈科技（688116.SH）和紫光股份（000938.SH）为例来分析大宗交易的相关投资技巧。

9.3.1 天奈科技：询价转让结合大宗交易

天奈科技于 2019 年 9 月 25 日登陆科创板，其主要从事纳米级相关材料的研发和生产。上市以来，公司股价保持长期上行走势，股东通过大宗交易减持及询价转让为 PIPE 投资者创造了大量投资机会。

2020 年 9 月 25 日，首发前股东解禁，截至 2021 年 12 月 24 日，先后进行两次询价转让减持，减持金额分别为 3.38 亿元、2.43 亿元，折扣率分别为 10.73%、10.93%，其中首次询价转让投资者解禁收益率高达 66.59%。

公司股东累计通过大宗交易减持总金额 16.92 亿元，平均折扣率为 8.66%。如图 9.4 所示，大多数交易发生在 2020 年年底至 2021 年上半年，彼时公司股价处于低位，投资者还享受了一定折扣，均获得了不菲的收益。

由于科创板公司融券相对容易，部分套利投资者参与大宗交易，同时融券卖出获取套利收益。天奈科技在此期间融券余额也显著增长，如图 9.5 所示。尽管这种策略优势明显，但受限于券源有限，仅有部分投资者采用了这种策略。

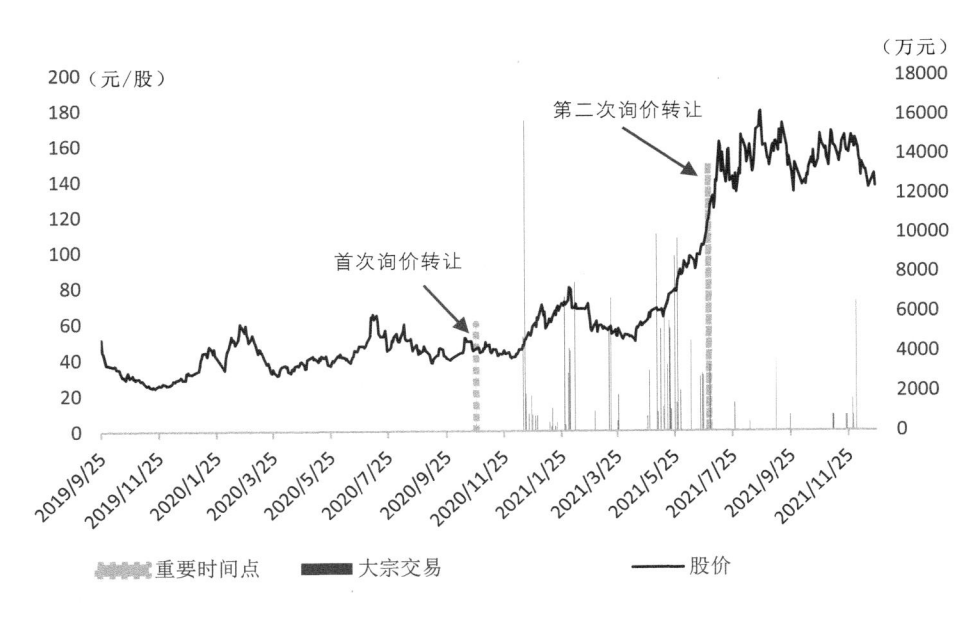

图 9.4 天奈科技大宗交易及股价走势图

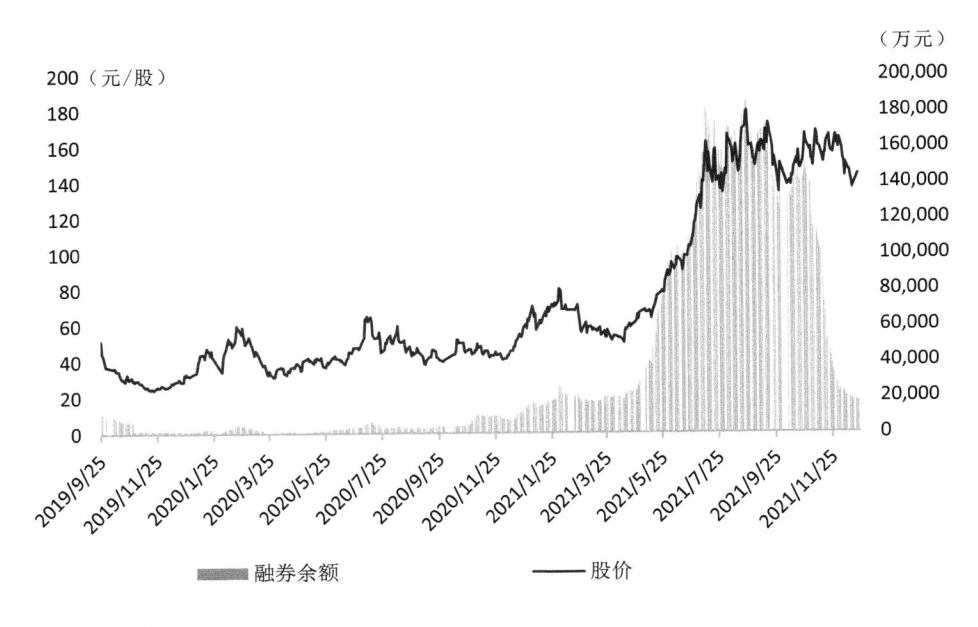

数据来源：万得资讯

图 9.5 天奈科技融券余额及股价走势图

9.3.2 紫光股份：定增投资者和控股股东同时退出

2019年紫光股份定增股东解禁，同时控股股东发布减持计划。从后续公司的一系列大宗交易记录可以看出，多个股东集中减持，且规模较大，大宗交易有效地化解了一部分市场恐慌，避免了踩踏的情况发生。

2019年5月6日定增解禁的总规模为3.06亿股，是解禁前总流通股本的106.28%。2019年11月22日，控股股东公告计划在接下来的6个月通过集中竞价和大宗交易减持不超过6%的股份。在此之前，公司股价已经历一轮下跌，受控股股东减持公告影响，持续弱势。在2019年年底，公司披露了一系列大宗交易，如图9.6所示。

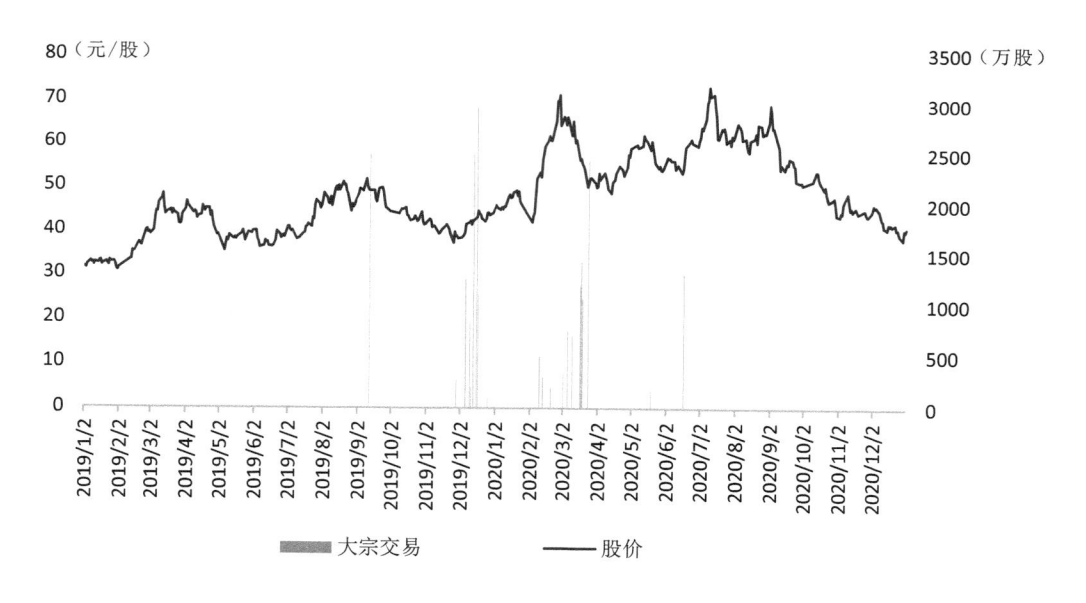

图9.6 紫光股份股价走势和大宗交易减持情况

受控股股东及定增投资者集中抛售影响，在2019年年底，公司股价处于低位，同时，还给了大宗交易投资者一定的折扣率，为6%～11%。大宗交易价格基本在每股25.49～29.1元，在2020年6月的解禁日前后，股价在每股50～60元，投资者获得的收益可观（见表9.5）。

表 9.5　紫光股份大宗交易相关数据

日　　期	成交价格（元/股）	成交金额（万元）	折扣率（%）
2019/11/28	25.49	6786.20	7.11
2019/12/6	26.37	33,115.97	10.46
2019/12/10	26.73	22,185.90	10.87
2019/12/11	27.59	5518.00	6
2019/12/13	27.96	69,900.00	6.92
2019/12/16	27.94	83,261.20	8.54
2019/12/17	28.41	31,414.07	10.09
2019/12/26	29.1	2910.00	7.03

而 2020 年 3 月到 6 月期间的大宗交易价格基本都在 40 元/股附近，解禁期间股价约为 50 元/股，与 2020 年年底的大宗交易相比，虽然折扣率接近，但股价处于高位，投资者收益有所收窄。

从减持方角度来看，本案例大宗交易中和了股东特别是控股股东减持对市场恐慌情绪的影响，稳定了股价。公司还能通过这种方式引入战略投资者，优化股东结构。

第10章

协议转让投资

协议转让作为上市公司流通股大额转让方式之一,是战略投资者入股及买壳交易的重要工具。由于期限长、金额大,协议转让对投资者提出了更高的要求,也给予其更多的创新空间,但需要其从金融思维向商业思维跨越。

第 10 章 协议转让投资

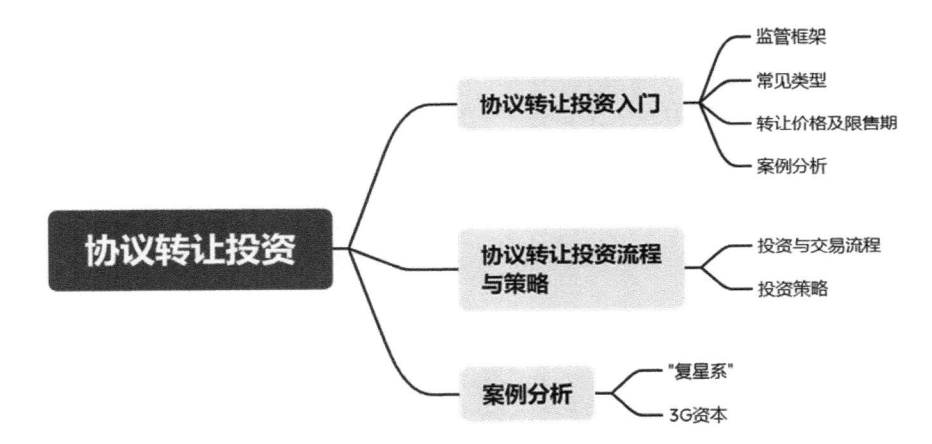

```
协议转让投资
├── 协议转让投资入门
│   ├── 监管框架
│   ├── 常见类型
│   ├── 转让价格及限售期
│   └── 案例分析
├── 协议转让投资流程与策略
│   ├── 投资与交易流程
│   └── 投资策略
└── 案例分析
    ├── "复星系"
    └── 3G资本
```

10.1　协议转让投资入门

协议转让即上市公司流通股协议转让方式，是指买卖双方依据事先达成的转让协议，向证券交易所和登记机构申请办理股份转让过户的行为，其主要针对的是大比例股份的转让。协议转让是证券交易的一种重要方式，相比集中竞价交易和大宗交易，对于持股比例高，尤其是控股股东和持股5%以上的股东，是一种更有利的减持方式。2022年A股市场共完成212笔协议转让交易，总金额2828.96亿元，是一个年规模超千亿元的市场。历年协议转让总金额如图10.1所示，由图可知，协议转让总规模相对比较稳定。

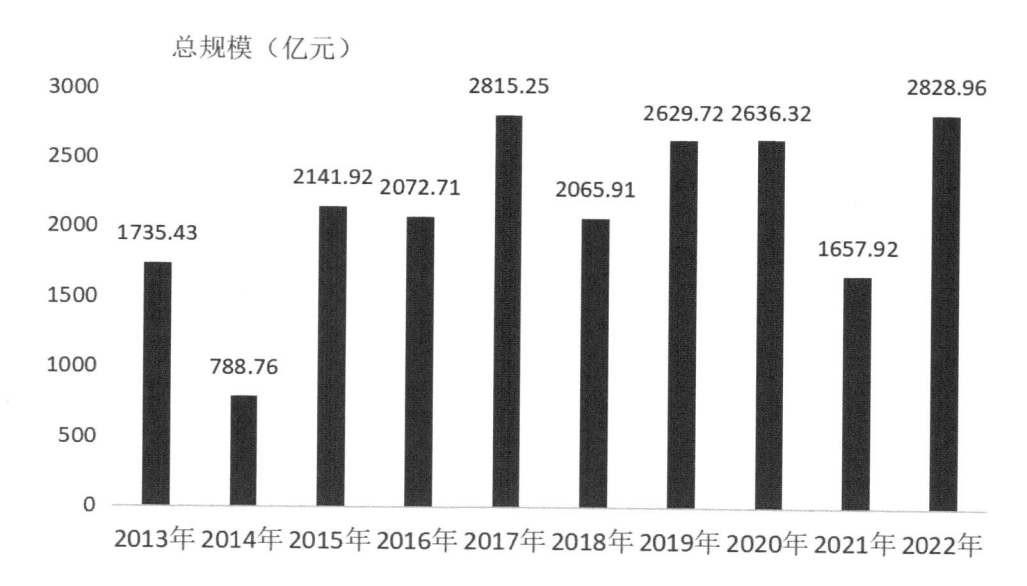

图10.1　历年协议转让总金额

沪深交易所受理的协议转让类型主要包括四类：
（1）与上市公司收购及股东权益变动相关的股份转让；
（2）转让双方存在实际控制关系，或均被同一控制人控制的；

（3）外国投资者战略投资上市公司所涉及的股份转让；

（4）中国证监会认定的其他情形。如收回股权分置改革中的垫付股份、行政划转上市公司股份等情形。

协议转让具有一定的规模下限要求，即单一受让方受让比例不低于总股本的 5%，当然同一控制人之下转让不受此限制，同时质押回购违约处置协议转让单个受让比例不低于总股本的 2%即可。按照最新政策，对于引进外资战投的情况，占股本 10%的最低比例要求也降至 5%。

国内 PIPE 投资主要涉及以上四种类型中的第一种类型，即上市公司收购及股东权益变动相关的股份转让，外资投资者可以参与第三种类型的投资，因此对应比例不低于公司总股本的 5%。

10.1.1 协议转让监管框架

2005 年修订后的《中华人民共和国证券法》（下称《证券法》）对协议转让制度进行了原则性规定，2006 年 8 月 14 日上交所、深交所、中国证券登记结算有限责任公司联合发布了专门的协议转让规则——《上市公司流通股协议转让业务办理暂行规则》。随后协议转让制度一直在完善，相关改革也在向前推进。

协议转让必须在证券交易所进行，由上交所、深交所和结算公司统一集中办理，严禁进行场外非法股票交易和转让活动。截至 2021 年 12 月，协议转让监管框架如表 10.1 所示。

表 10.1 协议转让监管框架

时间	政策	主要内容
1998 年 12 月（2019 年 12 月修订）	《中华人民共和国证券法》	对协议收购进行了规范
2006 年 5 月（2020 年 3 月修订）	《上市公司收购管理办法》	对上市公司收购及相关权益变动进行了规范，上市公司收购方式主要包括协议转让、要约收购、间接收购、认购上市公司定增股份
2006 年 8 月	《上市公司流通股协议转让业务办理暂行规则》	协议转让业务办理规则

续表

时间	政策	主要内容
2017年5月	《上市公司股东、董监高减持股份的若干规定》《上海证券交易所上市公司股东及董事、监事、高级管理人员减持股份实施细则》《深圳证券交易所上市公司股东及董事、监事、高级管理人员减持股份实施细则》	减持新规对大股东和特定股东通过协议转让减持进行了严格的规定
2021年修订	《上海证券交易所上市公司股份协议转让业务办理指引》	办理指引
2021年修订	《上海证券交易所上市公司股份协议转让业务办理指南（2021年修订）》	办理指南
2021年修订	《中国证券登记结算有限责任公司上海分公司营业大厅业务指南》	业务指南
2021年修订	《深圳证券交易所上市公司股份协议转让业务办理指引》	办理指引
2021年修订	《深圳证券交易所上市公司股份协议转让业务办理指南（2021年修订）》	办理指南
2021年修订	《中国证券登记结算有限责任公司深圳分公司证券非交易过户业务指南》	业务指南

10.1.2 协议转让的常见类型

与大宗交易、集中竞价等方式相比，协议转让在转让时间段和比例限制上更宽松，特别适合引入战略投资者、出让控股权等需要大比例股份转让的交易安排。协议转让的常见类型有以下几种。

1. 引入战略投资者

由于战略投资者通常需要获得较大比例的上市公司股权，还要价格可控，而通过大宗交易和集中竞价交易均无法实现此目的，因此通常采用这种方式投资上市公司。

协议转让是股东减持，可以实现减持套现的目的，特别适合一些资金紧张亟须套现的股东，有助于缓解其危机。

2021年1月18日，花园生物（300401.SZ）公告终止此前计划通过大宗交易减持3.94%股份的行为，通过协议转让5%公司股份给战略投资者上海诺铁资产管理有限公司，所获资金用于降低大股东杠杆比例。同样实现减持的目标，但相比大宗交易，协议转让对股价的冲击明显更小。

2. 出让控股权

出让控股权是上市公司原大股东通过协议转让部分或全部股权，从而实现控股权转移至受让方的行为。由于借壳上市政策趋严，协议转让已成为控股权转让的主流模式之一。

协议转让价格一般相对市价溢价，也是资本方获取控制权的有效方式。一些拥有优质资产的产业资本及国资采用这种方式先获得上市公司控股权，后续通过资产重组等方式进行深度资本运作。

2020年证监会颁布的定增新规，允许大股东通过定价定增方式增资上市公司，市场涌现很多协议转让搭配定增获得上市公司控股权的案例，即购买方协议受让原大股东的部分股份，同时折价参与定价定增获得目标上市公司更高比例的股份。这种方式对受让方来说，可以摊低获取控股权的成本。对于出让方来说，可以实现溢价减持，因为协议转让的股份一般采取溢价交易。这种交易安排下，通常原股东还会保留部分上市公司股份，分享公司未来由于更换大股东带来的发展红利。节能铁汉（300197.SZ）、佐力药业（300181.SZ）、立方数科（300344.SZ）、泰盛风能（300129.SZ）等公司均采用这种方案进行控股权交易。

3. 快速减持

2017年证监会发布减持新规后，集中竞价交易和大宗交易均存在减持比例限制，协议转让成为股东大比例减持的重要退出方式之一。

在实践中，有些股东会采用协议转让、集中竞价、大宗交易的组合方式减持，这其中协议转让是主要的减持方式。

2017年6月，分众传媒（002027.SZ）第五大股东与第二大股东Power Star同时发布清仓式减持计划。其中第五大股东计划以大宗交易、集中竞价或协议转让的方式减持不超过6.77%的上市公司股份。

4. 国企改革、划转股权

协议转让由于其独特性也成为上市公司进行国企改革、划转股权的利器。

2019年12月13日，珠海市国资委对格力集团与珠海明骏投资合伙企业协议转让格力电器（000651.SZ）15%的股份进行批复，这意味着珠海明骏背后的高瓴资本通过协议转让成为格力电器的第一大股东。

10.1.3 转让价格及限售期

1. 转让价格

协议转让应该以协议签署日（或者补充协议签署日）的上市公司二级市场前一交易日收盘价为基准，转让价格范围下限比照大宗交易的规定执行。具体要求如表 10.2 所示。

表 10.2 不同上市公司转让价格区间

	协议转让价格区间
主板公司	不低于定价基准的 90%（主板 ST、*ST 类公司为定价基准的 95%）
科创板/创业板公司	不低于定价基准的 80%

对于转让价格上限，未做具体要求。在实践中，若溢价比例较高，交易所可能会要求说明大幅溢价的原因及合理性，并进一步说明出让方和受让方是否有抽屉协议或者其他利益安排。

对于国有股的转让，2018 年 5 月 16 日，国务院国有资产监督管理委员会（下称国资委）、财政部、证监会联合发布《上市公司国有股权监督管理办法》（以下简称 36 号令）对价格下限有特别的规定："国有股东公开征集转让上市公司股份的价格不得低于以下两者之中的较高者：提示性公告日前 30 个交易日的每日加权平均价格的算术平均值；最近一个会计年度上市公司经审计的每股净资产值。"该办法对价格上限未做要求。

2. 限售期

协议转让涉及大比例股份交易，限售期也较为严苛，主要有以下几种类型：

（1）大股东减持股份并导致股份出让方不再具有上市公司大股东身份的或股东减持 IPO 前股份的，受让方和出让方在 6 个月内共同遵守任意连续 90 日集中竞价交易减持股份数量合计不超过 1% 的规定，即共用该 1% 的减持额度。

（2）外资战投限售期为 12 个月；

（3）控制权收购，限售期为 18 个月。

10.1.4　案例分析：隆基股份二股东通过协议转让快速退出

2020 年 12 月 20 日，隆基股份（601012.SZ）公告公司第二大股东通过协议转让的方式出让其持有的隆基股份 6%的股份，受让方为知名投资机构高瓴资本旗下的基金。

1. 本次交易背景

从 2020 年 12 月到本次交易之前，二股东已累计减持 1.15%的股份，其中大宗交易减持 1.13%，本次交易前其仍然持有上市公司 9.4%的股份。

二股东同时是新三板公司连城数控（835368.BJ）董事长，连城数控的第一大客户是隆基股份，2020 年隆基股份采购金额占连城数控营收比例高达 92.67%。为了谋求连城数控在资本市场的进一步发展，进行此次交易可能是为了解决关联交易问题。因此，他需要尽快降低在隆基股份的持股比例，本次交易完成后其持股比例降至 3.4%。

2. 本次交易情况

本次转让股份约 2.263 亿股，占隆基股份总股本的 6.00%，交易总金额 158.41 亿元，转让价格为 70 元/股，相对前一交易日收盘价 77.65 元/股，折扣率为 9.85%。交易完成后，高瓴资本管理有限公司-中国价值基金（交易所）持有隆基股份 6.00%的股份，成为隆基股份的第二大单一股东。

3. 协议转让的好处

此次减持若通过大宗交易和集中竞价交易需要更长时间，而通过协议转让可以快速完成，这样也能减少对股价的影响。通过这种方式公司还实现了定向引入战略投资者的目的，公告后便获得了资本市场的正面反馈，股价以涨停收盘。在这期间股价走势如图 10.2 所示。

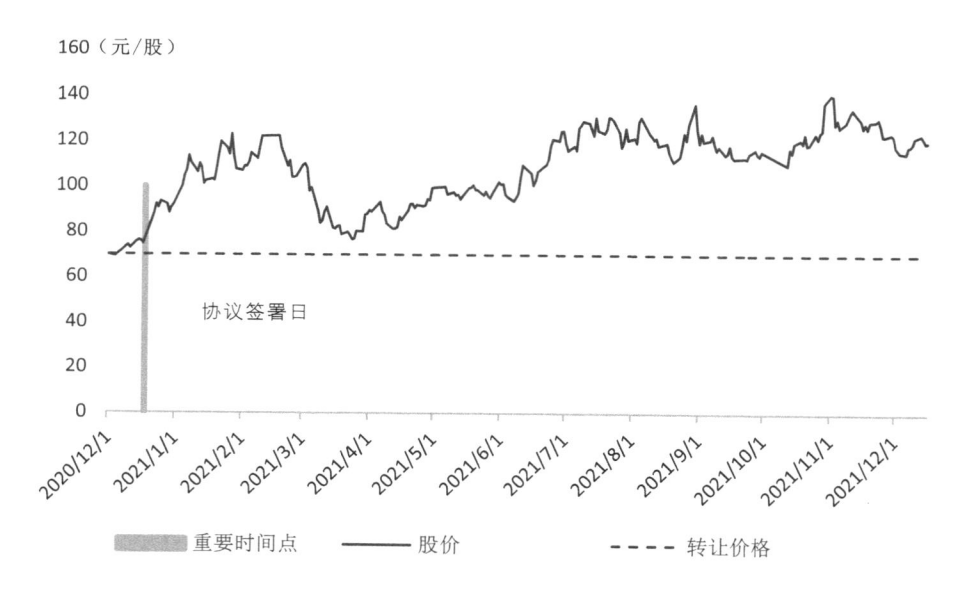

图 10.2　隆基股份协议转让后股价走势

10.2　协议转让投资流程与策略

本节以投资及交易流程、投资策略两部分组成，下面简要说明。

10.2.1　投资及交易流程

协议转让是一种买卖双方深度合作的交易，前期项目信息获取及谈判、后期项目管理及退出都是非标准化的，对投资者商业思维要求较高，而非单纯的财务投资思维。典型代表如巴西的 3G 资本，其实际控制着百威英博、汉堡王、亨氏、卡夫、提姆霍顿、南非米勒 6 家公司，它们通过深度参与被投企业进行价值创造。

协议转让交易必须在交易所进行，因此交易流程可分为以下几个步骤。

1. 达成意向，签署协议

外资战投进入需要股东大会决议批准，普通协议转让是出让方和受让方的行为，双方达成意向，签署协议即可。

2. 按要求进行信息披露

协议签署后3日内，需按照《上市公司收购管理办法》披露权益变动报告书等，交易所监管部出具信息披露合规确认意见。

3. 申请交易所合规批准

转让双方向中登上海/深圳提交《股份查询信息单》，向上交所或深交所法律部提交《上市公司股份协议转让确认申请表》等资料。3个交易日内，交易所进行合规确认，由交易所法律部出具《上市公司股份协议转让确认表》。

4. 过户登记

协议转让确认意见自出具之日起6个月内有效，转让双方应在此期间在中登办理股份过户登记。

10.2.2 投资策略

1. 投资本质

协议转让投资对应着大比例投资（即至少获得目标企业5%的股比），这不仅意味着投资规模的扩大，退出周期也会拉长。交易完成只是成功投资的开始，投资的本质在于如何进一步整合目标公司，促进资本和产业的有机融合。

投资者需要具有深厚的研究功底，还要拥有强大的金融和产业资源，在一定程度上参与目标公司的战略规划和经营管理，同时还要具有长期的眼光和视角，发挥价值创造的作用，才能顺利实现退出。A股历史上曾出现的投资者通过协议转让获取股权，并依靠概念进行简单粗暴的市值管理方式已被市场证伪。

投资者要想取得成功，需要由投资家向商人的角色转变，既要想得大、想得远，还要想得深。

国内经济进入发展的新阶段，经济结构转型、行业洗牌、产业增长方式的变化都为这种投资提供了良好的发展机遇。这种资本和产业的有机融合，有利于推动行业洗牌和产业升级,从而为投资者创造超额回报。

投资者不仅要发现价值,还要创造价值,以资本的力量促进产业良性发展,提升效率。

2. 投资策略

尽管投资者有不同的信仰和活法,但那些经受住市场考验的投资者都有着简明的投资原则和标准,投资策略也相对简洁实用。他们无不从投资切入,将资本和产业结合,整合产业结构、提升管理效率、改善经营绩效从而实现资本增值。投资者通过资本和产业的良性互动,实现上市公司经营业绩的飞跃,助推公司市值迈上新的台阶。完成这一目标后,投资者逐步退出,甚至有些项目不考虑退出。

(1)获取控股权,进行深度资本运作

随着注册制的推进,上市公司数量越来越多,很多上市公司原有主业发展空间有限,并购重组风险也较大。大股东可以通过协议转让方式引入新的实控人,由新实控人进行深度资本运作。

2016年2月,方大化工(000818.SZ,现已更名为航锦科技)通过协议转让引入新实控人。随后,上市公司在新的管理团队带领下,由传统化工主业发展为军工加化工双主业,公司市值也迭创新高。

(2)战略投资者依托自身资源提升上市公司效率

战略投资者一般拥有丰富的产业资源,投资能够产生良好协同效应的上市公司,通过改善上市公司绩效获取超额收益,隆基股份投资森特股份(603098.SH)便是一个典型案例。

2021年3月5日,森特股份公告隆基股份拟以协议转让方式获得森特股份27.25%的股权,交易完成后将成为公司第二大股东。森特股份是国内建筑金属围护行业的领军企业,隆基股份是全球光伏组件巨头。此次协议转让后,隆基股份将协助上市公司在原有主营业务的基础上拓展 BIPV(Building Integrated Photovoltaic,光伏建筑一体化)光伏工程应用,为上市公司开拓第二成长曲线。

这一协同效应也获得了资本市场的认可,森特股份股价持续上涨,如图10.3所示。尽管协议转让价格相对市价溢价30%,但隆基股份的这笔投资截至2021年12月16日收盘,账面浮盈率高达271.83%。

图 10.3　森特股份协议转让后股价走势

10.3　案例分析："复星系"与 3G 资本

下面以"复星系"收购万盛股份和 3G 资本的投资案例来讲解协议转让投资的相关要点。

10.3.1　"复星系"收购万盛股份

复星集团首席执行官汪群斌曾说：复星的核心理念之一就是投资那些有着"企业家精神"的团队，充分给予其信任，帮助其嫁接资源，从而让他们带领公司创造更大的价值。

"复星系"上市公司南钢股份（600282.SH）（下称南钢）通过"协议转让＋定增"的方式获得万盛股份（603010.SH）的控股权，就是践行以上原则，并取得了良好的账面回报。

1. 万盛股份是全球磷系阻燃剂龙头

万盛股份是全球磷系阻燃剂龙头，截至 2020 年年底，公司拥有工程塑料阻燃剂年产能 6.5 万吨，聚氨酯阻燃剂年产能 5 万吨，合计产能 11.5 万吨。从历史上来看，阻燃剂行业具有较强的周期性，行业盈利能力表现并不亮眼。2017 年万盛股份阻燃剂营收规模超过了曾经的国内阻燃剂行业龙头雅克科技（002409.SZ），成为全球磷系阻燃剂龙头。

从供给端来看，受国内环保政策收紧及行业内几家企业停产影响，供给有一定收缩。从需求端来看，磷系阻燃剂用于塑料添加，下游新能源汽车行业快速发展和 5G 基站的建设，加之欧盟无卤化法规的推广使得行业需求快速增长。从 2019 年年底开始，供需缺口凸显，行业进入上行周期。

2. 南钢投资经验丰富

南钢主业为钢铁业务，控股股东为复星集团。复星集团在化工领域先后投资过利尔化学、滨化股份、龙蟒佰利、石大胜华、金禾实业等公司，在化工领域拥有丰富的投资和实业经验。

本次投资主体南钢股份在主业经营的基础上多次对外进行 PIPE 投资，从 2020 年定增新规颁布以来，还参与了诺德股份、拓邦股份、安洁科技、濮阳惠成、安靠智电、华测导航等公司的定增投资。

3. 本次交易方案

在南钢受让控股权之前的 2020 年 12 月 15 日，万盛股份控股股东及一致行动人第一次协议转让公司 5.74%股份给珠海厚赢一号咨询服务合伙企业（有限合伙）（下称珠海厚赢），转让价格为 20.57 元/股，与协议签署日前一日收盘价 22.85 元/股相比，折价率为 90.02%。

2021 年 1 月 28 日，公司公告万盛股份控股股东万盛投资协议转让 5000 万股给南钢股份，占公司股比 14.42%，转让价格为 23.73 元/股，与协议签署日前一日收盘价 26.36 元/股相比，折价率为 90.02%。

万盛股份同时修改定增方案，由南钢股份认购全部增发股份，增发价为 20.43 元/股。截至 2021 年 12 月 16 日，公司已完成协议转让过户，定增尚在审批中。按照最新方案，本次协议转让和增发完成后，南钢股份将合计持有万盛股份 29.56%的股份，成为上市公司新的控股股东，原实控人持有发行后总股本的 20.36%，仍可享受未来公司增值的收益。万盛股份控股权转让时间安排如图 10.4 所示。

图 10.4 万盛股份控股权转让时间安排

4. 投资主体及收益情况

（1）珠海厚赢

第一次协议转让的受让方珠海厚赢成立于 2020 年 11 月 12 日，双方在 11 月 24 日便签署了投资协议，可见珠海厚赢是专门为此次交易成立的有限合伙企业。珠海厚赢的管理人为珠海厚赢咨询服务有限责任公司，包括普通合伙人 3 名，如表 10.3 所示。

表 10.3 珠海厚赢合伙人构成

合伙人	出资比例（%）
珠海厚赢咨询服务有限责任公司	0.0037
广发信德投资管理有限公司	73.3120
广东新动能股权投资合伙企业（有限合伙）	24.4348
广远众合（珠海）投资企业（有限合伙）	2.2495
合计	100.0000

本次投资总金额为 4.09 亿元，除权后每股成本为 14.40 元。截至 2021 年 12 月 17 日收盘，股价为 26.73 元/股，本次账面浮盈率高达 85.62%。根据公司公告，珠海厚赢已于 2021 年 7 月开始陆续减持股份，兑现收益。

（2）南钢股份

南钢股份此次投资使用的是上市公司自有资金，对投资期限和波动性的容忍度都更高，能够很好地匹配这种控股投资。

截至 2021 年 12 月 17 日收盘，南钢股份通过协议受让的股份，除权后每股成本为 16.66 元，按照最新收盘价计算账面浮盈率为 60.44%。定增方案处于推进中，投资款项尚未缴纳，按照最新的定增价 14.31 元/股，账面浮盈率也高达 86.79%。

由于定增投资折扣率更高，此次定增投资相比协议转让获得更高的账面浮盈率。本次投资是获取控股权投资，后续退出周期会很长，虽然在目前看来受益于阻燃剂行业周期景气度较高，账面回报可观，但后续仍需考验"复星系"对万盛股份的资本加产业的整合能力。

10.3.2　3G 资本：赋能式投资

巴西的 3G 资本在国内并不为大众所熟知，但它控股和管理的企业却家喻户晓，如百威啤酒、亨氏食品、汉堡王等，这些企业年营收超过 1000 亿美元。

3G 资本最早从事投资银行业务，后来它们的创始人"巴西三剑客"意识到投资那些被低估的公司可能获得良好收益，但这需要深度介入公司的运营，帮助被投企业价值回归甚至创造价值。基于此，3G 资本的创始人不断磨炼自己的投资能力，逐步由银行家向商人的角色转变。

很多私募股权投资基金通过资金管理的哲学介入多个项目，这些财务型投资者不会深入参与被投企业，他们更多的是期望能低买高卖。而 3G 资本的模式是介入一些能够长久经营的商业，招到优秀的人才放进被投企业管理团队，通过深度融入 3G 资本的文化理念和经营方式彻底改变这些被投企业，因此它们的投资组合更加集中。它们这种典型的投资模式被称为"赋能式投资"，也可以概括为：投资控股-管理再造-赋能增值。

3G 资本的投资模式对投资者的要求极高,首先,需要选择符合投资者自身战略目标的投资标的。3G 资本围绕消费品进行投资,这些企业都有非常强大的品牌战略和非常深的护城河;其次,投资者需要拥有合适的管理团队和专业人士可以被派往被投企业,否则很难有效释放公司的内在价值。最后,这种投资模式对文化整合能力要求也很高。3G 资本的很多收购涉及不同品牌、不同地域甚至国情,但企业文化只能有一个。

随着国内市场进入存量博弈阶段,很多 A 股上市公司所处行业又相对稳定,专业投资者通过协议转让方式进入上市公司,深度介入企业运营进行价值创造将大有可为。

第 11 章 PIPE 组织形式

　　PIPE 投资工具众多，不同工具对投资者的要求差异较大，因此投资者需要根据投资目标选择合适的投资主体或组织形式。PIPE 投资管理还类似于项目制管理，管理人需结合项目进度进行合理安排。

第11章 PIPE组织形式

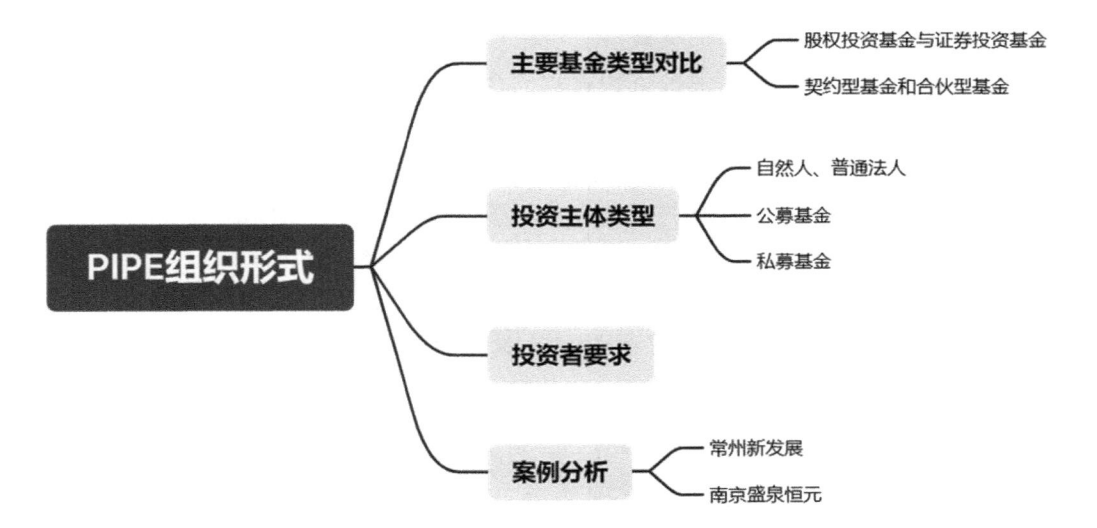

- PIPE组织形式
  - 主要基金类型对比
    - 股权投资基金与证券投资基金
    - 契约型基金和合伙型基金
  - 投资主体类型
    - 自然人、普通法人
    - 公募基金
    - 私募基金
  - 投资者要求
  - 案例分析
    - 常州新发展
    - 南京盛泉恒元

11.1 主要基金类型对比

PIPE 投资涉及品种较多，各品种对投资者的要求也不同，除了监管层基于品种风险等级差异对投资者的监管要求之外，各品种对投资能力的要求以及承销商的要求也会影响投资者主体类型。

PIPE 投资参与主体种类繁多，包括但不限于：自然人、普通法人（包括上市公司）、金融机构、金融机构管理的产品、养老基金、公益基金、合格境外投资者等。

对于以私募产品形式参与的投资者，按照备案的不同可以分为股权投资基金和证券投资基金；按照产品组织形式可分为契约型基金和有限合伙基金。

11.1.1 股权投资基金和证券投资基金

基金业协会的 Ambers 系统中，关于私募投资基金"基金类型"和"产品类型"的说明如表 11.1 所示。对于定增投资，私募证券投资基金和私募股权投资基金均可参与。其中，在私募股权基金类型中，特别提到大宗交易、协议转让等 PIPE 投资工具。

表 11.1 私募投资基金类型

基金类型	定 义
私募证券投资基金	私募证券投资基金，主要投资于公开交易的股份有限公司股票、债券、期货、期权、基金份额以及中国证监会规定的其他证券衍生品种
私募证券类 FOF	私募证券类 FOF，主要投向证券投资基金、信托计划、券商资管、基金专户等资产管理计划的私募基金
创业投资基金	创业投资基金，是一种主要向处于创业各阶段的未上市成长性企业进行股权投资的基金（新三板挂牌企业视为未上市企业），对于市场所称的"成长基金"，如果不涉及沪深交易所上市公司定向增发股票投资的，按照创业投资基金备案；如果涉及上市公司定向增发的，按照私募股权投资基金中的"上市公司定增基金"备案

续表

基金类型	定　义
创投类FOF	创投类FOF，主要投向创投类私募基金、信托计划、券商资管、基金专户等资产管理计划的私募基金
私募股权投资基金	私募股权基金，指投资包括未上市企业和上市企业非公开发行和交易的普通股（含上市公司定向增发、大宗交易、协议转让等），可转换为普通股的优先股和可转债债券等的私募基金
私募股权类FOF	私募股权类FOF，主要投向股权类私募基金、信托计划、券商资管、基金专户等资产管理计划的私募基金
其他私募投资基金	其他类别私募基金，投资除证券及其衍生品和股权以外的其他领域的基金
其他私募FOF	其他私募FOF，主要投向其他类私募基金、信托计划、券商资管、基金专户等资产管理计划的私募基金
私募资产配置基金	私募资产配置基金应当采用基金中的基金的投资方式进行证券、股权等跨类别资产配置投资，80%以上的已投基金资产应当投资于已备案的私募基金、公募基金或者其他依法设立的资产管理产品

私募投资基金分为股权类和证券类，股权类主要用于未上市企业的投资，证券类基金主要用于投资上市公司证券。介于两者之间的PIPE投资，股权类和证券类基金均有涉及，两者的主要区别如表11.2所示。

表11.2　股权类和证券类基金区别

	股权类基金	证券类基金
存续期限	不短于5年	不设置最短期限
开放安排	封闭，特定情况除外	开放
流动性安排		流通受限的流动性管理
业绩报酬	不设限	提成比例不超过60%+间隔3个月
冷静期要求	私募股权投资基金、创业投资基金等其他私募基金合同关于投资冷静期的约定可以参照对私募证券投资基金的相关要求，也可以自行约定	私募证券投资基金合同应当约定，投资冷静期自基金合同签署完毕且投资者交纳认购基金的款项后起算

11.1.2 契约型基金和合伙型基金

基金的组织形式分为公司型、契约型和合伙型。其中，公司型税负较重，拥有与一般公司相似的治理结构，优势在于基金很大一部分决策权掌握在由投资人组成的董事会手里，典型的公司制基金是巴菲特掌管的伯克希尔-哈撒韦。由于国内公司制基金不常见，所以，下面主要讨论契约型基金和合伙型基金的相关差异。

1. 设立程序

两类基金设立完毕的条件差异较大，合伙型需要工商登记，区别如表 11.3 所示。

表 11.3 两类基金募集完毕条件

契约型基金	合伙型基金
（1）投资者签署合同并缴款； （2）认购款已划付到基金托管账户	（1）已签署合伙协议； （2）已完成相应的工商确权登记； （3）已完成不低于 100 万元的首轮实缴出资且实缴资金已进入基金财产账户，管理人及其员工、社会保障基金、政府引导基金、企业年金等养老基金、慈善基金等社会公益基金的首轮实缴出资要求可从其公司章程或合伙协议约定

2. 托管要求

契约型私募投资基金应当由依法设立并取得基金托管资格的托管人托管，基金合同约定设置能够切实履行安全保管基金财产职责的基金份额持有人大会日常机构或基金受托人委员会等制度安排的除外。

合伙型基金对托管没有强制要求。

3. 投资者数量和出资安排

由于 PIPE 投资更多以项目制的形式进行投资，合伙型基金可以分期出资，便于合理利用资金，两类基金出资安排如表 11.4 所示。

表 11.4 两类基金出资安排

	契约型基金	合伙型基金
投资者数量	1~200人	2~50人
出资安排	契约型股权类基金，必须封闭运作，投资人需要一次性出资；契约型证券类基金无封闭要求，但实践中针对PIPE的契约型证券类基金一般会设定一个封闭期，方便运作管理	合伙型股权类基金，认缴金额不能做变更（特定情况除外），但投资人可分批实缴到位。募集机构需要核查投资人的认缴金融和出资能力相匹配

4. 税收

从税收角度考虑，契约型基金具有明显优势，仅需按照增值额的3%缴纳增值税，个人投资者无须缴纳所得税。同时，有些基金小镇还可以提供增值税的部分减免。三类基金税收差异如表11.5所示。

表 11.5 三类基金税收差异

	公司型基金	契约型基金	合伙型基金
增值税	6%（小规模纳税人除外）	3%	若合伙企业为小规模纳税人，应按3%的税率缴纳增值税；若合伙企业为一般纳税人，应按6%的税率缴纳增值税
所得税	税负较重；企业按照25%缴纳企业所得税；分红到自然人股东还需按照20%缴纳个人所得税	（1）契约型证券类，对投资者，暂不征收个人所得税；（2）契约型股权类，存在被税务机关要求缴纳20%个人所得税和25%企业所得税的风险	（1）对自然人投资人从基金分配的收入，按"个体工商户的生产经营所得"征收5%~35%的个人所得税；（2）对机构投资者，机构自行缴纳企业所得税

11.2 投资主体类型

投资主体类型分为自然人、普通法人、金融机构等，下面简要说明。

11.2.1 自然人、普通法人和金融机构直投

自然人、普通法人、金融机构直投相对比较简单，主要为自有资金投资，可参与大部分 PIPE 投资工具。

1. 自然人

自然人投资者直接参与投资的最大优势在于税收优势，增值税和个人所得税均不涉及。自然人投资者可直接参与定增、定向可转债、大宗交易、协议转让投资。其中定增投资领域，自然人是重要的参与者之一。自然人投资者不能直接参与科创板询价转让和可交债投资。

2. 普通法人

主要是一些实业领域的公司，将其主业赚取的利润用于 PIPE 投资。可以直接参与定增、可交债、定向可转债、大宗交易、协议转让投资，不能参与科创板询价转让投资。

对于公司，投资收益税负较高，涉及增值税、企业所得税及分配到股东的个人所得税。

3. 金融机构直投

金融机构直投（即自营资金）时比较注重风险控制，常见于质地较好的公司的可交债投资。近两年自营投资也会参与定增投资，主要用于收益互换，实际由其客户承担投资风险，自营部门收取融资利息。

11.2.2 公募基金

截至 2021 年年底，中国公募基金规模 25.3 万亿元，再度创下历史新高。参与 PIPE 投资的公募基金主要分为普通公募基金和 PIPE 特色机构这两类。

1. 普通公募基金

对于大多数公募基金来说，PIPE 投资并不是其业务发展重点，总体规模占其管理资产规模比例仍然较低。一些规模较大的基金，会配置一部分 PIPE 投资工具作为策略的一部分，但由于这些工具流动性较差，并不会成为配置重点。

有些公募基金还会针对 PIPE 各品类做一些专户产品，如定增专户、可交债专户等。

2．PIPE 特色机构

财通基金、诺德基金等公募基金把定增、可交债等品类作为特色业务。

11.2.3 私募基金

2021 年是私募基金发展最为迅猛的一年，截至当年年底，整体资产规模高达 19.76 万亿元，与 2020 年相比大幅增加 3.79 万亿元。

1．普通私募基金

与普通公募基金类似，对于大型私募基金来说，PIPE 总体规模仍然较少，PIPE 仅仅作为其策略的一部分。如高毅、景林、高瓴等私募基金在定增市场非常活跃，它们通过定增、大宗交易、协议转让等获取足够的筹码，同时享受一定的折价，但 PIPE 投资本身不是业务重点。

2．PIPE 专门机构

由于 PIPE 投资最大的品类定增周期性较强，国内专注于 PIPE 投资的专门私募基金数量有限。未来随着投资工具的丰富，相信会涌现越来越多的 PIPE 投资机构。

大型公募及私募管理人偏重于大市值及质地优良的公司，PIPE 专门机构可以为中小市值公司提供服务。从长期来看，培育愿意陪同中小市值公司成长的 PIPE 投资专门机构是构建多层次资本市场的重要环节。

11.3 投资者要求

PIPE 投资工具众多，不同品类的风险等级有所差异，因此从监管层面和投资者门槛层面差异较大。

1. 定增

定增对投资者的要求不高，涵盖了较为丰富的投资者类型，但由于风险较高，并且流动性受限，因此风险等级为 R4 级别，只有专业投资者或风险承受能力等级在 C4 及以上的普通投资者才建议参与。

2020 年出台的定增新规规定发行对象可以不超过 35 名，定增参与门槛大大降低，但由于上市公司募资金额较大，一般单份门槛仍在 1000 万元以上，大多数项目投资门槛在几千万元，宁德时代 2022 年定增报价门槛超过 10 亿元。

2. 可交债

对于非公开发行的可交债，投资者仅限合格投资者中的机构投资者，即自然人投资者不可直接参与可交债投资。投资者主要包括金融机构及其管理的产品、养老基金、合格境外投资者等，法人直接参与，需满足以下三个条件：

（1）最近 1 年末净资产不低于 2000 万元；

（2）最近 1 年末金融资产不低于 1000 万元；

（3）具有 2 年以上证券、基金、期货、黄金、外汇等投资经历。

在实践中，可交债投资者主要包括券商自营及资管、银行理财、公募基金、私募基金等。

3. 科创板询价转让

科创板询价转让要求投资者为科创板网下打新机构投资者或协会备案私募基金，同时要与减持股东、受委托证券公司无关联关系。

该要求意在引入专业投资者，减少股东减持对市场的冲击，最终将自然人和普通的法人投资者排除在外。

4. 定向可转债

定向可转债要求投资者为债券市场合格投资者。

定向可转债与可交债类似，均为非公开发行债券，但与可交债相比，其在实践中允许自然人直接参与。不过，自然人投资者需满足合格投资者的要求，即金融资产或者收入要求和交易经验满两年或者从业经验的要求。

5. 其他

大宗交易对受让方无要求,自然人、机构、各类产品均可参与,单笔交易金额满足上交所和深交所规定的最低交易门槛即可。

协议转让对受让方也无要求,自然人、机构、各类产品均可参与。参与门槛主要体现在交易门槛上,即不低于总股本的 5%。举例来说,对于 30 亿元市值的公司,投资者的参与门槛为 1.5 亿元。

各类投资工具对投资者的要求如表 11.6 所示。

表 11.6 PIPE投资工具对投资者的要求

	投资者要求	投资门槛
定向增发	专业投资者和普通投资者 C4 及以上的投资者均可认购	由总募资金额决定,一般不低于 1000 万元
可交债	合格投资者中的机构投资者	一般 1000 万元起
科创板询价转让	科创板网下打新机构投资者、协会备案私募基金;与减持股东、受委托证券公司无关联关系	金额门槛不高
定向可转债	债券市场合格投资者	与定增类似
大宗交易	无	一般不低于 300 万元
协议转让	无	不低于总股本 5%

11.4 案例分析:常州新发展与南京盛泉恒元

大型公募及私募基金通常会投资于流动性好的市场或品种,这是由其较大的规模以及追逐热点的属性决定的,因此它们倾向于寻找带来巨大交易量的投资机会。

在这些领域,信息快速流动,定价也更加高效,想要获得超额收益对投资者的考验较大。而流动性差的市场,通常会被人们遗忘在角落里,容易出现有效性不高的品种。

PIPE 投资工具流动性受限,容易成为定价效率较低的品种,定增、大宗交易、可交债、科创板询价转让这些品种都是通过非公开方式发行,投资者的研究优势较为明显，通过低于公允的价格建立头寸，创造超额回报。

虽然 PIPE 投资品类日趋增多，但专注于 PIPE 各个品类的投资者数量仍然有限。自有资金的先行者常州市新发展实业公司（下称常州新发展）和独特的量化套利者南京盛泉恒元投资有限公司（下称南京盛泉恒元）便是其中的佼佼者，它们从各自的角度把握住了这些品类的机会。

11.4.1 常州新发展：自有资金的先行者

常州市新发展实业股份有限公司成立于 1992 年，主营业务为自有资金的资产配置，投资领域包括股权投资、证券投资、定增、可交债、定向可转债等。

常州新发展类似于公司制基金，采用自有资金投资，优势较为明显。其投资领域相对灵活，涵盖 PIPE 投资的多个领域。公司可投资金在股东早期出资的基础上，加上管理团队的经营，雪球越滚越大。公司定期给股东分红，因此管理团队拥有较强的投资自主权，其在以下领域均有不错的投资业绩。

1. 定增

公司参与定增投资超过十年，这在定增市场并不多见，投资团队经历多轮定增周期积累了丰富的投资经验。

定增投资具有明显的周期性，每隔几年便会出现一段红利期，投资者若能抓住红利期，便可实现不错的投资回报。在每一轮周期的早期，定增公司估值偏低，同时还给了投资者较高的折扣率。

自 2008 年首次参与定增以来，公司抓住了多个定增投资的红利期。

2. 可交债

相比定增的折价，可交债换股价高于市价，无法创造折扣收益。但"进可攻，退可守"的特征，成为投资者实现"下有保底，上有收益"的重要投资品种。

常州新发展 2019 年投资了首个可交债项目 19 派雷 E1（上市公司埃斯顿大股东发行），助力埃斯顿收购德国焊接机器人巨头 Cloos，随后参与了多个经典的可交债项目，并将可交债作为重要的资产配置方向。

3. 定向可转债

常州新发展投资团队拥有敏锐地捕捉全新投资机会的能力，2019年便开始定向可转债的研究，在2020年定增新规颁布后，参与了首个定向可转债项目辉隆定02，助力辉隆股份收购海华科技，该定向转债为全市场首个进入转股的定向可转债项目。

随后其参与了全市场首个股债搭售定向可转债必创定02，这一项目要求投资者对定增和定向可转债拥有研究能力，体现了公司开阔的视野和创新能力。

4. 其他投资

科创板询价转让制度推出后，公司也在积极研究并尝试通过公募基金专户参与投资。

与定增类似，有锁定期的大宗交易投资也可以为投资者创造折扣收益，也是公司积极开拓的业务领域。

虽然坐落于常州，没有一线城市的信息和资源优势，但是常州新发展通过独特的PIPE投资走出了一条差异化的资产管理路线，并在该领域保持着领先优势。

11.4.2 南京盛泉恒元：抓住每一个折价的领域

南京盛泉恒元投资有限公司专注于套利策略，是一家非典型量化投资机构。与大多数量化机构通过统计套利获取超额收益不同，南京盛泉恒元寻找跨市场、跨品种、多策略投资及机会，其持仓横跨A股、港股等多个市场，包括股票、基金、可转债等多个品种，真正实现多策略的平衡和分散，保持策略的持续有效。

从公开信息可以看到，其参与的PIPE投资品种包括定增、可交债、大宗交易、科创板询价转让，参与主体为契约型证券基金。这些非公开发行品类为公司提供了独特的超额收益来源，而不用像统计套利量化投资者那样通过高频交易获取超额收益，体现了明显的差异化。这种策略建立在管理团队对资本市场独特的理解和经验的基础上，其在2021年下半年量化投资出现超额收益大幅回撤的背景下，展现出了巨大的优势。

公司通过寻找超额收益的机会构建投资组合，同时通过股指期货进行对冲，为投资者提供稳健的投资产品。

公司2015年发行第一只产品，2021年便成长为百亿元规模私募管理人。这种指数级别的增长主要有几个原因：

（1）它们提供的是低波动、稳健的收益，这是由它们的差异化定位决定的。这种收益不低、回撤很小的投资策略在市场上很稀缺，公司宣传的年化收益率目标为15%，这其实低于很多主动管理的私募基金收益率，甚至低于一些公募基金的收益率。其优势在于低波动，适合低风险偏好投资者，即使在2018年市场很差的环境中，它们依然有超过银行理财的正收益。

（2）抓住了很好的时间窗口。它们快速发展时，正好遇到银行打破"刚兑"、信托资产"爆雷"，这两部分资产持有者不敢把钱投到波动很大的主动管理基金里，公司策略很好地承接了这部分资金的转移。毕竟曾经是最多的资金承载方式的银行理财和房地产信托，规模都在万亿级别。

（3）在正确的道路上全力以赴。公司机制非常灵活，按照既定策略进行矩阵管理，打破了传统的基金经理负责产品的模式，保持了团队的稳定性。在激励机制上，员工、客户、公司利益有效统一。

（4）抓住了主流人群和渠道的需求。在这几年，券商、银行都希望把客户的资金向基金上转移，而不是流失到其他渠道中，而南京盛泉恒元的产品正好符合渠道的需求，所以很快发展壮大起来。

第 12 章

PIPE 投资管理

投资管理过程极其复杂，PIPE 投资管理也不例外。投资者需要根据投资目标做出证券配置决策，这需要自上而下地把握各工具的特征，也需要自下而上地评估各工具的投资机会。

投资者需要形成良好的投资理念，并在此基础上进行战略配置，同时形成相匹配的决策体系和内部流程。

PIPE投资管理

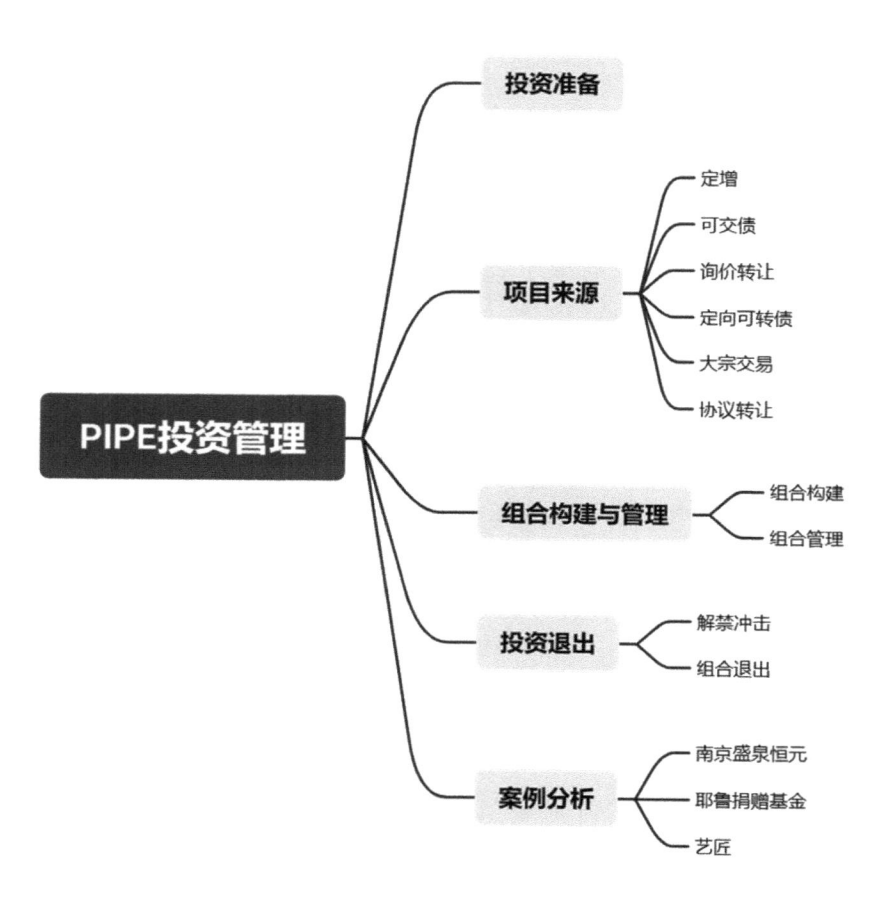

- 投资准备
- 项目来源
  - 定增
  - 可交债
  - 询价转让
  - 定向可转债
  - 大宗交易
  - 协议转让
- 组合构建与管理
  - 组合构建
  - 组合管理
- 投资退出
  - 解禁冲击
  - 组合退出
- 案例分析
  - 南京盛泉恒元
  - 耶鲁捐赠基金
  - 艺匠

12.1 投资准备

投资目标是建立在出资人目标的基础上，也会因投资人的目标不同而有所差异。有了投资目标，投资者才能更好地制定投资政策和进行资产配置。一名好的投资者未必是好的资产管理人，因为一旦投资组合的特性与出资人的目标背离，双方的合作就很难长久，甚至出现出资人在基金净值低点时赎回、在高点时买进的尴尬局面，下面分别介绍自有资金投资者和基金管理人的特点与目标。

- 自有资金投资者，相对比较灵活，更适合做 PIPE 投资，所以其也成了定增市场的长期活跃者。若要涉足 PIPE 投资的多个品类，投资者需要具备多品类的投资能力，因此自有资金也更适合。
- 基金管理人，目前多是针对单个品类成立产品，甚至是单项目产品，进行跨品类投资相对比较困难。若将多品类作为投资策略的一部分，基金的规模需要足够大，因为每个品类都有相应的参与门槛。同时，这种策略最好搭配其他策略，以实现连续稳定的业绩，毕竟除了定增之外，其他品类投资机会相对较少。

12.2 项目来源

PIPE 投资项目基本为非公开发行，有些品类还需要私下协商，因此在项目信息获取上存在一定难度。各品类信息获取难易程度及要求的决策效率如表 12.1 所示。定增的条款相对标准化，信息获取难度和决策要求都低很多，其他品类在信息获取难度和决策效率的要求上都有更高的门槛。

表 12.1　各品类信息获取难易程度及决策效率要求

	信息获取难易程度	决策效率要求
定增	容易	低
可交债	难	中
询价转让	容易	高
定向可转债	容易	低
大宗交易	困难	高
协议转让	困难	中

12.2.1　定增

定增作为发展较为成熟的再融资工具，上市公司信息披露、推介及券商承销推介做得比较充分，项目进度信息可被投资者轻松获取。由于审批流程长，定增给予了投资者足够的内部决策时间。

投资者可根据上市公司公告等公开信息进行项目筛选跟踪，并与主流券商资本市场部门建立联系，及时获取调研及发行进度信息。

12.2.2　可交债

可交债本质上是上市公司股东的减持或融资工具，上市公司信息披露流程相对简化。可交债在交易所的审核时间短，投资者获取信息的难度较大。一般上市公司仅在获得交易所审批通过时才首次公告，若立即启动发行，对投资者的决策效率要求极高。

为了便于上市公司或股东引入战略投资者，可交债发行机制上相对灵活，不像竞价定增那么标准化，这一安排增加了投资者项目信息获取的难度。

投资者可通过以下 4 种方式获取项目信息：

（1）利用 Wind（万得资讯）进行项目信息的筛选跟踪；

（2）通过上交所和深交所固定收益信息平台进行项目进度信息查询；

（3）与券商资本市场部或投行项目组保持密切沟通；

（4）与上市公司直接沟通获取项目信息，或者推动上市公司股东发行可交债。

12.2.3　询价转让

询价转让目前仅适用于科创板公司，未来可能推广至创业板公司。询价转让由证券公司组织询价，但证券公司不得提前与投资者沟通，因此券商或者科创板公司披露的询价转让计划书是投资者获取信息的主要方式。询价转让对投资者的内部决策效率要求较高。

12.2.4　定向可转债

定向可转债作为并购募集配套融资工具，与定增类似，需要上市公司提前公告，因此，投资者可以通过公开渠道获取项目信息。同时上市公司会在交易报告书、证监会核准、资产交割完成等关键时点进行公告，因此从首次获取项目公开信息起给予投资者足够的时间进行决策。

12.2.5　大宗交易

大宗交易信息不透明，交易效率不高，尽管部分券商也在开展大宗交易撮合业务，但占比仍较少。很多大宗交易信息不是一手信息，涉及多个中间环节，导致交易成本较高和效率极其低下，这也是有锁定期大宗交易发展缓慢的重要原因之一。

由于二级市场股价可能大幅波动，交易双方对价格的预期波动大，因此在交易当天才可确定价格，进一步降低了成交概率，对投资者的决策效率要求高。

有锁定期大宗交易出让方主要是首发前不满足反向挂钩标准的股东，他们的股份进入解禁期是大宗交易的必要条件，因此，投资者可跟踪这类信息，寻找投资机会。

12.2.6 协议转让

协议转让通常意味着引入战略投资者，战略投资者主要包括产业投资者和大型私募基金。由于协议转让退出周期长，公募机构对其关注较少。协议转让项目信息相对隐蔽，为双方私下协商。协议转让意味着需要投资者大额持股，投资者的决策相对更加审慎，谈判周期也较长。

12.3 组合构建及管理

投资管理行业进入门槛很低，所以竞争非常激烈。投资者要想取得成功，不仅需要付出巨大的努力，更需要遵循连贯一致的投资理念，自始至终要执行提前建立的、严密细致的分析框架，并全方位考察特定的投资机会。投资行业的两大重要法则是长期投资和价值导向，PIPE 投资由于均具有至少 6 个月的锁定期，因此更加需要投资者的长期思考和价值导向。

所有新的市场，特别是非公开市场，基本上都是低效的，这种低效对最早发现并顺应市场的投资者来说就意味着利润。PIPE 投资者之间的最大差别就在于，能否做出高质量的决策，包括选择合适的投资标的和构建合理的投资组合。

12.3.1 组合构建

1952 年哈里·马科维茨发表了一篇题为《证券组合选择》的论文，并获得诺贝尔经济学奖，这也是现代证券组合理论的开端。这一理论为组合构建提供了理论基础，即过分集中于单一资产类别可能带来高收益，但也意味着巨大的风险。通过分散化投资，正所谓"不要把所有的鸡蛋放在一个篮子里"，可以实现不降低收益的情况下降低投资组合的风险。

根据该理论，单纯分散化投资无法有效降低风险，需要将资产配置在对不同因素反应不同的资产上去，即相关性低的资产。在 PIPE 投资领域，组合构建和管理工具主要包括：品类配置、择时和标的选择。投资者需要根据投资目标及环境决定品类配置、择时和标的选择三者的相对重要性。任一工具的作用都不应被投资者过分夸大，工具的搭配使用也很重要，即基于投资者的资金属性和目标的品类配置、择时和标的选择，如图12.1所示。

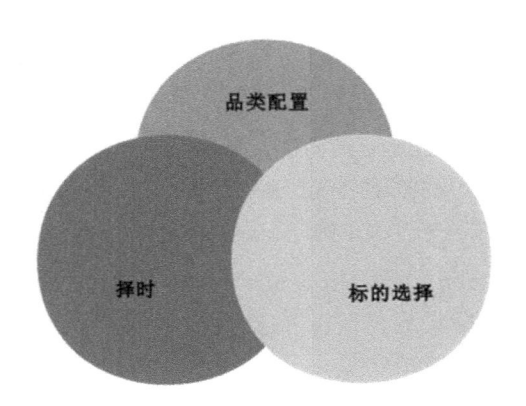

图12.1 组合构建三工具

1．品类配置

选择做什么比如何做更有意义，当一类工具或品类机会较少时，即使在择时和标的选择上付出巨大的努力也很难创造价值。区别于传统股债配置，PIPE各品类都是股权或者债转股，即股权相关的工具。表12.2所示为不同工具类型的安全垫来源。

表12.2 不同工具类型的安全垫来源

	类　　型	安全垫来源
定增	股权	折扣
可交债	债转股	债底
询价转让	股权	折扣
定向可转债	债转股	债底
大宗交易	股权	折扣
协议转让	股权	价值创造

PIPE投资管理过程中，需要实时审视各品类的机会，根据各品类整体定价确定投资品类及该品类在投资组合中的比例。投资行业通常具有均值回归

的特性，特别是一个品类的机会由于过去赚钱效应的累积，会迅速吸引更多的参与者，从而让该品类失去吸引力。组合管理者应在品类整体被低估时高配该品类，高估时降低该品类配置。

市场供求关系是决定 PIPE 投资条款的主要因素，大多数 PIPE 工具采用非公开竞价的方式进行定价，条款的好坏程度取决于市场热度，这也直接影响着投资者的利益。同时由于锁定期的存在，PIPE 投资从赚钱到亏钱存在滞后效应，因此都有周期性。

以定增市场为例，折扣率具有明显的周期性。2016 年、2021 年年底定增市场都由于过去时间段的赚钱效应，吸引了各路资本的加入，折扣率快速收窄。特别是新加入的投资者，由于缺乏经验冲动报价，非理性地抢夺项目。

2020 年 A 股市场充斥着"核心资产"投资理念，小盘股被彻底抛弃，流动性也大幅降低。小盘股的 PIPE 投资被市场抛弃，投资者普遍担心大额投资的 PIPE 投资工具的减持会受限于小盘股较差的流动性，因此在询价环节都很谨慎，从而小盘股定增出现了更高的折扣率。另外，由于流动性较差，小盘股总体处于较低的估值水平，PIPE 投资者享受了低估值和高折扣率的双重优势。"人多的地方不要去"，能够带来高收益的投资机会通常是这些"人少的地方"，以上这种市场扭曲最终给投资者送了一份大礼。

作为投资经理需密切关注 PIPE 投资各品类的机会，根据外部环境进行品类配置。过去，投资经理常用股债搭配作为经典的配置模型，通过调整股债配比来表达对市场的观点。PIPE 投资由于其中的债又有股票的属性，可以让品类配置更加灵活多样。"定增加可交债"的组合相比传统"股票加债券"的投资更具有进攻性，同时定增可享受折扣收益。权益投资也是提升投资收益的重要思路，也符合直接融资的大背景。

2. 择时

择时就是根据市场所处的位置控制组合仓位或选择参与投资的时点。择时若能成功，可以为投资者创造巨大的价值，但由于各种原因，择时实现难度较大，不可强求。对于很多投资者来说，尤其是追求长期投资目标的投资者，择时对收益的贡献是有限的。

在 PIPE 投资领域，投资者很难对具体项目的时点进行控制，如定增发行节奏完全由上市公司决定，投资者仅可选择参与与否。市场走好后，PIPE

项目的供给反而会多起来，这跟投资者的非理性有关。因此，择时在投资实践中实现难度比较大。

PIPE 投资者可以通过债转股（可交债、定向可转债）和股权（定增、大宗交易、询价转让）的配置比例调整来实现择时的替代操作，这样即使不看好市场，一旦判断错误，仍然可享受股价向上的收益。

3．标的选择

在有效市场中，资产价格应该等于公允价值，对投资者来说创造超额收益比较难。大多数时候市场上的资产价格相对合理有效，给予投资者"捡漏"的机会不多，同时 A 股市场由于上市公司的稀缺性，长期处于相对高估的状态。但在部分市场，特别是非公开的 PIPE 投资市场会出现定价失衡的阶段，给了投资者很多机会。

对于大型公募和私募基金经理，其所掌管的基金规模较大，因此更喜欢能够带来巨大交易量的投资机会。例如有些白马股的定增，是很多公募机构换仓导致的，因此折扣率很低，同时这类标的股票定价也很难出现低估的情况，因此对典型的 PIPE 投资者来说未必是好的机会。

事实上，由于 PIPE 投资市场是非公开交易，通常给予了投资者更多的研究便利。在这些非公开的市场中，拥有研究优势会给投资者带来巨大的回报。即使已公开的信息，可能由于种种原因并不为市场所追捧，PIPE 投资者能轻松获取大量筹码，一旦市场风格发生转变将带来巨大的收益。这些标的股价一旦上涨，将会得到主流机构的认可，流动性也因此增加。

12.3.2　组合管理

预期收益和预期风险对赌徒和投资者而言都至关重要，两者之间的平衡是投资组合管理的核心。组合管理类似赌博中的资金管理，保证在确定性更高的标的上投入更多的头寸，从而实现资金曲线最快增长，而又不至于冒过高的风险。

有些投资经理通常会运用资本市场最强大的力量进行组合调整，即资产价格的均值回归，那些过去表现好的资产，在未来很难持续表现良好；有些投资经理基于行业逻辑对未来最看好的行业进行排序，在最看好的几个行业中配置较多的头寸；也有些投资经理基于凯利公式进行资金分配，他们分别按照自己的投资体系进行组合管理。但需要说明的是，对资产未来的表现进行预测是非常困难的，结果也常常让人失望。

在 PIPE 投资领域中，如果能够理解各投资工具之间的相关变量、它们之间的关系以及内部的合理关系也能够创造价值。但 PIPE 投资者多了一个限制因素，即投资标的通常具有锁定期。在锁定期内，投资者能做的工作实际并不多，因此投资管理难度非常大。当然这也反过来要求投资者在投资决策时要更加审慎，因为犯错误的代价太大，无法像二级市场那样能立即卖出"认错止损"。

【案例分析】凯利公式

凯利公式是一条广泛应用于赌博和投资场景中的资金分配公式。发明人小约翰·拉里·凯利就职于贝尔实验室，凯利公式是其业余研究的意外结果，当时他正在研究电视信号的压缩方法，业余时间研究起了关于一档电视答题节目赌博系统。基于优秀的数学基础，他推算出了一个利润最大化的投注系统，即凯利公式：

$$f=p/a-q/b$$

其中：f 表示某项投资或者赌博分配的资金比例，p 表示获胜的概率，q 表示失败的概率（其中 p+q=1），a 表示失败的亏损率，b 表示获胜的收益率。

假设一个定增项目，投资者预期获胜的概率为 60%，获胜的收益率为 50%；失败的亏损率为 50%，根据凯利公式投注比例应为 40%，计算过程如下：

$$f=60\%/50\%-（1-60\%）/50\%=40\%$$

《战胜一切市场的人》的作者爱德华·O.索普也研究了凯利公式，并将其应用于 21 点赌博和投资中，结果创造了收益奇迹。他和信息论的创始人一起使用计算机估算每注的优势，在此基础上根据被他改进的凯利公式决定下注的数量，即资金的分配，获得了巨大的成功。

凯利公式及其理念主要达到了两个目标：实现一定水平的盈亏需要的最少时间和资产增值的最大比率。如两位投资者均有 1000 万元初始本金，当一个投资机会出现时，第一位每次下注同等的金额，而第二位根据投资机会的不同，遵从凯利公式进行下注，经过较长时间后，第二位投资者的资产总额可能远高于第一位投资者。

凯利公式及其理念成为主流投资理论的一部分，特别适合作为资产配置的资金管理方式，这能有效实现净值曲线的最大化增长，很多有经验的投资者都在用这种方法管理自己的投资组合。

12.4 投资退出

PIPE投资工具均是买入大额股份，通常是在一级市场获取股份，然后通过二级市场减持股份，也有部分投资者通过大宗交易减持股份，因此PIPE投资市场也被称为"一级半"市场。PIPE投资退出是指，卖出股份或者转债转股后卖出股票收回投资本金及收益的行为。投资顺利实现退出才意味着交易的完成，也是账面回报转化成实际回报的过程。

12.4.1 解禁冲击

有些PIPE投资者会在解禁后第一时间卖出，因此会对市场造成心理及实质冲击。投资者在投资退出上需考虑解禁冲击的影响，不同工具可能的影响如表12.3所示。

表12.3 不同工具解禁公告及退出冲击

	公 告	退出冲击
定增	解禁公告	冲击大
可交债	换股期公告	冲击大
询价转让	无须公告	冲击一般
定向可转债	转股期公告	冲击大
大宗交易	无须公告	冲击小
协议转让	无须公告	冲击小

对于解禁冲击，投资者应对方式也有多种。对融券标的，投资者可在解

禁前通过融券卖出，提前锁定收益。也有投资者会继续持股避开解禁冲击期，通过拉长持有期来缓解解禁压力。总体来说，常见的做法是，投资者在投资环节综合考虑发行规模，并将解禁冲击作为决策的重要考量因素之一。

12.4.2　组合退出

投资者之间水平差异也在于能否做出合理的退出决策，这需要对不同的品种有充分的了解，根据标的最新情况及市场环境做出合理的决策。

对于单项目基金或者自有资金，项目解禁相对方便。若基金是组合投资，各个项目解禁期差异较大，需陆续退出。因此在投资时需提前规划项目退出时间的安排。

不同品类的退出方式有所差异。投资者通常直接卖出定增股份获取收益，可交债投资者则选择在合适的时间换股后卖出获取收益，若不打算卖出一般会选择直接持有可交债，换股后应立即卖出。也有部分可交债发行人启动强制赎回条款，倒逼投资者换股，则投资者需要决策是否继续持有股票。若可交债一直没有机会换股，则需要持有至债券到期，这样投资期限会长达 2~3 年。

一些投资者追求高周转，即解禁期开始后尽快退出，寻找新的项目机会，这样才可继续享受折扣等 PIPE 特有的收益。

由于择时难度较大，大多数投资者不应该把自己定位为市场时机的选择者。投资者会受市场情绪影响，也会被限售期曾经的浮盈造成的锚定效应所困扰，解禁后不愿卖出或者不愿过早卖出，因此可将投资标的进行分类，根据不同类别的标的分别设置一定的卖出标准。

- 对于一家缓慢增长型公司，若持有期间股价已经上涨 30%~50%，公司也没有发生向好的变化，或者公司基本面情况在恶化，卖出便是好的选择。
- 对于一家稳定增长型公司，由于给市场的预期一直比较稳定，投资时估值也不低，投资者赚取一定的折价收益以及持有期间的业绩增长便可尽快退出。
- 对于一家周期型公司，投资者除了在介入时要谨慎之外，也应及时离场，不能等到扩张结束或者一些因素（如成本）已经走坏之后才离场。
- 对于快速增长型公司，投资者不能过早卖出，因为这些公司可能会为投资组合带来超额收益。这类公司通常估值较高，需要关注影响增速的先行指标，若增速下滑，可能会导致估值压缩，对投资者来说风险极大。
- 对于困境反转型公司，是很多PIPE投资者希望找到的投资标的。这类公司因为处于困境，股票交易量通常不大，投资者获取筹码较难，PIPE投资便是一种很好的投资介入方式。针对这类公司的卖出时机选择，应该是在公司度过危险期后，即所有的不利因素都已经解决，并重新获得了投资者的认可，估值也恢复了正常。

12.5 案例分析：南京盛泉恒元、耶鲁捐赠基金与艺匠

下面以南京盛泉恒元、耶鲁捐赠基金和艺匠中盘成长基金为例来说明投资组合的构建思路。

12.5.1 南京盛泉恒元的多品类配置思路

南京盛泉恒元于2015年发行首只私募产品，在2021年，管理规模已超过100亿元。如此快速的成长得益于核心团队成员善于发现证券市场中的重大机遇，并以"关注资本市场和全球化改革，深度挖掘折扣资产套利机会"为核心理念。

公司在2016—2017年以中性策略为主，而当时市场上对冲工具成本较高，因此面临困境。随后，公司看到了折价证券的机会，将PIPE投资工具作为配置的重要方向之一。

与传统公募基金及私募基金通过行业配置进行主动管理不同,南京盛泉恒元主要通过寻找不同资产和市场的套利机会获取超额收益。

其核心思路如下:

1. 多元化套利策略

与市场上以量价统计套利为主的量化私募公司不同,南京盛泉恒元寻找网下打新、大小非减持、指数调整等多元化套利机会。

2. 跨市场、跨品种、多策略投资体系

公司横跨A股、港股等多个市场,包括股票、基金、可转债等多个品种,真正实现多策略的平衡和分散,保持策略的持续有效性。

3. 定性定量结合,更加接地气

通过小组研究模式寻找各类策略的机会,并由公司统一进行组合配置,形成了更加稳定高效的投研体系。

4. 组合配置按照策略体系进行分仓

组合配置体系按照不同策略进行仓位配比,并根据各策略是否被低估灵活调整比例,从而抓住主流折扣资产套利机会。

在组合配置上,为了避免盲目自信,它们不会押注某只个股、某个行业或者某个策略来获取超额收益。

12.5.2 耶鲁捐赠基金的资产配置模式

耶鲁大学与哈佛、斯坦福一样,在全世界享有盛誉。这些大学能够享誉全球与其高额的教学经费投入是分不开的,这其中,各个大学的基金会扮演着重要角色。这里,又以耶鲁大学的捐赠基金最为知名,它可以帮助大学实现三大目标:独立性、稳定性和创造优越的环境。

大卫·斯文森从1985年起掌管耶鲁捐赠基金(The Yale Endowment),为耶鲁捐赠基金服务35年,通过独特的资产配置模式帮助基金从10亿美元增长到312亿美元。在截至2020年年底的过去30年中,基金实现了12.4%的平均年化收益率,投资组合还经受住了2000年"互联网泡沫破裂"和"2008年全球金融危机"的考验。耶鲁捐赠基金因此被称为是全球运作最成功的学

校捐赠基金。

除了耀眼的业绩，大卫·斯文森还著有《机构投资的创新之路》和《非凡的成功》这两本书，为机构和个人提供了全新的资产配置新思路。其门生也遍布美国各大捐赠基金，为行业发展做出了巨大的贡献。

在此之前，耶鲁捐赠基金一直是经典的 50%债券、50%美股股票的静态再平衡配置，这一配置被大卫·斯文森开创的组合管理理念彻底改变。他的组合理念倡导"以股票为导向、充分分散化"。另外，他还大胆布局低流动性的以 PE 为主的另类投资，主张长期投资，并坚持资产再平衡策略。

大卫·斯文森在《机构投资的创新之路》一书中认为：资产配置、择时和证券选择是创造投资收益的主要动力。其中，资产配置是核心动力，通过多元化投资，他们还大胆布局了很多另类资产来获取超额收益。

以其 2020 年组合配置为例（见表 12.4），其偏重不相关资产的多元化及另类资产的挖掘，相比其他教育机构的配置，耶鲁捐赠基金明显高配股权类资产。

表 12.4 耶鲁捐赠基金 2020 年资产配置比例

资产类别	简　　介	配置比例
风险投资	投资早期科技创新企业	22.60%
绝对收益	事件驱动&价值驱动的对冲基金	21.60%
私募股权	偏好价值创造驱动的长期主义基金经理	14.2%
现金&固收	高流动性	13.7%
海外股票	包括发达市场和发展中市场	11.40%
房地产	抗通胀、有上涨空间、稳定现金流	8.6%
自然资源	抗通胀、高度可预期的现金流	3.9%
美国股票	美股	2.3%

资料来源：耶鲁捐赠基金年报

12.5.3　艺匠中盘成长基金组合构建方式

自 1997 年 6 月创立以来，安迪·斯蒂芬斯（下称安迪）负责管理艺匠中盘成长基金，前 10 年中，创造了约为 21%的年化复合增长率，与巴菲特和彼得·林奇的业绩相比也毫不逊色。独特的组合构建方式是其成功的关键因素之一，组合构建方式主要包括投资分类和组合管理。

1. 投资分类

他用种植做类比，将投资组合里的股票分成三种类型：种子类、果实类和丰收类，配置比例及原则如表12.5所示。

表 12.5 安迪的投资分类

	种子类投资	果实类投资	丰收类投资
持仓占比	20%~40%	60%~70%	0~10%
个股持仓	1%	2%~5%	-
作用	观察仓	利润贡献	退出仓

（1）种子类投资

种子类投资是符合他的选股标准，但尚未进入快速上涨阶段的标的，这类投资在确定性和上涨幅度上还无法为基金贡献主要收益。这些公司可能有良好的前景，但商业模式或发展阶段尚处于早期，还有不确定性。

种子类投资占其持仓比例为 20%~40%，但单一公司持仓仅占比 1%左右。这些公司是作为观察仓进行布局，有两方面的作用：一是投入一部分资金以保持密切跟踪；二是一部分仓位已经在里面，一旦公司快速增长，可以投入更多资金。若成长不达预期，则清仓或者减仓。大部分这类公司会被淘汰，不能进入果实类投资。

（2）果实类投资

果实类投资是种子类投资中选出的已经跨过不确定性阶段，未来增长及股价确定性比较强的公司。这时投资的风险大大降低，因此可以容纳较大比例的资金。安迪通常会为这类投资配置 60%~70%的仓位，但包含的股票总数量仅有 10~20 只，投入单只股票的资金比例可能高达 2%~5%。从事后来看，果实类投资为基金创造了主要利润。

（3）丰收类投资

丰收类投资是安迪计划减仓或者全部卖出兑现收益的部分投资，这类公司要么达到了预先的收益回报，要么增长已经不达预期，仅配置 0~10%的仓位。

2. 组合管理原则

安迪不会固定各类投资的比例,而是根据经济环境和市场情况做出调整。当然,他也不是去预测市场时机,只是会采取一些措施来降低或者提升风险偏好,比如降低或者减少种子类投资的比例等。

在基金快速升值的阶段,投资组合中一般持有 45～50 只股票,这个时候包含的果实类投资比例比较高,约为 60%～70%。他会分配 4%～5%的资金在这些确定性较高的股票上,以使收益最大化。

综合来看,种子类投资和果实类投资是其组合管理的核心。种子类投资是布局,需要系统的打法,争取覆盖所有可能的主流赛道;果实类投资强调对单个项目的判断,胜率很重要;安迪通过从种子阶段开始跟踪来提升对公司的认知,大大提升了总体成功概率。

第13章

投资标的筛选

PIPE投资工具众多,最终都会落实到标的的选择上,这需要多角度、多层次地分析一家上市公司及交易结构,才能提升投资成功的概率。

对企业的评估是复杂多变的,从研究的角度来看,关于标的的所有问题被研究清楚也是不现实的,投资者需要结合自身的研究能力和目标,构建适合自己的投资哲学体系。

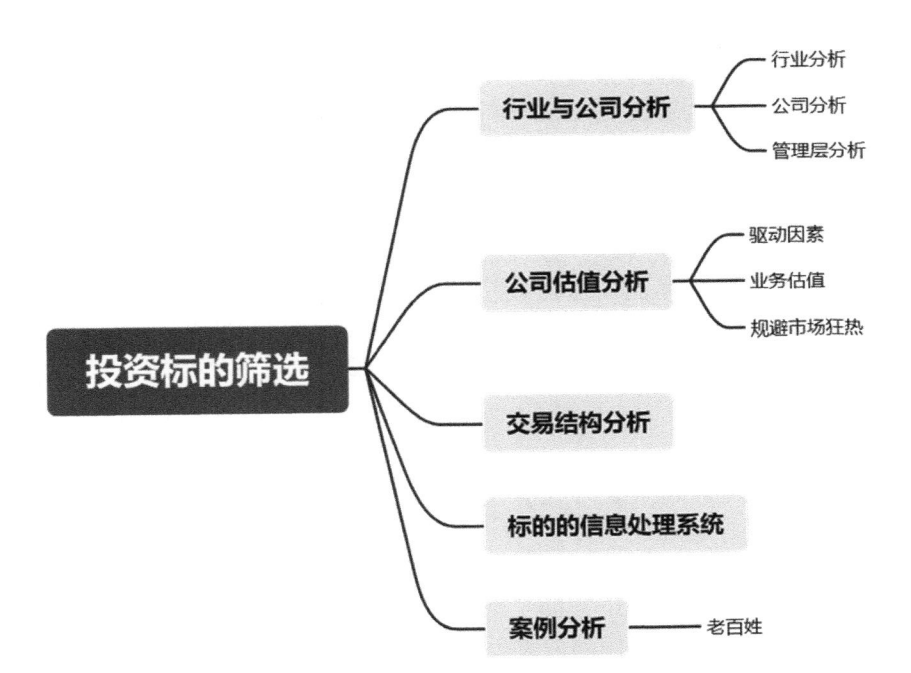

第13章 投资标的筛选

- 投资标的筛选
  - 行业与公司分析
    - 行业分析
    - 公司分析
    - 管理层分析
  - 公司估值分析
    - 驱动因素
    - 业务估值
    - 规避市场狂热
  - 交易结构分析
  - 标的的信息处理系统
  - 案例分析
    - 老百姓

本章的目的是落实到标的的选择上，进行多角度、多层次分析上市公司及投资的交易结构。多角度是为了交叉验证，而多层次是为了提升成功概率。

如果用"押注"来比喻的话，上一章谈论的是下注的数量，而本章实际是为上一章服务的，即详细估算每注的优势。投资者可以根据公司或交易结构的基本情况对概率优势进行估算，这也是下注的前提。

策略投资里还会涉及自上而下和自下而上的两种分析方法，这些内容在相关优秀的图书中讲述较多，这里不做展开。

本章主要将选股分为三个方面：行业与公司分析、公司估值分析和交易结构分析。行业及公司分析主要是从基本面角度对公司进行研究；公司估值分析主要探讨股价的驱动因素和不同类型公司的估值分析；交易结构分析则具体到不同投资品种的分析。

做研究的过程类似于了解真相的过程，就像剥洋葱，随着一层一层剥开，离公司的真实情况越来越近，但又很难完全了解真相。一次次的电话会议、竞争对手访谈、现场尽调不断为投资者提供信息反馈，但投资结果仍存在不确定性。

13.1 行业与公司分析

不论你的投资策略是自上而下的，还是自下而上的，都需要对公司及所在行业进行分析，这样才能建立对标的的全面认识。

在分析之前，我们需要给大家泼一盆冷水。企业的评估是复杂和易变的，不能期望关于一项投资的所有信息都是已知或者可知的，那些重要且可知的信息是巴菲特在投资评估中重视的，也是投资研究的关键。

13.1.1 行业分析

行业是公司生存的环境，尽管行业有吸引力不代表企业有投资价值，但对行业有一个大致的判断是必要的。行业决定公司所处的价值链和成长机会，理解公司的商业模式和发展前景需要把公司放在其所处的行业中进行研究。

对于行业的分析，有很多经典模型可以使用，如波特"五力模型"、PEST（Political,Economic,Social,Technological）模型等。关于这些模型，投资者可以参阅相关图书。投资者还可通过对行业的深度分析总结出适用于各行业的独特研究框架。

为什么要选择这个公司，可能是判断这个公司所在的行业有整体性机会。每个行业都有自身的驱动力，它们驱动公司股价上涨。比如新能源汽车销量大幅增长是新能源汽车股票上涨的驱动力；上游大宗化工品价格下跌是精细化工品股价上涨的驱动力。

投资者不仅可以观测驱动力指标，也可以对影响驱动力的信号进行跟踪，通过跟踪信号选择投资时点。关于驱动力信号需要关注重要性和可知性两个原则，重要性即掌握事物运行的核心规律，可知性强调可研究、可跟踪。投资者可以在驱动力出现之前进行提前布局，但这考验投资者的风险承受能力和资金的等待成本，也可在信号出现，股价启动之后，选择可持续性强的机会再行买入。PIPE投资者可以根据自身的资金属性、风险偏好选择合适的投资方式。鉴于PIPE投资需要持有较长的时间，建议投资者提前布局耐心等待行业机会，防止进入过热领域。

投资者还需要考虑行业之间的比较，以及不同行业驱动因素之间的交叉验证，以选择更具性价比的行业进行提前跟踪或布局。

在2020年佩蒂股份（300673.SZ）定增融资时，受中美贸易摩擦及原材料价格处于高位等多重不利因素影响，行业整体的盈利能力下滑，公司股价也处于低位。此时定增发行对投资者有利，因为公司股价上涨的驱动力有多种，比如越南工厂出货量增加、疫情改善、鸡肉价格下跌等。

在2021年亚玛顿（002623.SZ）定增融资时，受益于光伏行业景气度提升，公司估值持续扩张，最终定增投资者赚到了行业景气度提升的钱。

很多投资者倾向于选择高增长行业，但有时候高增长并不意味着高收益。实际上，在一些增长缓慢甚至萧条的行业，有可能会出现弱者出局、缺乏新进入者，幸存者获得更高市场份额的局面。这些幸存者通常都有极强的抗击打能力和良好的管理团队，这也许意味着极高的生产效率和极低的成本，从而为投资者创造高额的收益。

> **大咖说**
>
> 研究能力是投资的核心竞争力，去伪存真，以研究驱动投资，进行赛道式研究和投资是当前百花齐放的投资环境下的康庄大道之一；同时，需要通过自上而下和自下而上的有机结合，在赛道式投资的策略下做到精准扣扳机。
>
> 以近两年大热的科技领域投资为例，随着科技投资进入"深水区"，资金大量涌入这一赛道，相关的投资窗口越来越窄，要求决策的时间也越来越短，这将更加考验投资人的专业和认知纵深能力。
>
> ——达晨财智王文荣

13.1.2 公司分析

所有 PIPE 投资最终都会落实到上市公司的股权投资，因此对个体公司的分析研究至关重要。上一节是对公司的发展环境进行研究，本节聚焦公司本身，两者相辅相成。

PIPE 是上市公司或者上市公司股东进行的融资活动，大多可以跟管理层深度交流。通过这种方式，投资者可以高效地获取信息，快速建立对公司和行业的认知。若投资者通过自己的渠道与该上市公司同行或者上下游进一步交流，还可以实现交叉验证。同时，投资者可以借助卖方行业研究员关于该行业成熟的逻辑框架，进一步提升研究效率。

做好财务分析是投资成功的必要条件而非充分条件。财务报表是公司经营状况的呈现，投资者需要把财务分析和业务研究相结合，做到相互印证，进一步提升研究深度。一个最简单的例子是通过财务报表，我们可以清楚地知道 1 元现金在公司里是如何流转并创造价值的，这样才能明白这家公司是如何赚钱的。

对公司基本面的研究，强调对价值链和商业模式进行分析，便于了解公司的价值创造能力，也可以更清楚地了解在目前环境下公司的生存状态及动态变化，基于此便可抓住公司业绩的主要驱动力。同时，我们还需要思考所有潜在的负面因素，这样有助于我们考虑所有可能的不利情景，并进行压力测试。

在 2021 年某游戏公司定增时，从行业层面看，发行前受游戏行业严监管影响，行业估值被压缩到极致，但需求并没有出现萎缩。从公司层面来看，其收购的公司从海外引进了多款优质游戏 IP（Intellectual Property，知识产权），也有几款游戏陆续面世。业绩可预见性强，加上公司具有元宇宙概念，定增若在低位发行，对投资者来说性价比极高。可惜当时公司面临发行困难的局面，在股价处于低位时迟迟未能启动，在后续公司股价经历一波上涨后，才吸引了足够的投资者，等到能启动时股价已经不低了。

在某体外诊断试剂公司定增时，原有业务 POCT（Point-of-Care Testing，即时检验）发展较为缓慢，虽有新产品在推广，但短期内难以出现质的飞跃。反而当时市占率排名第三的新冠检测试剂业务贡献了大部分利润，但这块业务会随着疫情的缓解自然消失。因此，投资者担心公司业绩向下，即股价下行的风险较大，所以发行时并没有募满。当然，后续由于疫情加重，新冠检测试剂需求旺盛，这一超预期驱动力让公司股价走强。不过从投资角度来看，获得这一超预期因素带来的投资收益的成本过于高昂。

有时候对公司的研究需要借助团队的力量，因为每个人都有自己的不足之处，团队一起考察和研究可以更透彻地理解问题。就像盲人摸象的故事，每个人根据自己摸到的部位推测大象的全貌，因此认识也不一样。一个有效的团队可以把公司重要的信息集中起来，从而获得全面和客观地评估。

13.1.3　管理层分析

尽管芒格多次提到，投资者应该关注那些傻瓜也能经营的好生意，但好的管理层也同样重要。好的管理层能够让优秀的企业和平庸的企业区分开来，而差劲的管理层总是能够把企业折腾得一团糟。评估管理层以及公司的管理是投资标的选择的关键步骤。

很多国内上市公司管理层都是企业的所有者，其经营管理能力更加重要。对于小市值公司来说，大股东亲自经营好处较多，最明显的便是一定程度上解决了逆向选择和道德风险的问题。

致力于发现优秀管理团队是值得 PIPE 投资者投入较大精力的事项。在投资尽调过程中，潜在投资者通常有机会与管理层进行面对面交流，不管是一对多交流还是一对一调研都有价值。通常我们两种形式都会参与，一对多交流有助于观察其他投资者对公司的关注度和关注点；而一对一调研能够聚焦于我们所关心的问题。投资者也会不可避免地参加一些低效的一对多交流，有些投资者关注企业短期前景获取信息优势，还有些投资者尤其是一些分析师会把话题带入无关紧要的细节之中，毕竟知道的更多并不必然提高决策质量。

建议 PIPE 投资者关注一些更长期的问题，而不是围绕短期盈利因素深入讨论。在与管理层的对话中需要多关注管理层的战略思考能力、对企业可能面临的风险的应对措施、资本开支和对资本市场的理解能力等。通过现场尽调，投资者可以对管理团队的文化、性格、能力做一个更深入的分析。

> **大咖说**
>
> 一个公司的上限就是"高管+中层"体系。
>
> 团队都强也未必行，就像竞技体育足球，全是球星，战绩未必就好。一定要有统一战术体系，所以可以总结为：整体协作能力好，每个位置不一定要全能选手，但一定要特点鲜明，足以胜任这个位置。另外，就是一定要有球星式的人物，在发展不顺时能打逆风球。
>
> ——常垒资本石矛

13.2 公司估值分析

买入好公司不代表是一笔好投资，如果以高价格投资好公司也会是糟糕的投资。好公司是通过基本面研究抓取，而具体到投资决策层面，还需要分析股价的驱动因素和标的公司的估值。

13.2.1 股价的驱动因素

任何公司股价的变化都会落实到基本面变化或者基本面变化的预期上，

股票价值是基于未来现金流的贴现，所以股票的未来成长性越高，股票价值越高。而对未来的预期更像是"故事"，每位投资者心中的故事又总有区别，因此股价波动总是很大。

在当前 A 股市场中，价值投资理念逐步占据主导地位，2020 年也是价值投资的丰收年，很多大型公募基金、私募基金收益率都表现亮眼。在卖方和买方多年的努力下，市场上基本面研究逐步形成完整的框架，基于基本面的观测数据积累及跟踪也经历了不断的迭代，这些能力的累积为基本面研究提供了良好的支撑。但基本面并不是影响股价的唯一因素，市场面和投资者行为也不容小觑。

从长期来看，基本面和市场面的一致性很高，但短期来看基本面和市场面的一致性不足 70%，若仅仅依靠基本面进行投资不仅意味着巨大的风险，也会错失很多投资机会。对于业绩相对稳定、可预测性强的行业，基本面和股价的一致性不如可预测性差的行业。因此对于 PIPE 投资者来说，可预测性差的行业中的标的若业绩反转，超额收益一般更明显。

国泰君安研究所所长黄燕铭老师有一个非常有名的"花的理论"——客观世界就像是树上的花，心里的花是内心世界；树上的花开了，心里的花也开了，股价一定涨，而树上的花没开，人们心里的花开了，股价也会涨。因此股价涨跌跟人心有很大关系，股价不完全是客观世界的反映，更多是投资者内心世界的反映。

技术分析流派（以技术分析为主）被学院派（以价值投资为主）嗤之以鼻，但 A 股市场仍然不乏技术分析流派的追随者，他们认为股价走势反映了很多信息，未来股价走势也可以从历史价格走势中获知一二。他们还认为有些内幕知情人的信息并不为基本面（价值投资）投资者知道，但内幕知情人的买入行为会反映在走势上，这样技术分析流派便可以从内幕知情人那里分一杯羹。对于投资周期较长的 PIPE 投资来说，技术分析可以用来关注市场对该公司涉及题材的关注度，而不能用于中长期预测。

某电商导购公司在定增融资时，虽然公司业绩持续增长，但受"互联网反垄断"的影响，阿里、腾讯等行业巨头股价持续走低，行业估值压缩，导致参与定增的投资者小幅亏损。

13.2.2　不同类型业务的估值

估值在投资中的重要性不言而喻，也许在流动性较好的牛市中不考虑估值会赚得更多，但这是没有经过风险调整的收益，实际面临的风险极大。虽然有些高估值背后是高成长性的公司，但估值决定当期回报。买入高估值公司的策略实际上是非常脆弱的，牛市接力游戏随时可能结束，那些高 ROE（Return on Equity，净资产收益率）的公司随着竞争的加剧 ROE 也可能下降，这些不利情况一旦出现，带来的风险是巨大的，采用这种策略的投资者面临的非对称风险也是不划算的。反过来对于低估值的策略，则具有很强的反脆弱性。即使犯错，投资亏损也不会很多，一旦基本面改善，公司估值还会提升，就能享受"戴维斯双击"。因此，理解估值对 PIPE 投资至关重要。

估值的基本要素简单明白，即资产本身的盈利和现金流，而不是交易或者流动性的接力游戏。但估值在投资实践中面临极大的挑战，因为其是基于现在对未来进行预测，而现在可获得的数据，以及对未来的认知都是有限的。

我们将业务根据生命周期的不同阶段分为 PPT 业务、成长型业务、成熟型业务和衰退型业务 4 种。为何要介绍不同类型业务估值的方法，除了业务类型的差异之外，A 股很多公司实际上是双主业经营。特别是在定增市场，很多上市公司在一块稳定的传统主业基础上，孵化了一个更有前景、概念更好的新主业，大多数上市公司也都是因为有新业务才有融资的需求。对不同业务进行估值是 PIPE 投资者经常面临的难题，以下我们做具体分析。

1. PPT 业务

PPT 业务类似于初创型业务，对这类业务估值不太容易，成长于上市公司内部的初创型业务团队并不一定比独立开展该业务的创业公司成功概率高。这一业务既有可能实现收入的快速增长，也可能中途夭折甚至把上市公司的原有业务拖入泥潭。

针对这个阶段的业务，无论是上市公司还是分析师都在"讲故事"，他们将企业价值依附于市场空间和潜在利润这样的故事上。当市场风险偏好上升时，投资者的情绪也很容易被调动，这个时候还会有不少上市公司故意迎合市场需求虚构初创型业务，比如 2015 年牛市期间的移动互联网、2021 年市场上的"元宇宙"等很多概念。

这些故事在当时看来前景广阔，但大多数都是不可信的，只有少数最终变成现实。虽然这些业务在当下并无相关的业务数据，但投资者仍需将故事拆解成数字，从估值角度进行分析，即从潜在市场规模开始，自上而下地分析，然后到企业的现金流和风险进行贴现估值。

比如一家做易拉罐的上市公司，转型做电池包装，公司有一块传统保底业务，又开发了一个初创型业务，首先技术具有延展性，其次估值还很便宜，为投资者创造了很好的回报。

也可用相对估值法对初创型业务进行定价。投资者需要找到可比较的公司。若可比较的公司是上市公司，估值相对比较容易；若可比较的公司在一级市场，投资者需要参照其在一级市场的估值或在并购市场的价格。

对于 PIPE 投资者来说，介入的时间点很重要，若题材信息已经一定程度反映在股价中，参与的风险还是比较大的。而且，这类公司的初创型业务经常处于高估的状态。

2. 成长型业务

对于初创型业务，需要考虑业务的生存状态，而成长型业务是已经度过生存期的业务，一般常见于上市公司内部孵化或者通过收购获得。投资者喜欢成长性较高的业务，并愿意为其付出高估值。

在 A 股里，投资者对这种类型业务有以下两种类型的估值思考。

（1）纯粹讲故事

很多投资者认为买股票就是买成长，只要行业景气度高、业务增长率高，估值完全依赖于增长的故事，至于增长率和估值倍数之间的关系不重要。2021年，市场针对高景气的新能源和 CXO（俗称医药外包）赛道的炒作便是这个逻辑。

（2）PEG 法估值

这种方法是将传统的 PE 估值和成长性结合起来，毕竟高成长性的企业理应获得高市盈率，而低 PE 公司则对应着低成长性。PEG 方法将成长型业务的增长率纳入估值倍数中，这种简化的估值方法非常方便，在短期也可能存在一些缺陷，毕竟投资者经常采用线性外推的方式对增长率进行预测。因此，那些短期业绩突然加速的成长型业务都会为投资者带来超额收益。

成长型业务核心价值来源于未来的预期增长率有多高、这种增长率能持续多久及增长的质量如何。

3. 成熟型业务

任何业务都不可能无限制地增长，这种限制可能来自竞争加剧、行业天花板、行业周期性以及政策限制等。对于大量成长型企业来说，增长都是有时效的。虽然投资者都很喜欢成长型业务，但A股市场被大量的成熟型业务公司占据，它们也是构成经济体的脊梁。

成熟型业务是指那些增长率进入平稳期的业务，一般可能仅仅逼近经济增长率。成熟型企业也不全是大型企业，A股市场里就有很多细分行业龙头，受限于行业天花板，它们在很短时间就达到了增长极限，成为成熟型业务企业。

由于业务及财务表现相对比较平稳，收入、现金流和收益等方面的历史数据也都很清晰透明，这类业务的估值难度相比成长型业务小很多。市场给这类企业的估值通常不高，如果没有很高的折扣收益，很难给PIPE投资者带来超额回报。

不过，这类企业也有例外，比如供给突然减少、迎来"第二增长曲线"等。很多成熟型业务公司所在行业相对比较平稳，同行进行资本开支扩充产能的意愿都不强烈，一旦需求发生变化，收入可能变化不大，但盈利能力大幅提升。

还有些没达到较大规模却进入成熟期的企业，会考虑通过并购进入第二主业。其选择的新主业一般就是PPT业务或者成长型业务，投资者可对新旧业务分别估值。

A股里更常见的获取第二增长曲线的方式是并购，这里有两个原因：原有主业是现金流业务，增长空间有限不需要继续大幅投入；原有的业务体量已经太大，小规模投资对增长没有实质影响。

美亚光电（002690.SZ）原有主业为大米色选机，市占率较高，但营收和净利润相对稳定，其新业务为牙科口腔CT。由于新业务是内部孵化，初期营收占比较低时对收入增长贡献有限，原有业务的波动对估值影响更大。只有新业务收入占营收比达到20%~30%后，公司估值体系才慢慢完成切换。

4. 衰退型业务

衰退型业务是指那些收入停滞或者已开始下降，利润率也开始下降并可能带来亏损的业务。持续经营带来的价值处于下行周期，各项指标看上去都令人担忧，这类企业给投资者带来巨大的心理压力，因为快速衰退被错误定价，因此常会被市场抛弃，导致被低估。

格雷厄姆捡烟蒂的策略就是寻找那些目前看上去不那么有吸引力的公司，这些公司价格相对价值大幅折价。这类被低估的公司对投资者来说有两个机会：一个是价格回归价值的机会，另一个是困境反转或者并购重组预期的机会。对这类业务的估值难点更多来自投资者心理层面的影响。

当然这类公司也常有价值陷阱，投资者应该规避。这些业务类型的公司通常都是低 PE 的，并不是低 PE 都值得投资，业务收入可能持续下滑，股价继续下跌，估值并没有因下降而变得更有吸引力，这就是价值陷阱。比如新冠疫情产业链相关公司虽然短期受疫情刺激业绩暴增，但市场没有给予高估值，因为这些业务可能随时跟随疫情而消失。

除了以上对不同业务类型采用不同的估值方法外，投资者需要对估值保持严格审慎，不能依赖于任何单一的估值方法或者指标，并留有足够的安全边际。

13.2.3 如何发现并规避市场狂热

在 A 股市场追逐热点是获取超额收益的一种方式，但如果追进了泡沫里对 PIPE 投资者来说则是致命的。对于持有周期相对较长的 PIPE 投资来说，热点资产可以提前布局，但投资者应规避在狂热的时候冲进去。发行人出于自身利益考虑，很多 PIPE 投资工具的发行都是在适宜的市场条件下启动报价，对上市公司或其股东适宜并不意味着对投资者友好。

报价环节投资者需要问自己两个问题：观点在长期内正确，但短期有没有被错误定价？新生事物带来的兴奋有没有让我们忘记历史的教训？

市场的投资心理有时候是疯狂的，投资者会为看起来有前景的机会支付非常高的价格。市场上的技术分析者、短线操作者还会助推这种趋势，毕竟他们不关心长期正确的事情。估值过高的新兴产业和公司可能难以为投资者提供良好的回报，即使个别公司未来成长为大型企业，但对于整个行业来说，所获回报仍然难以覆盖投入其中的成本。

在 PIPE 市场，随着市场的演绎，投资者可能面临两个不利因素：报价狂热和发行时估值较高的风险。因此，投资者需要时刻关注投资标的估值水平。在市场水位较高，估值合理的公司越来越少时，应该降低整体持仓规模或提高债转股等风险较低品类的占比。

13.3 交易结构分析

　　交易结构即 PIPE 投资中具体的投资工具属性分析，在标的基本面和估值分析的基础上，对不同投资工具的交易结构和风险点做进一步的分析。

　　定增、大宗交易、询价转让都是折价证券，博弈点在价格上。投资者需结合标的基本面、估值和折扣率进行综合分析。

　　可交债、定向可转债等具有保底属性，投资者基本不需要承担风险，因此在价格上会有所让渡，同时还有利率等其他条款，因此不享受价格折让。债务的违约可能性需要结合标的公司或者标的公司股东的财务情况进行分析，同时需要做极端情况的压力测试，以了解交易结构的风险点。

　　针对可交债，若股价持续下跌，发行人需要补充质押股票，投资者需要分析不同情境下股价可能的下跌幅度，并对发行人的补充质押要求进行情景模拟，以分析爆仓的可能性。

　　可交债和定向可转债的核心价值在其期权价值，期权价值主要取决于换股价（或转股价）和标的股票的波动率。因此，在这种交易结构下，投资者还需要关注标的公司的题材属性和股价的波动率。

13.4 标的的信息处理系统

　　数学家克劳德·艾尔伍德·香农曾发表过《通信的数学理论》（*A Mathematical Theory of Communiction*），这个理论提到一个信息交流系统，它包括信息源、发送器、传输通道、接收器和目的地五个方面，如图 13.1 所示。

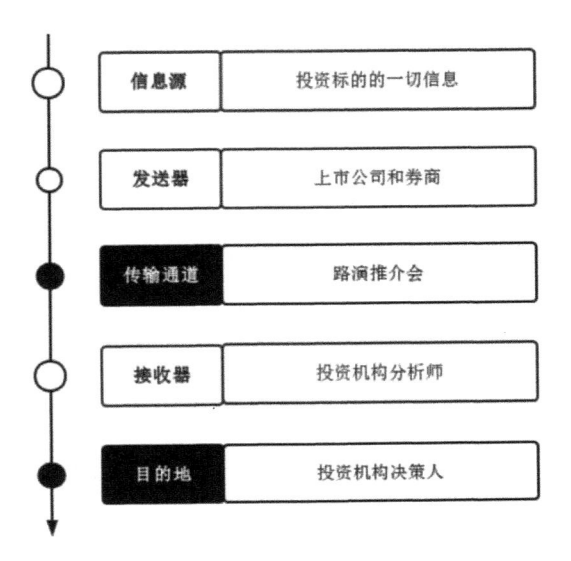

```
信息源      →  投资标的的一切信息
发送器      →  上市公司和券商
传输通道    →  路演推介会
接收器      →  投资机构分析师
目的地      →  投资机构决策人
```

图 13.1　香农的信息处理系统

　　借鉴这一系统，投资者在标的筛选上应搭建类似的信息处理系统。信息源是投资标的相关信息，它们是信息流的源头，持续不断地制造信息；发送器在"一级半"市场主要是公司的管理层和承销商，它们还会借助分析师、其他外部媒体等向外传递信息；而传输通道则主要通过非正式交流，由于这些非正式交流受监管较弱，可能出现信息失真现象；接收器是投资机构的分析师或者投资经理，在这里标的的相关信息被搜集整理并进行处理；目的地则是投资者的相关决策人员，可以是投委会或者是投资经理，他们依据获得的信息进行投资决策。

　　香农指出，信息产生之后，从信息源到最终使用的目的地，会出现衰减，其中最大的危险就是系统的噪声。为了解决这一问题，他推荐了相关的"修正装置"，简单来说就是把信息中的噪声消除，将修正后的信息输送给目的地。

　　对于投资者来说，在信息获取和传输环节，需要相应的制度和机制，保证信息的完整性和准确性。如我们在第 3 章中提到如何避免被管理层误导，由于管理层在自我推介中倾向于粉饰自己的缺点，这需要投资者具备鉴别能力；有些投资机构由分析师对标的进行现场尽调，而决策者根据分析师反馈信息进行决策，对于这些机构，信息由接收器到目的地的信息处理、再造能力和机制就很重要；还有投资者基于某某知名投资者也参与该项目作为决策

第 13 章　投资标的筛选

283

依据，即受其他投资者影响，而非自己的投资决策能力。

公司进行项目推介时会过度释放信息，另外由于各种自媒体等渠道导致信息泛滥，投资者除了应该去伪存真，还应该辨明主次，进行公司研究时尽量简化，抓住驱动股价的核心关键点。

13.5 案例分析：老百姓

1. 连锁药店行业分析

（1）连锁药店行业的长期驱动力

作为典型的线下零售之一，零售药店又有其独特性。受互联网网购和新冠疫情冲击，线下零售店的日子都不好过，而零售药店却是个好生意，因为其购买场景具有及时性要求。

医药零售业的市场空间有1.8万亿元，电商渗透率小于3%。线下医药零售通过公立医院销售占比达65%、基层医院占比12%，实体药店占比仅有23%。从国外情况对比和国内政策看，"处方外流"是大趋势。美国药品在医院和零售渠道销售占比为20%：80%，而中国为77%：23%，比例值几乎完全相反。考虑到不同的医药体制，参考美国/日本医药"处方外流"的历史，普遍的观点认为"处方外流"对于零售药店有15年左右的红利期。

全国药店总数为553,892家，药品零售连锁化率从2013年的36.57%提高至2020年的56.50%。头部连锁市占率逐年提升，TOP 10连锁的市占率从2015年的13.56%提升至2019年的20.22%，TOP 100连锁的市占率从36.75%提升至46.08%。参照美国药店的连锁化率从1990年的不到40%增至2019年的87%，TOP 3连锁门店数量占据了全美药店数量的近30%，市场份额则高达85%。从国外情况对比和国内情况看，药店行业集中度在加速提升。

从竞争的角度来看，一旦线下规模不增长，行业将出现大鱼吃小鱼的现象，连锁规模大、经营管理能力强的企业将受益。头部企业的优势体现在品牌优势上，一个品牌如果在一座城市开了超过当地药店总数30%以上店铺数量，会在消费者心智留下极强的品牌烙印。

零售药店行业头部公司的长期驱动力来自处方药外流和连锁化率提升。

（2）上市公司情况

A股里以连锁药店为主业的公司主要有5家（见表13.1），其中，国药一致有一部分医药批发业务，其他4家公司营收几乎全部来自零售业务。

表13.1　A股连锁药店上市公司

	成立时间	主要覆盖区域	门店数量（家）	总市值（亿元）	融资（IPO、定增、可转债，亿元）
一心堂	2000年	10个省级区域	7205	200	22.96
老百姓	2001年	22个省、自治区、直辖市	6533	188	39.66
益丰药房	2001年	9个省级区域	5991	390	41.98
大参林	1999年	10个省级区域	6020	327	33.21
国药一致	2004年	20个省、自治区、直辖市	7660	149	59.50

备注：覆盖区域及门店数量截至2020年12月底；融资数据截至2022年1月24日；总市值为2022年1月24日收盘数据。数据来源：万得资讯

从表13.1可以看出，几家上市公司门店数量均在6000~8000家范围内，市场占有率依然较低。

从几家连锁药店的经营数据也可以知道，除一心堂外，老百姓、益丰药房和大参林2015—2020年复合的直营门店增速>收入增速>净利润增速。可以看出，直营门店扩张是各公司增长的核心驱动力。直营门店的扩张包括新开和收购两种方式，新开门店经营存在爬坡期，收购门店存在适应期。老门店的内生增长可以填补新开和收购门店的调整过渡阶段，考察各公司需关注这几类门店的占比情况。

2. 公司分析

投资者可以运用财务分析工具对几家连锁药店经营情况进行分析，本书不做重点阐述。老百姓在几家连锁药店里门店数量排在第三位，分布的省份数量是几家里最高的，但盈利能力一般，总市值也是最小的。优势在于较早开始做并购整合，但前期融资规模较小，所以资产负债率偏高，一定程度限制了公司做进一步并购的能力。此次公司启动定增融资总金额17.40亿元，完成以后可以显著增强公司的资金实力。

3. 交易结构及估值

2020年伴随核心资产价格的上涨，连锁药店股价也跟随上涨，但整体估值并未达到夸张的地步。2021年，受药店行业同比业绩增速下滑和核心资产估值坍塌影响，整个连锁药店行业股价持续下跌。到2022年年初时，行业估值已跌至历史低位，同时市场也担心互联网药店对线下药店的冲击。

站在老百姓定增发行的时点，行业风险已经充分释放，向下空间有限，因此定增投资是不错的交易结构，毕竟向下空间有限还能享受一定折扣。

投资者需考虑，在行业低位并且享受一定折扣的基础上，未来安全边际有多高，继续下跌的幅度是否能接受？未来股价上涨的驱动因素有哪些？在此基础上进行综合评估是否值得参与本次定增投资。

站在这个时点，未来可能的行业驱动因素包括：疫情缓解带来的业绩同比改善、处方药外流加速带来的市场空间变大、药店自身私域流量对互联网药店的抵御情况等。

4. 定增情况

可惜本次定增发行时点赶上定增报价市场过热，导致定价较高，发行价为市价的95%左右，给予定增投资者的折扣空间并不友好。这主要是由于定增市场赚钱效应持续了近两年，很多新手进来将报价抬高所致。连锁药店经营相对平稳，业绩超预期可能性不大，这类公司定增锁定6个月，还是需要一定的折扣补偿才比较合理。

第 14 章 杠杆投资

杠杆是把"双刃剑",可以放大投资收益,但也会放大风险,在极端情况下,会让投资者彻底出局,谨慎的投资者应该慎用杠杆。

风险偏好高的投资者在收益风险比相对较高的投资项目上,可以通过杠杆投资获取更高的收益率,都有哪些杠杆可以为 PIPE 投资者所用呢?

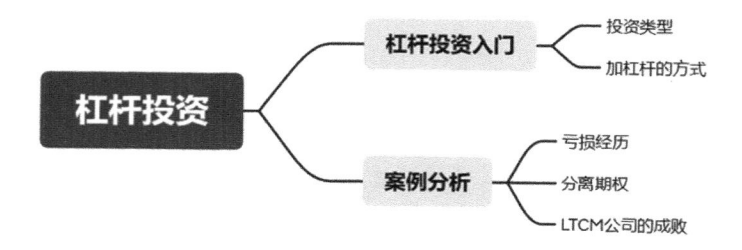

```
                         ┌─ 杠杆投资入门 ─┬─ 投资类型
                         │               └─ 加杠杆的方式
         杠杆投资 ───────┤
                         │               ┌─ 亏损经历
                         └─ 案例分析 ─────┼─ 分离期权
                                         └─ LTCM公司的成败
```

14.1 杠杆投资入门

杠杆投资入门主要介绍杠杆投资的类型，以及加杠杆的方式。

14.1.1 杠杆投资的类型

杠杆分直接杠杆和间接杠杆两种。

1. 直接杠杆

直接杠杆是指，投资者借入资金进行投资，借入资金和自有资金配比不同构成了不同的杠杆比例，如同企业经营中的负债杠杆，帮助股东放大 ROE 水平。

当投资收益率大于借贷成本时，杠杆会放大收益；当投资收益率等于借贷成本时，杠杆没有起到任何作用；当投资收益率小于借贷成本产生亏损时，杠杆将会放大亏损。

2. 间接杠杆

间接杠杆是投资标的自带的杠杆，通常指标的的风险大于其所属的资产类别风险。小盘股相对大盘蓝筹股杠杆的属性更强，因此以小盘股投资为主的 PIPE 投资具有较高的间接杠杆。若在投资中加上直接杠杆的话，PIPE 投资的实际杠杆水平会更高。与直接杠杆相比，间接杠杆的好处在于它是免费杠杆，而直接杠杆一般需要付出借贷成本。

间接杠杆一般常见于金融衍生品。假设股指期货合约要求的保证金比例是头寸价值的 15%，即持有 15 元的期货头寸，相当于持有 100 元的标的证券，头寸波动幅度约是保证金的 6.67 倍，对应 6.67 倍的杠杆倍数。

投资者需要注意，杠杆是一把"双刃剑"，其既可以放大收益，也会放大风险，在极端情况下可能会让投资者彻底出局。按照马科维茨的投资组合理论，投资者可以通过借贷资金改变组合的期望收益率，但这会增加组合的风险。

14.1.2 加杠杆的方式

以下重点介绍并举例说明投资实践中常见的直接杠杆方式。

1. 结构化产品

结构化产品，如信托计划、资管计划等，通过结构化安排对不同份额持有人按照承担的风险差异，进行不同的收益分配。一般分为优先级和劣后级，虽然劣后级不可对优先级承诺保底，但优先级通常享有相对较低的风险，同时匹配较低的预期收益。

【案例】某券商资管与银行成立的定增专项计划 X 产品

X 产品成立时总规模 10 亿元，存续期 2 年，对单一定增项目投资比例不超过基金总规模的 25%。银行资金作为优先级参与投资，劣后级由券商资管对合格投资者进行募集，优先级和劣后级比例为 1:1。优先级和劣后级分配比例如表 14.1 所示。若 X 产品亏损，则亏损部分的 90% 由劣后级承担，但以出资额为限；若 X 产品盈利，则收益率 5% 及以下部分的 80% 分配给优先级投资者；若 X 产品收益率超过 5%，超过部分的 8.5% 分配给优先级，剩余部分由劣后级享有。

表 14.1 X产品收益分配比例

资管计划收益率（R）	优先级分配/承担比例	劣后级分配/承担比例
R≤0	10%	90%
0<R≤5%	80%	20%
R>5%	8.5%	91.5%

优先级和劣后级不同情景下收益模拟如图 14.1 所示，对于劣后级来说，其相当于杠杆投资，当收益较高时可以享受高收益，但亏损时承担的风险也较大。当资管计划亏损率超过 55.56% 时，劣后级由于杠杆作用面临本金全部损失的风险，若亏损幅度加大，多余亏损才全部由优先级承担，也就是劣后级以出资额为限承担亏损。当资管计划收益率超过 5% 时，杠杆对收益的放大作用才会凸显，超过部分的 91.5% 分配给劣后级。当资管计划收益翻倍时，劣后级收益率高达 175.85%，而优先级由于承担风险较小，收益率也仅为 24.15%。

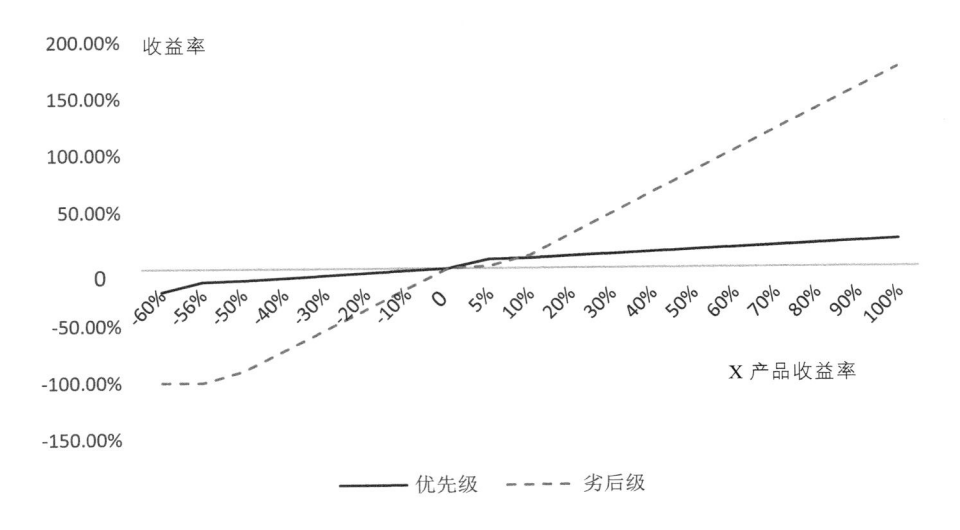

图 14.1　优先级和劣后级收益模拟

2．有限合伙企业

有限合伙企业可以不按照出资比例设定收益的分配机制，期望获得杠杆收益的投资者可以与其他合伙人通过合伙协议对风险和收益进行约定。

【案例】某知名定增机构设立的有限合伙企业

该投资机构（简称 A）与某大型国企（简称 B）成立有限合伙企业（简称 C），架构如图 14.2 所示。C 注册资本 29 亿元，由三名合伙人出资，一名普通合伙人为 A 控股的子公司，出资 0.1%，两名有限合伙人 A 和 B，分别出资 19.9%和 80%。

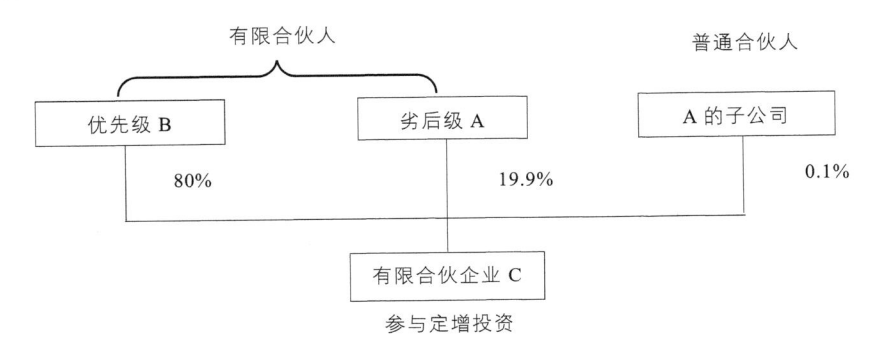

图 14.2　有限合伙企业出资结构图

该合伙企业由 A 做劣后级投资人，享受 5 倍杠杆倍数，优先承担风险，并享受杠杆收益。

3. 收益互换

证券公司通过收益互换提供一揽子、全流程的结构化方案，目前主要适用于定增投资，这种方案流程如下。

- 定增前：个性化的方案设计、简便的开户手续（仅需签署 SAC 配套协议），由证券公司参与定增全流程，免去投资者自身参与定增所需要的材料准备、资质审查等烦琐流程，投资者只需一键下单，即可参与定增；
- 定增中：提供包括看跌期权、远期生效看涨期权等一系列结构满足投资者融资、风险对冲、风险分散的需求，降低追保压力；
- 定增后：专业、灵活的方案选择，包括利用算法交易协助减持，利用看涨减持、领子期权、融券等工具助力投资者实现溢价减持、风险管理、收益增强等个性化目标。

交易结构如图 14.3 所示，相当于投资者通过收益互换支付保证金给证券公司，由证券公司代为认购定增项目，证券公司获取利息收益，投资盈亏由投资者承担。投资者一般付出保证金比例不低于投资规模的 1/3，相当于最高享受了 3 倍杠杆倍数。

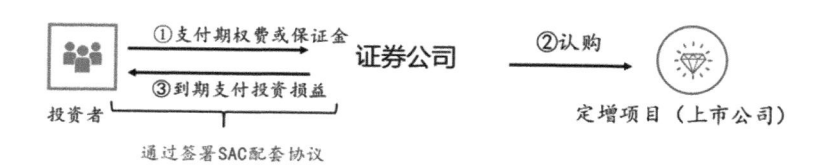

图 14.3　收益互换结构化定增方案图

14.2　案例分析：亏损、分离期权等杠杆投资中的知识

下面以几个案例来详细说明杠杆投资中的相关知识。

14.2.1 一次杠杆投资亏损经历

"常在河边走哪能不湿鞋",在定增市场待久了除了享受牛市带来的丰硕回报外,也会尝到亏损的滋味。我们从 2008 年开始参与定增投资,经历了多轮定增周期,让我印象最深刻的还是 2016 年的那次亏损 50%以上的杠杆投资经历。

1. 背景

2015 年杠杆资金除了在二级市场活跃外,还进入了流动性极差的定增市场。现在机构对给投资者提供优先级资金参与定增的行为非常谨慎,但在 2015 年前后,一些机构成为优先级资金的提供方,最夸张的时候,部分机构甚至可以给投资者匹配 6~7 倍的杠杆倍数,而且不要求劣后投资者承担无限连带责任,这进一步激发了劣后投资者的参与热情。

即使经历了 2015 年的股灾,2016 年竞价定增市场规模仍创下了 6219.22 亿元的新高。这些参与定增的投资者中,有些是在 2015 年通过杠杆投资积累了丰厚利润的投资者,但更多的是新进入者。

我们在 2014 年、2015 年享受了杠杆投资带来的丰硕回报,2016 年虽然大幅缩减了头寸,但依然成立了本案例的专项资产管理计划 Y。由于高杠杆投资,加上市场持续下行,Y 的退出给我们带来了深刻的教训。

2. 组合盈亏

为了更好地复盘,本案例除了头寸规模,其他数据均为真实可查的数据。Y 由我们出资 1000 万元做劣后级进行杠杆投资,优先级出资 2000 万元享受固定收益,Y 可投资总规模为 3000 万元。Y 为在公募基金成立的专户计划,涉及一些管理费。该公募基金收取的管理费是每年 1%,若盈利,公募基金还需要计提业绩报酬,即盈利部分的 5%。

当时,优先级为了降低风险,对投资集中度进行限制,要求单个定增项目投资比例不超过 Y 总规模的 30%,这意味着 Y 需要至少投资 4 个项目。Y 的产品周期为 18 个月,由于当时的定增锁定期为 12 个月,即单项目从缴款到退出最快也需要 13 个月。

其时,由于公募基金专户的介入,加上机构提供的优先资金非常充沛,定增报价市场充斥着各类资金,所以定增竞价异常激烈。在这个大环境下,导致很多我们前期看好的项目都没有报中，而其他项目的接触时间又很短，研究不够深入，导致从实际操作的角度来看，只能将资金进一步分散。通过专户投资的好处是，单个项目不再有投资门槛，但也同时意味着投资决策不够谨慎，最终 Y 的投资组合如图 14.4 所示。

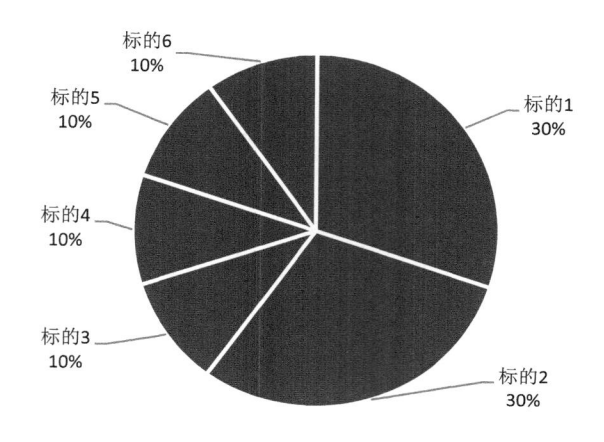

图 14.4　投资组合

Y 建仓开始时间是 2016 年 6 月，退出时间基本在 2017 年年底。Y 共投资了 6 个项目，实际盈亏及成本如表 14.2 所示。

表 14.2　投资组合盈亏及成本

	比　率
组合盈亏率	−9.60%
优先成本（年化）	6.50%
通道费（年化）	1%

劣后级本金损失=投资亏损+优先利息成本+通道费

$$=3000×9.6\%+2000×6.5\%×1.5+3000×1\%×1.5$$
$$=288+195+45$$
$$=528（万元）$$

1000 万元本金亏损 528 万元，亏损幅度高达 52.8%。受 2017 年减持新规的影响，这还只是卖出一半后的情况，还没考虑剩余 1361 万元没卖的头寸在半年后的损失。因此，这一杠杆投资经历给我们留下了深刻的教训。

3. 总结

（1）高杠杆的另一面

高杠杆可能带来高盈利，但也可能会导致大幅亏损，同时由于管理费及随时可能需要补仓的压力，让持有成本和风险进一步加大。更可怕的是杠杆会让时间成为投资者的敌人，因为优先级的利息收益是随着时间递增的。

（2）快速投资的压力

由于持有成本较高，投资者需要在短时间内投资多个标的，很可能会出现冲动报价，或者放低投资标准的现象。

分散投资好处很多，可以有效分散风险，若选股成功，不仅能够赚取选股的 α 收益，还能赚取折价收益。但分散投资也会让决策更随意，毕竟单项目投资金额少，反而容易冲动决策，这种非慎重决策也不利于投资经验的累积。

（3）定增资金供给过大造成的行业"内卷"

2016 年是定增发行的"大年"，尽管经历了"2015 年股灾"以及相应的"去杠杆"政策，但定增资金供给一直很旺盛。正因为资金供给较为充裕，使得很多上市公司冲动地进行圈钱和并购行为，大规模发行的后遗症在 2017 年开始显现。

市场也是从 2017 年开始了风格转换，即大盘股跑赢了市场，而小盘股因为需要消化并购带来的恶果，持续跑输市场。

我们后续依然会通过杠杆参与一些定增投资，但有了这次经历，我们在选择标的时会充分考虑以上风险，毕竟杠杆投资有其两面性。

14.2.2　可交债分离期权

可交债相当于公司债和美式看涨期权的合成，其中期权具有很高的杠杆率。可交债由于含有看涨期权，通常票面利率低于同级别公司债券的利率，两者的差额可以理解为期权的成本。

在实践中部分投资者会将其中的期权分离，期权本身带有很强的间接杠杆属性。

【案例分析】某可交债 AA 分离期权

AA 可交债，债券存续期 3 年，约定三年的票面利率依次为 1%、2%、3%，到期补偿利率为 9%。这意味着若不能换股，持有人三年合计可获得 15% 的利息收益。

同类别公司债的预期收益率为 8%，而债券票面利率和到期补偿利率合起来每年仅有 5%，因此期权投资者每年需额外支付 3% 给债券投资者。

假设债券面值 1 亿元，期权投资者每年需支付 300 万元期权费给债券投资者用于利息补贴。其享受的权益为 6 个月之后可以生效的看涨期权，该期权的杠杆倍数高达 33.34 倍。

实际案例中，投资者换股机会可能出现在 6 个月后开始的任一时点，对于投资者来说，换股时间越晚，需要补足的期权费越多。假设第一年没机会换股，即市价低于换股价，期权投资者没法提前换股。投资者只能继续持有期权，并付出第二年期权费。

图 14.5 所示为简化模拟第 1 年年底在不同股价情景下投资者的盈亏情况。只有当股价相对换股价涨幅超过 7%（第 1 年的票面利率只有 1%）时，投资者才能盈利，由于杠杆的倍数较高，收益倍数也会很高。

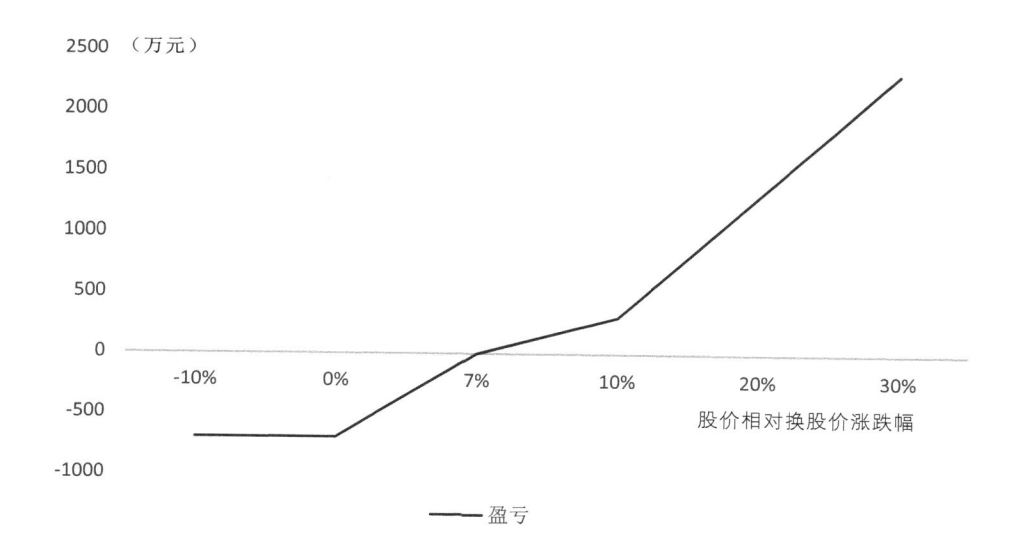

图 14.5　分离期权盈亏情况

14.2.3　LTCM 公司的成败

梅里韦瑟曾是世界上最大的投资银行所罗门兄弟公司的债券事业部负责人，因为其下属在国债投标中舞弊，导致其从所罗门兄弟公司离职，随后创办了长期资本管理公司（LTCM）。

LTCM 因为惊人的收益率和众多诺贝尔奖获得者及专业人才的加盟而声名鹊起。他们所管理的基金在扣除 2%的管理费和 25%的业绩提成后，在成立第一年（1994 年）的前 10 个月为投资者大赚 20%。在 1995 年、1996 年和 1997 年，基金分别取得 43%、41%、17%的收益率（见图 14.6），表现非常喜人。

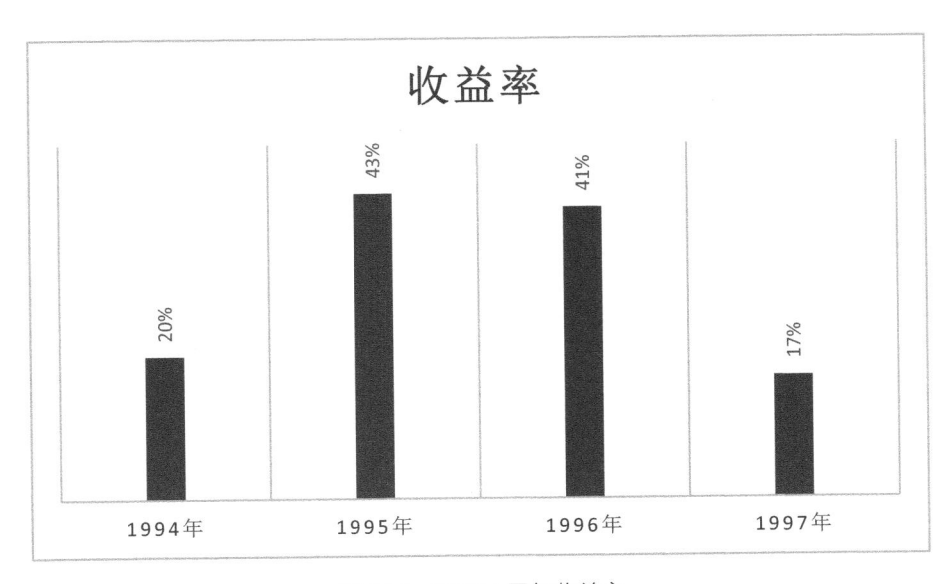

图 14.6　LTCM 历年收益率

不仅如此，基金的月度数据也表明该公司运行平稳，几乎没有大幅波动。其主要投资模型便是在利率、债券和外汇领域做套利，简单来说就是通过做多收益率高的债券、做空收益率低的债券，通过赌它们之间的差距会缩小来获取收益。公司实际套利利润微薄，内部人士透露 1996 年套利收益率仅有 0.67%。由于团队中拥有众多精通物理和数学的成员，LTCM 是首批将风险进行数理量化的投资机构之一。根据其团队对历史数据的测算，LTCM 采用的模型波动率非常小，因此决定通过加杠杆来提升收益率，杠杆最高达到 100 倍。

从前面的介绍中可知，杠杆虽然放大了收益，但也可能成为噩梦的开始。在 1998 年"俄罗斯金融危机"中，卢布出现了大幅贬值，致使公司头寸价差没有收敛而是进一步扩大，使得他们的基金因为高杠杆而最终爆仓，前面的收益也都随之灰飞烟灭，这一过程也使得华尔街各大投行暴露在超过 1 万亿美元的违约风险之中。

价格收敛、市场均值回归需要足够的时间，高杠杆不足以保证梅里韦瑟支撑到那一刻，失败也是一种必然结果。

国内投资者是幸运的，存在着大量收益更高的套利机会，而无须通过高杠杆放大收益，比如，在 PIPE 投资领域中，便存在很多折价套利的机会。

后记

亲爱的读者朋友们,这段旅程行将结束,虽累但也很兴奋,感谢您的陪伴。

回顾本书的成书历程,2019年"双十一"我在个人公众号发出了第一篇文章,该文章对刚出台的定增新规征求意见稿进行了点评,并分析了其中蕴藏的机会。后来,当时的预测大多兑现,我们抓住了定增投资机遇,公众号也获得了越来越多同仁的关注和认可。作为投资人我享受到了定增新规的红利,作为公众号主理人我也收获了大家的关注,这一过程正是中国 PIPE 投资发展的一个缩影:PIPE 总能为那些参与者创造特殊机遇。

独特的成长环境培养了独特的 PIPE 投资者群体,由于采用非公开方式发行,我们时不时会受到特殊机遇的眷顾,这里有前面说的政策红利,也有市场周期红利,但我们也努力工作,不断地累积优势,从而胜任这种使命。

投资是一辈子的事业,每过一年,我们对投资的看法都会有所不同,特别是 PIPE 各品类及每轮周期的经历,都会带给我们很多的经验教训。身处 PIPE 投资领域,无疑是幸运的,我们没有理由停下脚步放弃学习,这也是我写作此书的动力之一。

随着注册制的全面深入,上市公司数量增多,公司的融资工具及减持工具都需要不断丰富,因此 PIPE 投资品类日趋多样化,已有品类也会逐步市场化,从而展现出极强的生命力。作为投资者如何把想法变成投资方案如同通过模块进行建筑搭建,优秀的建筑师一定是那些在现有信息或模块和探索新的可能性之间找到平衡点的人。

除了品类越发丰富外，现有品类在新三板、北交所的应用也在等待我们去探索实践，很庆幸我们处在中国资本市场大发展的时代，各种机会层出不穷，让我们能够不断前行，为资本市场的蓬勃发展尽绵薄之力！

当然，PIPE 投资仍在发展变化，我们不可能掌握所有知识，希望未来能够在实践中学习，在学习中提高，写书也是一趟心灵之旅，以书会友，抛砖引玉。在思考中跨越，在碰撞中升华，也是本人之初衷。

苏文权

2022 年 6 月

特别致谢

首先感谢家人,他们为我创造了良好的写作环境,以及吾儿苏加图时常的鼓励,才让本书得以尽快面世。

其次,感谢常州市新发展实业股份有限公司董事长张国兴和总经理许晨坪,让我有机会进行PIPE投资实践并发现国内PIPE市场的广阔前景,这也是本书诞生的背景。也感谢财经自媒体"苏锡常资本圈"创始人陈爱军的帮助,我们经常一起探讨本书的内容,他为本书的出版做出了巨大的贡献。还要感谢公司的同事们,他们的鼓励也是我写作的动力之一。

再次,本书的很多章节得到了以下同仁好友的支持和帮助,他们无私奉献了大量的案例、研究成果以及宝贵的心得体会,他们的帮助让本书内容更加丰富并贴近投资实践,在此特别感谢他们(排名不分先后):

大学同窗好友财信金控李博及国泰君安投行事业部时光、亚派科技郭宇虹、华夏银行常州分行戴强、民生银行殷晓颖、华泰证券俞波、财通基金胡凯源、湖南轻盐创投廖志文、知名定增投资人谢恺、中信证券股票资本市场部易洧宸、偕沣资产高熠、德邦证券研究所史昭君、锦天城律师事务所(深圳)肖俊律师、兴业证券资产托管部汪浩和江咏絮、中信证券投行部王志宏、达晨财智王文荣。

还有很多思想结晶来自微信公众号的粉丝,因不知悉他们的具体姓名,无法一一列出,在此一并表示感谢!

然后，特别感谢电子工业出版社，尤其感谢具有深厚专业功底和出众能力的刘伟老师和负责封面设计的李玲老师。还要感谢邓程曦小朋友（小红书账号：少年 Ken）为本书封面精心准备的画作。

最后，我衷心感谢化龙网络董事长钱钰先生，他的启发和鼓励，才让我有了写作此书的想法！

致谢人：苏文权

2022 年 6 月